Das Buch

Eine herzergreifende Geschichte aus der australischen Wildnis: Chris Barns zieht im Outback Kängurubabys auf, die alles verloren haben. Viele der Kängurumütter sind bei Autounfällen ums Leben gekommen, mit ihren Babys noch im Beutel. Barns hat sein Leben ganz diesen verrückten kleinen Wesen verschrieben und versucht, von den Kängurumüttern zu lernen, um ihre Babys gut versorgen zu können. Die Joeys, traumatisiert von dem Verlust, werden von ihm liebevoll umsorgt, bis sie groß und stark genug für die Wildnis sind. Jedes Känguru hat seine ganz eigene Geschichte, aber alles beginnt mit Palau, dem allerersten Tier, das Barns rettet und dessen Überleben ganz und gar unwahrscheinlich war …

Der Autor

Chris Barns lebt auf einer Farm in Alice Springs, Australien, wo er sich seit 2005 in einer Aufzuchtstation um gerettete Kängurubabys kümmert. Er ist der Star der BBC-Serie »Kangaroo Dundee«.
www.kangaroosanctuary.com
www.facebook.com/kangaroosanctuary

CHRIS BARNS

Ein Herz für Kängurus

Beutelweise Glück in Australien

Aus dem Englischen
von Michael Windgassen

Ullstein

Besuchen Sie uns im Internet:
www.ullstein-taschenbuch.de

MIX
Papier
FSC FSC® C083411

Deutsche Erstausgabe im Ullstein Taschenbuch
1. Auflage September 2016

Titel der englischen Originalausgabe: *Kangaroo Dundee*,
erschienen 2013 bei Hodder & Stoughton, London
Umschlaggestaltung: ZERO Werbeagentur, München
Titelabbildung: © FinePic®, München
Autorenfoto und Bildteil: © Chris Barns
Satz: KompetenzCenter, Mönchengladbach
Gesetzt aus der Adobe Garamond
Druck und Bindearbeiten: CPI books GmbH, Leck
Printed in Germany
ISBN 978-3-548-37588-5

TEIL I

Frei sein

Kapitel 1

Manche Leute haben Fernseher, ich habe mein Feuer draußen vor der Hütte. Keine amerikanische Krimiepisode, nur knisternde Flammen, in die ich stundenlang schauen kann. Meine Gedanken verlieren sich darin. Über mir spannt sich eine Kinoleinwand: der Nachthimmel voller Sterne. Wer braucht Pyrotechnik für sündhaft viel Geld, wenn es die Milchstraße umsonst gibt? Ihr Funkeln verschlägt mir den Atem. So auch die Landschaft ringsum. Jetzt, da es dunkel ist, kann ich sie nicht sehen, aber ich fühle sie, schmecke sie, spüre sie unter meinen Stiefeln. Das Outback. Es ist ein Teil von mir. Oder bin ich ein Teil von ihm? Wie dem auch sei, ich weiß, dass ich hierhin gehöre. Dieses Land, diese enorme Weite, die überwältigend wirken kann, hat mir geholfen, zu dem zu werden, der ich bin. Momentan starre ich in die Flammen und denke über mein Leben nach, über die Reise, die mich herführte, zu dieser Zufluchtsstätte, um die ich so sehr gekämpft habe. Ich bin keiner, der das Scheinwerferlicht sucht, finde mich aber trotzdem plötzlich in Wohnzimmern auf der ganzen Welt wieder. Der einzige Grund dafür ist die Ikone Australiens, das Känguru. Roger, Ella, Abi, Monty, mein kleiner Kumpel Ned Kelly, Molly Fleur, Nigel, die arme Daisy und Hunderte mehr.

Angefangen hat alles mit einem tapferen kleinen Joey,

einem Kängurujungen. Den Tag, an dem ich es entdeckte, werde ich nie vergessen.

Es war irgendwann im Jahr 2005, vielleicht im August, jedenfalls an einem herrlichen, warmen Tag mit Temperaturen um die dreißig Grad. Ich fuhr einen Bus voller Rucksacktouristen aus aller Welt, ungefähr zwanzig Personen, alle in ihren Zwanzigern. Wir waren auf dem Weg zum Uluru, einem der bekanntesten Wahrzeichen Australiens, und wollten rechtzeitig zum Sonnenuntergang dort ankommen. Dann nämlich bietet sich ein Bild, an dem ich mich nicht sattsehen kann. Die Farbe des riesigen Felsens – ein heiliger Ort für die Ureinwohner – geht von einem prunkvollen Rot in Gelb- und Orangeschattierungen über, die mit den Blau-, Rosa- und Violetttönen des Himmels zu verschmelzen scheinen. Ein magischer Moment. Viele Touristen kommen nur deswegen ins Outback. Ich begleitete meine Gruppe als Reiseführer auf einem Zwei-Tage-Trip, und obwohl den Teilnehmern nicht zugesichert worden war, dass sie Fotos vom Sonnenuntergang machen können, beeilte ich mich, meinen Leuten eine solche Gelegenheit zu bieten.

Der Tag hatte schon hektisch begonnen. Wir waren früh in Alice Springs aufgebrochen und zum dreihundert Meilen entfernten Kings Canyon gefahren, wo wir eine Wanderung machten und zu Mittag aßen. Wieder im Bus, hatten wir noch zweihundert Meilen bis zum Uluru zurückzulegen.

Mit dem Anhänger voller Gepäck schafften wir nur knapp neunzig Stundenkilometer. Hätte ich aufs Gas gedrückt, wäre mir womöglich der Keilriemen oder sonst was um die Ohren geflogen. Am Ende aber war es kein mechanischer Defekt, der uns an diesem Tag aufhielt, sondern ein Roadkill, ein überfahrenes Tier auf der Straße. Ein in Australien häufiger Anblick.

Ich hielt an, um das Tier von der Straße zu schaffen, und eilte auf das Häufchen Elend zu. Es war ein weibliches Känguru, für das, wie ich sofort sehen konnte, jede Hilfe zu spät kam. Ich checkte auch seinen Beutel. Nichts. Schweren Herzens schleifte ich den Kadaver von der Straße, wischte mir die Hände an meinen Shorts ab und stieg zurück in den Bus.

»Wär doch schön, wenn wir irgendwann am Uluru ankämen«, rief jemand ruppig.

»Yeah, ich beeile mich. Aber das musste gemacht werden«, antwortete ich.

Ich erklärte allen, warum ich angehalten hatte. Lag eine tote Kängurumutter auf der Straße, steckte in ihrem Beutel möglicherweise noch ein lebendiges Baby, und wer wollte, dass es leiden musste? Auf der Fahrbahn stellte das tote Tier außerdem eine Gefahr für andere Tiere dar, zum Beispiel für Keilschwanzadler, die sich gelegentlich auch über Aas hermachten.

Wir fuhren weiter. Ich klappte die Sonnenblende herunter und versuchte, Zeit gutzumachen. Es sah alles danach aus, dass wir vor Einbruch der Dunkelheit am Uluru ankommen würden. Wir hatten noch ungefähr eine Stunde bis dorthin.

Wir erreichten Curtin Springs, ein Rasthaus, an dem ich normalerweise haltmachte, damit meine Fahrgäste etwas einkaufen konnten. Diesmal fuhr ich vorbei und sah wenig später schon von weitem das nächste Verkehrsopfer auf der Straße liegen, ein Känguru, aufgedunsen und offenbar schon länger als einen Tag tot. Zwei Keilschwanzadler hockten auf dem Kadaver. Ich fragte mich, warum sie hier waren und nicht bei dem erst kürzlich getöteten Tier, das sie aus der Höhe, in der sie für gewöhnlich kreisten, hätten erspähen können. Keilschwanzadler bevorzugen frisches Fleisch. Warum faulige Reste fressen, wenn ganz in der Nähe ein Fünf-Sterne-Dinner wartete?

Ich hielt wieder an, griff zum Mikrofon und erklärte, was ich vorhatte. Mehrere Fahrgäste verdrehten die Augen, einer raufte sich die Haare und stöhnte frustriert auf. Es war deutlich, die meisten dachten: *Lass das Känguru liegen! Du bist unser Guide. Mach deinen Job und bring uns rechtzeitig ans Ziel.*

Aber ich konnte nicht weiterfahren. Was, wenn das nächste Auto mit hundert Sachen vorbeikam und die Keilschwänze über den Haufen fuhr? Das konnte ich mit meinem Gewissen nicht vereinbaren. Außerdem beschäftigte mich die Frage, warum die Vögel ausgerechnet hier herumhingen. Nur in äußerster Not oder wenn ein anderes totes Tier Hunderte von Kilometern entfernt wäre, würden sie sich mit derart altem Fleisch begnügen.

Als ich ausstieg, fluchte der Typ hinten im Bus.

Die Keilschwänze flogen auf und landeten in sicherer Entfernung. So ohne weiteres wollten sie ihr Abendessen nicht aufgeben. Es waren zwei ausgewachsene, große schwarze Vögel, vielleicht ein Brutpaar. Ich ging über die weiße Linie am Straßenrand, warf einen Blick auf die

Sonne und musste einsehen, dass es heute keine Fotos vom Sonnenuntergang am roten Fels mehr geben würde.

Ein ekelhafter Gestank schlug mir entgegen. Doch davon ließ ich mich nicht aufhalten. Ich trat näher an den Kadaver und bemerkte, dass aus dem Beutel ein kleines Bein und eine Schwanzspitze herausragten, beide schrecklich zugerichtet. Auch die Brust des Babys war von den Adlern verletzt worden, wie ich feststellen musste. Der Anblick erschütterte mich so sehr, dass ich am liebsten kehrtgemacht hätte, doch ich zwang mich zu bleiben.

Mir war klar, dass ich die Leute im Bus gegen mich aufbrachte, aber ich konnte das arme kleine Ding nicht so zurücklassen. Ich ärgerte mich über mich selbst. Ich hätte meine Reisegäste besser darüber aufklären sollen, wie wichtig es ist, dass man sich um überfahrene Tiere kümmert. Vor ein oder zwei Tagen hätte das Baby noch gerettet werden können. Dafür war es jetzt offenbar zu spät. Ich würde es nur noch aus dem Beutel ziehen und unter einen Busch am Straßenrand legen können. Als ich nach dem Beinchen griff, stockte mir der Atem. Es zog sich ruckartig in den Beutel zurück!

Ich sprang auf und eilte zum Bus.

»Da ist noch ein Joey im Beutel des Kängurus«, rief ich. »Sieht alles andere als niedlich aus. Aber deshalb halte ich immer wieder an. Wie wär's, wenn mir jemand helfen würde?«

Wenn jemand, fügte ich hinzu, ein Bild vom Sonnenuntergang über dem Uluru haben wolle, könne er sich auch eine Postkarte kaufen. Man muss mir angemerkt haben, wie bestürzt ich war. Bevor ich ausfallend wurde, meldete sich eine junge Frau und sagte, sie sei Krankenschwester. Ich erklärte ihr und allen, die daran interessiert waren, dass man normalerweise nur mit der Hand in den Beutel greifen müsse; die Haut des überfahrenen Kängurus habe sich aber im Tod so fest über den Bauch gespannt, dass man nicht mehr hineinlangen könne.

Als ich mit der jungen Frau den Unfallort erreichte, stiegen auch noch andere aus dem Bus und zückten ihre Kameras. Manche wurden von dem Verwesungsgestank überrascht. Ein großer, athletischer Kerl sprang in die Büsche und übergab sich.

Wir bargen ein noch unbehaartes kleines Pinkie, ungefähr vier Monate alt und mit schon geöffneten Augen. Es war von einer trockenen Blutkruste überzogen. Ich hielt es in beiden Händen und untersuchte seine Verletzungen. Alle schwiegen. Ich ließ meine Gruppe wissen, dass wir einen neuen Passagier mit an Bord nehmen würden. Die Sonne ging unter, die goldene Stunde war angebrochen. Anstatt Fotos vom Uluru zu schießen, parkten wir am Straßenrand und machten auf dem Gaskocher Wasser warm, das wir mit einem Tropfen Spülmittel in eine Plastikschale schütteten, um das Kängurubaby zu waschen. Inzwischen beklagte sich niemand mehr über den verpassten Sonnenuntergang. Die Krankenschwester packte mit an, während andere zum Bus zurückliefen, um den Erste-Hilfe-Koffer zu holen. Wir legten dem Jungen Gazeverbände an, trockneten es und wickelten es in ein Handtuch. Es schrie nun nach seiner Mutter und stieß einen Laut aus, der so klang, als hustete jemand das Wort *hair*.

»*Hair, hair, hair …*«

Wir nannten es Anna, nach einer Mitreisenden aus Deutschland, die sich bereit erklärte, sich um das Kleine zu kümmern. Alle waren wieder an Bord, und mir fiel sofort auf, wie sehr sich die Stimmung verändert hatte. Nach dem Murren herrschte jetzt Heiterkeit.

In Yulara, der letzten Station vor dem Uluru, machte ich einen Mitarbeiter der Regierungsbehörde Parks and Wildlife ausfindig, bei dem ich Anna übernachten lassen konnte. Danach widmete ich mich wieder meinen Pflichten als Reiseleiter und kochte über dem offenen Feuer ein Abendessen für meine Gruppe. Später, als ich allein am Feuer saß, ärgerte ich mich immer noch darüber, dass Anna das Roo solche Qualen hatte erleiden müssen. Wie viele Kollegen und andere Touristen waren wohl an dem toten Muttertier vorbeigekommen, ohne einen Gedanken daran zu verschwenden? Wie konnten sie nur? Ich erging mich noch in meiner Wut, als der junge Mann, der sich am meisten über die Verzögerung durch die Rettungsaktion aufgeregt hatte, herbeikam und neben mir Platz nahm. Wir hatten den ganzen Abend über kein Wort miteinander gewechselt. Auch jetzt starrten wir stumm in die Flammen und nippten an unseren Bierdosen. Schließlich sagte er: »Keine Ahnung, vielleicht machst du so was jeden Tag, aber was ich da heute erlebt habe … Mann, ich kann's kaum glauben.«

Um Entschuldigung dafür, dass er so ungeduldig und barsch gewesen war, bat er nicht, aber das war mir auch egal. Vielleicht sah er in der kurzen Reiseunterbrechung nur eine coole Anekdote. Möglich aber auch, dass Annas

Rettung ihn gelehrt hatte, dass sich sogar im Tod Leben finden lässt.

Anna hatte die Nacht überlebt. Wir holten sie am nächsten Morgen ab und fuhren die vierhundertfünfzig Kilometer zurück nach Alice Springs, wo ich sie in die Obhut von Sadie gab, einer älteren Tierpflegerin, die eine gute Freundin von mir werden sollte. Bevor sie sich ihrer wirklich annehmen konnte, mussten wir Anna von einem Tierarzt untersuchen lassen. Damals lief die US-Serie *Survivor: Palau* im Fernsehen, und nachdem ich ihr die Geschichte von Annas Rettung erzählt hatte, taufte Sadie sie in Palau um. Der Name passte. Anna war eine wahre Überlebenskünstlerin.

Ich besuchte Palau während der folgenden Monate mehrere Male. Sie wuchs unter einigen anderen Waisenkindern auf, die alle viel größer waren als sie. Was sie zusätzlich von ihnen unterschied, waren zwei mächtige Ohren und ein Stummelschwanz, der fast zehn Zentimeter zu kurz war. Ihr schien das nichts auszumachen. Sie vertrug sich gut mit ihren Leidensgenossen, erholte sich von ihren Verletzungen und wurde schließlich wieder in den Busch entlassen. Ihre Geschichte hatte ein glückliches Ende genommen; umso trauriger stimmte mich das Schicksal der Waisen, die weniger Glück hatten. Und so fasste ich den Entschluss, möglichst vielen Leuten von dem Kängurubaby am Straßenrand zu erzählen, ob sie diese Geschichte nun hören wollten oder nicht.

Jetzt sitze ich vor meinem Feuer, blicke in die Flammen und kann selbst kaum glauben, was Palau in Bewegung gesetzt hat. Ich habe im Laufe der Jahre allerhand erlebt, erstaunliche Bekanntschaften gemacht – mit Pflegerinnen wie Cynthia oder Anne-Marie, die mir sofort in den Sinn kommen – und führe genau das Leben, das ich mir als Junge erträumt habe.

Ich schätze mich glücklich.

Kapitel 2

Als Teenager erwischte ich meine Eltern manchmal in der Küche beim Knutschen. Sehr peinlich für einen pubertierenden Jungen, mit dem die Hormone durchgingen. Ich dachte: *O Mann, was soll das? Können die das nicht woanders machen?* Inzwischen ist mir klargeworden: Meine Tierliebe gründet auf der Liebe, die meine Eltern einander und mir und meinem Bruder Ron entgegenbrachten und -bringen. Was sie für mich als Kind bedeuteten, zeigte sich unter anderem, wenn sie das Haus verließen und ich jedes Mal die Minuten zählte, bis sie heil zurückkehrten. Ich fühlte mich sehr eng mit ihnen verbunden. Wenn ich mir ein Knie aufschürfte, war Mum immer mit einem Antiseptikum zur Stelle. Bis zu meinem Aufbruch in die Selbständigkeit gab sie mir jeden Abend einen Gutenachtkuss. Dad nahm Ron und mich mit zum Fußball, ermutigte uns aber auch, eigenen Interessen zu folgen. Rückblickend verstehe ich, inwieweit mir meine Herkunft dabei hilft, Waisen aufzuziehen: Auch Joeys haben eine viel größere Chance auf ein glückliches Leben, wenn eine Familie ihnen Rückhalt bietet.

Mum und Dad, June und Jim, waren Lehrer an einer Highschool. Sie hatten sich 1963 am Claremont Teachers College in Perth, der Hauptstadt von Western Australia, kennengelernt und vier Jahre später geheiratet. Ron kam

1970 zur Welt, ich folgte zwei Jahre darauf. Wir wohnten in einem Haus aus roten Ziegeln in Greenwood, einem Vorort von Perth, typisch für die Mittelschicht mit vier Schlafzimmern, zwei Badezimmern und Garten. Ein paar Jahre verbrachten wir auch in Karratha, einer Kleinstadt in der Region Pilbara hoch oben im Norden von Western Australia, wo Eisenerz abgebaut wird. Ich war damals noch so klein, dass ich mich an diese Zeit nicht mehr erinnern kann. Aber ich bin mir sicher, dass mich die Landschaft mit ihrem roten Staub, den goldenen Gräsern und dem endlosen blauen Himmel nachhaltig geprägt hat, was sich später in meiner Sehnsucht nach dem Outback äußerte und schließlich zu der Gewissheit führte, dass ich nirgendwo anders leben kann. Sehr wohl in Erinnerung geblieben sind mir manche Fernsehprogramme mit markigen Aussie-Typen, die ich verehrte und nachahmen wollte: Malcolm Douglas zum Beispiel, der mit seinem Truck durch die Wüste fuhr und eine Staubwolke hinter sich herzog; Alby Mangels, der sich von Angehörigen eines mir völlig unbekannten Stammes einladen ließ, exotische Speisen mit ihnen zu teilen; oder Harry Butler, der durch den Busch spazierte und plötzlich losrannte, um eine Eidechse zu fangen. Sie machten Eindruck auf mich wie die Sendungen von David Attenborough, die wir uns im Kreis der Familie regelmäßig sonntagabends anschauten.

Dad saß dann in seinem Sessel und sagte: »Das wäre doch auch was für dich, oder? Du könntest hinter der Kamera stehen. Such dir etwas, wozu du wirklich Lust hast. Und steck deine Ziele möglichst hoch.«

Wie wohl jedes australische Kind jener Zeit liebte ich

Skippy, die legendäre Fernsehserie mit dem Jungen Sonny und seinem Känguru Skippy. Sie erlebten alle möglichen Abenteuer in einem Nationalpark nahe Sydney an der fernen Ostküste. Das Schönste daran war, dass Kindern erlaubt wurde, Kinder zu sein. Ich selbst habe keine Kinder – jedenfalls keine menschlichen –, aber es gefällt mir, ihnen beim Spielen zuzusehen oder besser noch, wenn sie zum Beispiel aus ein paar Holzbrettern ein Flugzeug bauen. Man merkt ihnen an, dass sie tatsächlich glauben, damit fliegen zu können, und nichts hält sie auf. *Skippy* übte eine ähnliche Wirkung auf mich aus. Ich bildete mir ein, mich mit einem eigenen Känguru unterhalten zu können. Es kommt wohl nicht von ungefähr, dass ich heute im Umgang mit meinen Roos dieselben »*T-t-t-t*«-Laute von mir gebe wie Skippy, wenn sie sich mit Sonny unterhielt. Beeinflusst haben mich auch andere Serien wie *Lassie* und *Flipper*. Je älter ich wurde, desto deutlicher wurde mir meine Tierliebe bewusst.

Mum und Dad meinen, der Auslöser für meine besondere Hinwendung zu Tieren sei unsere gemeinsame Reise nach England und Irland gewesen. Im Vorfeld waren meine Eltern häufig gefragt worden: »Was passiert mit Ron und Chris?« Alle glaubten, sie würden ohne uns fliegen und uns mit einem Babysitter zurücklassen. Ich war damals sieben. Für unsere Eltern aber stand von vornherein fest, dass wir mitkommen würden. Sie glaubten, die Reise würde für mich und meinen Bruder besonders lehrreich sein, lehrreicher jedenfalls als der Schulunterricht, von dem wir ein halbes Jahr verpassen würden.

Auf dem Schiff *Kota Bali* fuhren wir von Fremantle,

einer Hafenstadt nahe Perth, nach Singapur; von dort aus ging es im Flugzeug weiter nach London. Nach sechs Monaten, Tausenden von Kilometern im Auto und dreißig Zwischenstationen in Jugendherbergen kehrten wir zurück. Mein Reisetagebuch lässt keinen Zweifel an meinen Interessen:

19. Juli 1980
Ort: an Bord der Kota Bali
Wetter: windig und kühl
Habe heute Kapsturmvögel durch die Luft gleiten sehen. Sie fressen Krill. Ich war dann auch im Frachtraum, wo ich mir ein paar Pferde und Schafe angeguckt habe.

27. Juli
Ort: Sheringham
Wetter: warm
Heute Morgen haben wir einen Bootsausflug auf dem Hickling Broad unternommen. Wir sahen etliche Vögel, unter anderem Blesshühner, Schwäne, Enten und Möwen.

14. September
Ort: Glencoe
Wetter: kalt
Heute habe ich Geburtstag. Ich habe ein T-Shirt bekommen mit der Aufschrift »I am a Monster«, Bücher und einen kleinen Kuschenigel. Später sind wir spazieren gegangen. Ich sah die Pfotenabdrücke von einem Wiesel und einem Dachs.

Natürlich gab es auch noch andere Highlights: den Buckingham-Palast, Big Ben, London-Tower, Fahrten mit der U-Bahn, Küsse auf den Stein der Sprachgewandtheit in Blarney Castle, eine Pantomimenaufführung oder eine Ritterfigur in voller Rüstung im Warwick Castle. Letztere hat großen Eindruck auf mich gemacht, worauf ich später noch einmal zurückkommen werde. Mum und Dad unterrichteten Ron und mich en passant und verließen sich darauf, dass wir am meisten aus eigener Anschauung lernen würden. Es schadete uns auch nicht, dass Dad Geschichtslehrer war. Und obendrein sehr geduldig. Mein Bruder und ich waren Fußballfans und begeistert davon, zu Besuch in dem Land zu sein, das wir für den Ursprungsort dieses Sports hielten. Wie viel Glück konnte man haben? Wir sahen Motherwell gegen Hibernian in Edinburgh und Arsenal gegen Sunderland in Highbury. Auch Rugby, Gaelic Football und Hurling haben wir uns angeschaut. Von allen Abenteuern, die wir erlebten, erscheint mir eines besonders bedeutend im Hinblick auf meine späteren Jahre:

7. Dezember 1980
Ort: Land's End
Wetter: schön, aber kalt
Heute Vormittag sind wir die Felsküste entlang nach St. Ives gegangen. Wir haben eine Zinngrube entdeckt. Dann sind wir zu einem Meeresaquarium gefahren, in dem Seehunde gehalten werden, Tiere, die an Land gespült wurden und sehr krank sind. Die Männer füttern sie und päppeln sie auf. Wenn sie wieder gesund sind, kommen sie zurück ins Meer.

Meine erste Erfahrung mit einer Naturschutzzone war, wie mir scheint, prägend.

Zurück in Australien, wollte ich unbedingt ein Haustier haben. Ich war acht, als ich mein erstes bekam, ein flauschiges weißes Meerschweinchen. Ich kann mich nicht erinnern, warum wir es Flora nannten, weiß aber noch, warum unser zweites Meerschweinchen Takeaway hieß. Wir hatten uns nämlich eigentlich nur eine Mahlzeit zum Mitnehmen besorgen wollen und waren zufällig auch an einer Tierhandlung vorbeigekommen. Unsere beiden Meerschweinchen bezogen ein Gehege im Garten. Als ihr erstes Junges auf die Welt gekommen war, schrieb ich mit Kreide auf die Hauswand: »Flora und Takeaway haben geheiratet.« Es war für mich als Kind der einzig logische Schluss, denn meine Eltern hatten uns erklärt, dass Mann und Frau heirateten, bevor sie Kinder bekamen.

Meerschweinchen waren Teil meines Lebens, und ich hatte im Lauf der Jahre nicht wenige. Ihr Futter bestand im Wesentlichen aus Salatresten, die im Abfallcontainer des Supermarkts gelandet waren. Wenn meine Tiere eine Plastiktüte rascheln hörten, fingen sie immer an zu quieken, weil sie ahnten, dass es etwas zu fressen geben würde.

Mein Liebling war Herbert, ein großes, einfarbig braunes Männchen, das aussah wie ein kleines Capybara, jenes auch Wasserschwein genannte, in Südamerika beheimatete Tier, das als der größte Nager überhaupt gilt. Abends durfte ich ihn mit ins Wohnzimmer nehmen. Im Winter war es mir ein besonderes Vergnügen, ihn im Kreis der Familie vor dem offenen Kaminfeuer zu sehen. Natürlich machte er auch mal auf den Teppich, doch Mum und

Dad schien das nicht zu stören. Jedenfalls meckerten sie nie.

Von den Meerschweinchen lernte ich einiges über den Kreislauf des Lebens. Eine meiner nachhaltigsten Erinnerungen ist die, wie Flora starb. Sie lag in einem Pappkarton im Arbeitszimmer meiner Eltern und hatte die Augen geschlossen. Ich legte meine Hand auf ihre flauschige Brust und spürte, wie es darunter immer schwächer pochte, bis das Herz schließlich stillstand. Es war ein sehr trauriger, aber auch kostbarer Moment voller Dankbarkeit für die Freude, die Flora mir gemacht hatte. Ungefähr zur selben Zeit sprach mein Vater mit mir über den Tod. Kurz danach war ich mit ihm beim Arzt, wo mir im Wartezimmer ein alter Mann auffiel. Wohl etwas zu laut sagte ich: »He, Dad, ich glaube, der Mann muss bald sterben.« Ein besonders taktvolles Kind war ich nicht.

Meine Kindheit war durchzogen von Lehren über das Leben und den Tod. Ich sehnte mich nach einem Hund – alle meine Freunde hatten Hunde –, doch waren meine Wahlmöglichkeiten begrenzt. Mein Vater war entschieden gegen solche, die bellten; außerdem machte er sich Sorgen um seinen gepflegten Garten. Aber weil auch er mit einem Hund namens Cobber groß geworden war und in ihm über viele Jahre einen guten Kumpel gehabt hatte, wusste er, wie wichtig ein solcher Begleiter war. Wir entschieden uns schließlich für einen Basenji, einen afrikanischen Jagdhund von ruhigem Naturell. Bei dem Welpen, den wir uns ausgesucht hatten und mit nach Hause nehmen wollten, sobald er groß genug war, wurde leider eine Krankheit diagnostiziert, die zu einer Lähmung der Hinterbeine führte, und er musste eingeschläfert werden. Ein harter Schlag für mich. Wir hatten uns so sehr darauf gefreut, den kleinen Burschen durch unseren Garten rennen zu sehen.

Um mich wieder aufzuheitern, fragte Dad: »Wie wär's mit einer Voliere?«

»In echt?«

Er nickte. »Aber du musst dich auch darum kümmern. Auf mich kannst du dich nicht verlassen.«

Seit unserer Rückkehr aus Europa war ich eingetragenes Mitglied der Gould League, des Vereins der Vogelfreunde von Australien. Es wäre wohl nicht mit rechten Dingen zugegangen, wenn ich während meiner Kindheit nicht irgendwann Vögel gehalten hätte.

Von allen wilden Tieren, die Australien zu bieten hat, waren es wohl die Krähen, für die ich die größte Sympathie empfand. Ich liebte sie schlichtweg. Warum, weiß ich selbst nicht; vielleicht lag es daran, dass ich sie in Fernsehsendungen wie der von Malcolm Douglas gesehen und mir vorgestellt hatte, im Outback zu leben und ihrem tröstlichen Krächzen zu lauschen.

Eines Tages, nicht lange nach unserem Auslandstrip, bat ich meine Mutter in der Küche um die Knochen, die sie für eine Erbsensuppe ausgekocht hatte. Sie war überrascht, aber als ich ihr den Grund nannte, erfüllte sie mir meinen Wunsch, woraufhin ich geradewegs zu dem alten grauen Blechschuppen in unserem Garten lief. Auf dessen Dach verteilte ich die Knochen und wartete. Am späten Nachmittag kamen die Krähen und ließen es sich schmecken, woran ich meine Freude hatte.

Die Krähen hatten mein Interesse am Vogelbeobachten geweckt. Unser Garten wurde für mich bald ein kleines Paradies, in dem ich zahllose Vögel herumschwirren sah, von denen einige Nektar aus den Blüten heimischer Bäume und Sträucher tranken. Mit Dad fuhr ich an manchen Wochenenden in den Busch, um Vögel zu beobachten. Wahrscheinlich dachte er, dass ich nur eine Phase durchmachte – *nächstes Jahr fährst du bestimmt auf BMX-Räder ab* –, doch er unterstützte mich und förderte meine Wertschätzung der Natur.

An unseren Garten, der nur etwa zehn Schritt maß, grenzte der des Nachbarn, und so reihte sich Grundstück an Grundstück in dieser typischen Vorstadtbebauung, Haus an Haus und Blechschuppen an Blechschuppen. Die Vögel ließen sich davon nicht stören, sie kannten keine Grenzen. Sie waren frei, und das faszinierte mich an ihnen. Entsprechend aufgeregt war ich, als Dad die Sache mit der Voliere vorschlug. Heute ist mir klar, dass wir den Vögeln damit die Freiheit raubten, doch damals zählte für mich nur der Gedanke, durch sie der Wildnis ein Stück näher zu kommen.

Wir kauften die Voliere im Zoohandel. Sie umfasste knapp sieben oder acht Kubikmeter, doch Dad, der gut schreinern konnte, zeigte mir, wie sich ihre Größe mit relativ einfachen Mitteln fast verdoppeln ließ. Schließlich sollte es nicht nur ein Käfig sein mit einer Stange in der Mitte, auf der die Vögel hockten. Ich wollte ihnen ein möglichst natürliches Zuhause bieten, mit Gräsern am Boden und vielen Holzoberflächen. An den Wochenenden grub ich das abgestorbene Gras aus und pflanzte frisches, das ich in einer Schubkarre heranschaffte. Später gelang es mir sogar, kleine Wasserfälle anzulegen.

Die Vögel, die wir hielten, waren vor allem Finken, insbesondere Zebrafinken, die im australischen Grasland häufig anzutreffen sind und durch ihren schwarz-weiß gebänderten Schwanz auffallen. Wir hatten allerdings auch Wachteln, Kanarienvögel und manchmal einen kleinen Papageien. Auf dem Boden der Voliere hoppelten Meerschweinchen und Kaninchen herum. Wegen der Kaninchen musste die Voliere einen mit Maschendraht abgesicherten Boden haben, denn diese langohrigen Ausbruchskünstler buddelten sich sonst in Windeseile frei.

Nach einer Weile betrieb ich ein kleines Gewerbe, züchtete Jungvögel heran und tauschte sie im Zoohandel gegen Vertreter einer anderen Art. Bald hatte ich mir eine stattliche Sammlung zugelegt.

Ich war ungefähr dreizehn, als ich auch einen frei fliegenden Vogel als mein Haustier bezeichnete, eine junge Elster. Eines Morgens nach einem nächtlichen Sturm hatte ich sie im Garten entdeckt. Ich nannte sie Melvin. Vermutlich war Melvin aus einem Nest gefallen und vom Wind herbeigeweht worden. Jedenfalls setzte ich ihn zu seinem eigenen Schutz in einen Käfig und bemutterte ihn. Abends nahm ich ihn mit ins Haus, wo er es warm hatte. Tagsüber fütterte ich ihn mit kleingehackten Fleischresten aus der Küche oder Regenwürmern, die ich im Garten ausgrub. Melvin wuchs rasch heran und war bald so groß, dass er den Käfig nicht mehr nötig hatte. Stattdessen flatterte er in die Bäume auf, kam aber jedes Mal herbeigesegelt, wenn er mich sah, und sprang vom Schuppendach auf den Boden, mir vor die Füße. Er war ein hungriger kleiner Kerl, rannte hinter mir her und schrie auf seine typische Elsternart »*gib mir gib mir gib mir*«. Er hörte einfach nicht auf damit und folgte mir wie ein Hund, was Probleme mit sich brachte, wenn ich zur Schule wollte. Ich musste mich dann unbemerkt aus dem Haus schleichen.

Elstern haben schöne Stimmen, ihre Lieder erfüllen die Luft. Ich habe fleißig geübt, sie zu imitieren, und war schließlich halbwegs in der Lage, mich mit Melvin zu unterhalten. Wer weiß, worüber? Ihm schien es jedenfalls zu gefallen.

Als Melvin älter wurde, schaute er immer häufiger mit geneigtem Kopf zum Himmel auf. Elstern sind Reviertiere. Vielleicht, so dachte ich, blieb er deshalb bei mir, womöglich aus Angst, von anderen seiner Art attackiert zu werden. Eines Tages aber landeten mehrere Elstern in einem Baum nahe unserem Garten. Ich versuchte, mit ihnen zu reden. Sie gaben mir Antwort. Auch Melvin krächzte drauflos und flatterte ihnen freudig entgegen. Und plötzlich war er mit ihnen auf und davon. Wir haben uns nie wiedergesehen, aber ich konnte zum ersten Mal von mir behaupten, ein echter Tierpfleger zu sein, denn ich hatte ihn gepflegt, bis er in sein natürliches Umfeld zurückkehren konnte. Ich tat mir ein bisschen leid, freute mich aber umso mehr für Melvin.

Bei aller Liebe zur Natur war ich doch ein typischer Aussie-Junge, der mit seinen Freunden leidenschaftlich gern Fußball, Cricket und Tennis spielte, oft auf der Straße vor dem Haus. In der Schule war ich Durchschnitt und ragte nur aufgrund meiner Größe hervor. Mit dreizehn, im ersten Jahr auf der Highschool, maß ich eins fünfundachtzig und hatte Schuhgröße siebenundvierzig. Dies und mein Faible für Vögel waren immer wieder Anlass für Scherze auf meine Kosten. Ich hatte die üblichen Spitznamen wie »Bohnenstange«, »Laternenmast« oder auch »Langkorn« in Anspielung auf eine TV-Werbung für Reis. Selbst von Erwachsenen hörte ich ständig: »Mann, ist der groß!« Manchmal hätte ich gern erwidert: »Immerhin nicht klein und dick!« Aber so kess war ich nicht.

Wegen meiner Größe entwickelte ich Komplexe. Nie vergessen werde ich, wie wir in der Highschool einmal eine Tanzstunde hatten und Walzer oder etwas in der Art zu tanzen versuchten. Die Partnerin, die mir zugewiesen wurde, war das heißeste Mädchen des gesamten Jahrgangs. Wir fingen an zu tanzen, und plötzlich rief sie: »Eh, Perversling, was guckst du in mein Top? Er glotzt mir von oben in den Ausschnitt!«

Die Musik setzte aus. An die fünfzig Schüler und Schülerinnen *und* die Lehrerin bildeten einen Kreis um uns und starrten mich an. Bei dem Größenunterschied war mir gar nichts anderes übriggeblieben, als auf meine Partnerin hinabzublicken, doch sie behauptete, ich hätte sie begafft. Die Sache war mir schrecklich peinlich.

Es lag wohl an meiner hoch aufgeschossenen Statur, dass ich über viele Jahre keine Freundin hatte. Mehr als einmal bekam ich zu hören: »Bist ’n netter Typ, aber ein bisschen zu groß für mich.«

Richtig wohl fühlte ich mich nur in meiner Familie oder mit meinen Tieren. Nicht, dass ich ein Einzelgänger oder Ausgestoßener gewesen wäre, der sich mit Gleichaltrigen nicht verstanden hätte. Ich war einfach glücklich, mein eigenes Ding zu machen, auch auf die Gefahr hin, dass es auf andere sonderbar wirkte. Es machte mir nichts aus, ein komischer Kauz zu sein, zumal mir Mum und Dad den Rücken stärkten. Sie wussten, wann es angebracht war, zu trösten, Rat anzubieten oder sich einfach nur zurückzuhalten und nichts zu sagen.

Meine Eltern schärften auch unseren Sinn für das, was in der Welt passierte. Sie ließen zu, dass Ron und ich zum Beispiel in den Fernsehnachrichten Bilder von Hungersnöten in Afrika oder kriegerischen Auseinandersetzungen im Nahen Osten sahen. Wenn wir unseren Teller nicht leerten, hieß es: »Seid dankbar. Es gibt Kinder, die nicht regelmäßig zu essen bekommen.« Dad wusste, wovon er sprach. Er arbeitete ehrenamtlich als Entwicklungshelfer und reiste häufig nach Indien. Und er war sehr großzügig. Besonders toll an ihm fand ich, dass er zu Weihnachten immer zwei große Flaschen Bier als Dankeschön für die Müllwerker vor die Haustür stellte.

Wie mein Vater hatte auch Mum einen ausgeprägten Sinn für soziale Verantwortung und Mitgefühl. Sie unterrichtete Englisch als Zweitsprache, und ihre Schüler und Schülerinnen kamen aus verschiedenen Ländern, vor allem aus Vietnam, zu einer Zeit, als das Flüchtlingsthema in Australien die Schlagzeilen bestimmte. Dann und wann lud Mum vietnamesische Kinder zu uns nach Hause ein, und wir hatten immer viel Spaß miteinander.

Im Rückblick auf meinen Lebensweg glaube ich, dass eine der wichtigsten Lehren meiner Eltern der vernünftige Umgang mit Geld war. Wenn wir mit Dad im Fußballstadion waren, gehörten wir zu den wenigen, die keine Teigtaschen und Wurstbrötchen kauften. Stattdessen aßen wir die Reste des Eintopfs vom Vorabend. Einmal saß ich neben einem Jungen, der einen Hotdog und Pommes futterte. Ich war neidisch, weil ich selbst mit einer Möhre vorliebnehmen musste, doch Dad erinnerte mich daran, dass wir des Spiels wegen gekommen waren und nicht, um zu essen.

Schon früh bekamen Ron und ich Geld, mit dem wir unsere Schulkleidung kaufen mussten, und obwohl Mum oder Dad uns beim Shopping begleitete, waren wir allein verantwortlich für unser Budget. Hatte ich hundert Dollar im Portemonnaie und wollte unbedingt ein Paar Schuhe haben, die, sagen wir, achtzig Dollar kosteten, musste ich an anderer Stelle sparen und eventuell auf Shorts, Shirts, Socken oder Unterwäsche verzichten. Ich hielt darum lieber nach günstigen Angeboten Ausschau und bilde mir bis heute ein, dass ich mein Geld vernünftig einsetze. Dass ich schon in frühen Jahren lernte, mit bescheidenen Mitteln zurechtzukommen, half mir später, finanzielle Notlagen zu überstehen. Und in die sollte ich oft genug geraten.

An fast jedem Wochenende besuchten wir die Eltern meiner Mum, die, wie ich vermute, nicht so recht ins Klischee von Großeltern passten. In ihrem Wohnzimmer hing ein Schwarzweißfoto an der Wand, das Grandad zeigte, wie er von der Queen zum Ritter geschlagen wurde. Erinnern Sie sich an die Ritterfigur in Warwick Castle? Zwei Tage nach unserem Besuch dort erhielt meine Mutter die Nachricht von der Erhebung ihres Vaters in den

Ritterstand. Ich war von den Socken und stellte mir vor, wie er in einem Harnisch aus Eisenplatten und Ketten durch die Gegend klapperte. Doch anstatt ein Schwert zu schwingen, war Grandad wegen seiner Verdienste um die Musik geadelt worden. Er hatte als Lehrer, Professor, Verwaltungsrat und Komponist gearbeitet und war Mitglied einer Vielzahl nationaler und internationaler Verbände gewesen, so etwa des International Music Council der UNESCO, dem er als Präsident vorgestanden hatte. Wenn ich ihn Freunden von mir als »Sir Frank« vorstellte, antwortete er jedes Mal: »Freut mich, Sie kennenzulernen, junger Mann.«

Das Haus meiner Großeltern war voller Musikinstrumente aus aller Welt – es gab ein Didgeridoo, afrikanische Trommeln, Panflöten –, doch Grandad ließ meist ein Transistorradio laufen. Beim Abendessen stand es neben seinem Brettchen. Oft nahm er es in die Hand und hielt es sich ans Ohr. Nicht etwa Mozart hörte er, sondern Nachrichten von der Börse. Sir Frank war ein seltsamer Vogel.

Es wäre mir nie in den Sinn gekommen, meine Großmutter als »Lady Callaway« vorzustellen. Sie war immer nur Grandma. Ich werde nie vergessen, wie sie einmal darum bat, sich am Murmelspiel mit mir und einem Freund, den ich mitgebracht hatte, beteiligen zu dürfen. Mein Freund pupste, woraufhin wir einander entsetzt anstarrten, doch Grandma lachte sich halb kringelig. Sir Frank hätte anders reagiert, glauben Sie mir.

Meine Großeltern väterlicherseits – Roland, ein Krankenpfleger in der Psychiatrie, und seine Frau Doris – habe ich leider nie kennengelernt, weil sie früh verstorben sind. Dad hatte sie sehr lieb; manchmal wurden seine Augen feucht, wenn er von ihnen sprach.

Je älter Ron und ich wurden, desto häufiger drängten uns unsere Eltern, an unsere berufliche Zukunft zu denken. Dad hatte seine eigenen Ansichten dazu. Er sagte, es käme auf die Balance an: Ein gutes Bett würde uns acht Stunden Behaglichkeit versprechen; ein Job, den wir gern ausübten, böte uns Zufriedenheit für weitere acht Stunden; und wenn wir auch noch gute Freunde und das eine oder andere Hobby hätten, wären wir rundum glücklich. Mein Bruder Ron, mein engster Vertrauter in jenen frühen Jahren, war sehr viel zielstrebiger als ich. Ich weiß nicht, ob es daran liegt, dass er Dads Rat beherzigt hat, jedenfalls hat er allen Grund, zufrieden zu sein: Als sehr erfolgreicher Immobilienmakler kann er inzwischen viel Zeit für seine Familie erübrigen. Seit Jahr und Tag lebt er am selben Ort. Für mich wäre das nie in Frage gekommen.

Anfangs frustrierte mich meine Sehnsucht nach Freiheit. Ich ahnte, dass es die Freiheit irgendwo gab, wusste aber nicht, woran ich sie erkennen konnte. Und wie sie erlangen? Mir schwebte einfach nur vor, in weiter, offener Landschaft zu leben, doch mit den Jahren wurde ich realistischer und hielt es für durchaus möglich, dass ich mich am Ende wie die meisten Menschen darauf einlassen würde, jeden Morgen zur Arbeit zu gehen, am Abend zurückzukehren und müde ins Bett zu fallen. Mit anderen Worten, auf ein Leben in Gefangenschaft.

Mit vierzehn hatte ich Gelegenheit, für ein paar Wochen im Zoo von Perth erste Erfahrungen mit der Arbeitswelt zu sammeln und eine berufliche Perspektive ins Auge zu fassen. Viel gab es nicht für mich zu tun, zumal ich nur samstags Dienst hatte. Ich schleppte Eimer umher, sammelte den einen oder anderen Dunghaufen auf und folgte Tierpflegern hinter die Kulissen der Vogel- und Reptilienanlagen. Auf diese Weise gewann ich eine recht gute Vorstellung davon, was einen Zoo ausmachte und wie er funktionierte. Zum ersten Mal sah ich nun auch so etwas wie ein berufliches Ziel vor mir. Nur hatte die Sache einen Haken. Die meisten Pfleger hatten eine Ausbildung absolviert und viele von ihnen sogar vier Jahre an der Universität studiert. Diese Aussicht entmutigte mich ein wenig, denn ich war kein guter Schüler und hatte keine Lust, zur höheren Schule zu gehen, zumal ich in meiner Klasse immer noch die Zielscheibe für Hohn und Spott war. Als ein Lehrer mich einmal fragte, was ich später werden wolle, rief ein Klassenkamerad: »Er würde sich gut als Baum machen!« Unsere Schuluniform bestand aus einem grünen Hemd und braunen Hosen – keine günstige Kombination für einen langen Kerl wie mich.

Im Jahr darauf begann für mich die Oberstufe. Auch wenn ich viel Verlockendes über das Studentenleben hörte, kam eine akademische Ausbildung für mich nicht in Betracht. Ich hatte von der Schule schon die Nase voll. Meine Eltern akzeptierten das, bestanden aber darauf, dass ich die Schule fortsetzte, bis ich einen Job gefunden hatte. Dad verhalf mir zu einem Vorstellungsgespräch bei der *Sunday Times* im Geschäftsviertel von Perth, in einer Welt also, die von Outback und Zoo nicht weiter hätte entfernt sein können. Trotzdem war diese Etappe sehr wichtig für mich, wie sich herausstellte, und zwar dank einer ganz besonderen Person.

Mein Bewerbungsgespräch führte ich mit der Leiterin der Anzeigenabteilung, einer Frau namens Bev. Sie war sehr mager und trug eine Mütze. Sie habe Krebs, erklärte sie mir, sei aber auf dem Weg der Besserung. Ich mochte sie sofort, und auch sie schien mich zu mögen und stellte mich ohne Umschweife als Hilfskraft ein. Ich war fünfzehn. Meine Aufgabe bestand darin, als Kurier mit dem Fahrrad durch die Stadt zu flitzen.

Bev wurde so etwas wie meine zweite Großmutter. Manchmal aßen wir zusammen zu Mittag. Ich quatschte ihr die Ohren voll von meiner Voliere und meiner Liebe zu Tieren, was ihr offenbar gefiel, denn sie bestärkte mich in meinen Wünschen. Ich war ungefähr sechs Monate bei der *Sunday Times*, als sich Bev eines Tages krankmeldete. Ich ging zu ihr nach Hause und erfuhr, dass sich in ihrem Körper wieder Metastasen gebildet hatten. Ich besuchte sie daraufhin regelmäßig an den Wochenenden und musste mit ansehen, wie sie immer hinfälliger wurde und den Kampf gegen die Krankheit schließlich verlor.

Sie beim Sterben ein wenig begleitet zu haben, war eine wichtige Lehre für mich. Ich war alt genug, um zu erkennen, dass der Tod uns allen jederzeit drohte und dass es umso wichtiger war, aus jedem Tag das Beste zu machen. Meine größte Furcht bestand darin, dass meinen Eltern etwas Schlimmes zustoßen könnte, insbesondere meinem Vater, der seit vielen Jahren Probleme mit dem Herzen hatte und auf einen Schrittmacher angewiesen war. Manchmal war er so krank, dass er für längere Zeit das Bett hüten musste und nicht arbeiten konnte. Als kleiner Junge war mir nicht klar gewesen, wie ernst es um ihn stand, nun aber wusste ich um die Zerbrechlichkeit des Lebens, die mir meine Familie umso teurer machte.

Als ich zu arbeiten anfing, legten meine Eltern Wert darauf, dass mir bewusst wurde, eine weniger gut geschützte Lebenswelt betreten zu haben. Denn für alle Tiere einschließlich der Menschen kommt die Zeit der Unabhängigkeit. Ich wohnte immer noch bei Mum und Dad, musste aber jetzt Miete zahlen und für meine Belange selbst aufkommen. So gewöhnte ich mich allmählich an meine neue Rolle im Leben. Mit dem Herzen aber war ich nicht bei meiner Arbeit, denn ich sehnte mich nach wie vor nach Freiheit und dem weiten Himmel über dem Buschland.

Dann machte ich eine wirklich lebensverändernde Erfahrung. Mein Vater gab als Lehrer Fernunterricht und betreute Schüler, die Hunderte von Kilometern von der nächsten Schule entfernt wohnten, was für australische Verhältnisse nicht ungewöhnlich ist. Der Radiosender *School of the Air*, Briefverkehr und heute auch das Internet bieten solchen Kindern die Möglichkeit zur Schulbildung in ihrem eigenen »Klassenzimmer«, das zum Beispiel die Küche auf dem Hof eines Viehzüchters sein kann. Kurz und gut, Dad wurde ins über zweitausend Kilometer entfernte Broome berufen, um dort eine Sommerschule zu leiten. Die Ortschaft war bekannt für ihre Perlenfischerei und als Tor zum Buschland von Kimberley. Außerdem gab es dort den Pearl Coast Zoo, der eine beträchtliche Anzahl exotischer Tiere beherbergte. Als Dad erwähnte, dass er auch den Sohn des Zoodirektors unterrichten sollte, war ich sofort Feuer und Flamme.

Dad besorgte mir eine Praktikantenstelle im Zoo für die Zeit seiner Lehrtätigkeit, und so machten wir uns gemeinsam auf den Weg. Als ich ein paar Wochen später nach Perth zurückkehrte, stand für mich fest, dass ich Tierpfleger in einem Zoo werden wollte und dass ich dafür nichts weiter brauchte als Tierliebe und die Bereitschaft, schwer zu arbeiten. Von einer Ausbildung oder gar von einem Universitätsstudium war nicht mehr die Rede. Allerdings musste ich vorläufig weiter als Hilfskraft bei der Zeitung jobben, was mir zunehmend schwerfiel. Ich war rastlos und wollte vorankommen. Aber wie? Und wohin genau? Die Antwort brachte ein überraschender Telefonanruf.

Kapitel 3

Ich konnte mein Glück kaum fassen. Der Pearl Coast Zoo bot mir eine Anstellung als Hilfspfleger in der Vogelabteilung an. Für mich gab es keine Zweifel, keine Pros und Kontras, die es abzuwägen gegolten hätte. Die Chance war so einmalig, dass ich sie einfach nicht verstreichen lassen konnte. Ich kündigte bei der *Sunday Times* und bereitete mich auf den Abschied von meinen Eltern vor, was für mich das Schwerste war. Am Tag vor meiner Abreise gab mir meine Mutter einen Crashkurs in Sachen Haushalt. Sie zeigte mir, wie man Rührei, Koteletts mit Gemüse und Hühnchen mit Reis zubereitet. Drei einfache Mahlzeiten, perfekt für einen Siebzehnjährigen.

Meine Mutter und meine Großeltern brachten mich zur Bushaltestelle. Dad war dienstlich unterwegs. Mum tat mir leid. Gut eine Woche zuvor hatte mein Bruder das Elternhaus verlassen, um mit Freunden zusammenzuziehen. Mum würde also nach unserem Abschied zum ersten Mal in ihrem Leben als Mutter und Ehefrau in ein verwaistes Haus zurückkehren. Später erfuhr ich, dass sie sich auf mein Bett gesetzt und geweint hatte.

Der Abschied tat weh. Grandad schenkte mir ein Tagebuch und sagte, ich solle es als meinen besten Freund betrachten und ihm alles anvertrauen. Nachdem ich zuletzt auch meine Mutter umarmt hatte, bestieg ich den Bus.

Erst in diesem Moment wurde mir wirklich bewusst, worauf ich mich eingelassen hatte, dass ich diejenigen, die ich am meisten liebte, und alles, was ich kannte, hinter mir zurückließ. Es flossen viele Tränen, nicht nur die meiner Mutter.

Der Bus setzte sich in Bewegung, mit mir an Bord, einem Jungen von zwei Metern, dünn, pickelig und mit verheulten Augen. Ich muss einen erbärmlichen Eindruck gemacht haben. Auf der anderen Seite des Mittelgangs saß ein Biker mit dichtem Bart und Armen voller Tattoos. Er sah mich an. Auf mich wirkte er wie der Boss der Hells Angels, also hielt ich es für das Beste, stur vor mich hin zu starren und keine Miene zu verziehen. Doch der Typ beugte sich zu mir und reichte mir ein Taschentuch.

»Mir ging's ähnlich, als ich von zu Hause weg bin«, sagte er.

Er kümmerte sich während der ganzen Fahrt bis nach Broome um mich, die anderthalb Tage dauerte. An Raststätten kaufte er mir Hamburger, er sah zu, dass ich es bequem hatte, wenn ich schlafen wollte, und behielt mich im Auge. Er lehrte mich, dass auch große, taffe Typen fürsorglich sein können.

Broome war eine vielbesuchte Touristenstadt mit einem der spektakulärsten Strände weltweit: Cable Beach, über zwanzig Kilometer weißer Sand, der sich weit ins türkisfarbene Wasser des Indischen Ozeans erstreckt. Ich schätze, über die Zeit sind etliche Besucher beim Anblick des Sonnenuntergangs auf die Knie gefallen. Er ist einfach unbeschreiblich, reinste Magie.

Besonders beeindruckt von Broome muss wohl Lord

Alistair McAlpine gewesen sein, der ehemalige Schatzmeister der britischen Tories und Berater von Premierministerin Margaret Thatcher. Er verliebte sich in den Ort und kaufte Land und Liegenschaften in der Absicht, Broome in ein Reiseziel erster Ordnung zu verwandeln. Er gründete ein Luxusresort, das aber nicht das Kernstück seines Portfolios sein sollte. Das war dem Pearl Coast Zoo vorbehalten, einem sechzig Hektar großen Gelände, auf dem unter anderem seltene, vom Aussterben bedrohte Antilopenarten, Zebras, Geparden, Zwergflusspferde und eine fantastische Sammlung von Vögeln untergebracht waren, allen voran der bunte und überaus laute Australische Königssittich.

Manche Volieren waren enorm: zehn Meter hoch und so lang wie mehrere Tennisplätze. Ich hatte hauptsächlich in der Papageienabteilung zu tun. Mein Boss Eddie, ein Vogelkurator, war zwar kein Akademiker, verfügte aber über ein breites Wissen, von dem er einen Großteil im Busch erworben hatte. Er war geradlinig, streng und nüchtern. Lord McAlpine hingegen stellte sich dem Personal gern mit den Worten vor: »Wenn Sie einem heruntergekommenen alten Mann im Overall begegnen, jagen Sie ihn nicht aus dem Zoo. Es könnte meine Wenigkeit sein.«

Ich begegnete ihm mehrere Male, kann mich aber nicht erinnern, jemals versucht gewesen zu sein, ihn davonzujagen.

Es dauerte nicht lange, und ich fühlte mich überfordert, was aber nichts mit meinen Pflichten als Pfleger zu tun hatte. Ich zog in die Personalunterkunft am Rand des Zoos, ein wunderschönes altes Fischerhaus mit hohen

Decken, Veranden, Fensterläden und Dielenböden aus Jarrah, dem rötlichen Holz der in Westaustralien beheimateten Eukalyptusart. So weit, so gut, aber dieses hübsche Haus mit sechs oder sieben anderen Pflegern zu teilen, die allesamt über dreißig waren, kam für mich einem Kulturschock gleich. Es war ein ziemlich wilder Haufen, gegen den ich erst recht wie ein Milchgesicht wirken musste. Ein Kind unter Erwachsenen. Ich vermisste meine Eltern sehr und fragte mich von Anfang an, wie lange ich es in dieser Umgebung aushalten würde. Mich einzugewöhnen war eine riesige Herausforderung. Schließlich hatten sich bisher andere um mich gekümmert. Sonderbar, wie schnell Rollen getauscht werden können …

Es war ein paar Tage nach meiner Ankunft an einem schwülen Abend. Meine Mitbewohner hatten das Haus verlassen. Ich saß allein in meiner kurzen Hose vorm Fernseher und hörte ein Geräusch, das ich so noch nie gehört hatte. Es klang ein bisschen wie Husten, dauerte an und übertönte den Fernsehlautsprecher. Ich versuchte es zu ignorieren, gruselte mich aber tatsächlich. Welche Gefahren mochten an einem Ort, wo es so viele exotische Tiere gab, auf mich lauern? Das Geräusch wollte nicht verstummen. Schließlich hörte ich auch noch ein Schaben an der Tür zum Zimmer eines Mitbewohners. Ich näherte mich der Tür und lauschte. *Da ist jemand im Schlafzimmer. Ich kann da nicht einfach rein.* Es schien jedoch, dass der Verursacher der Geräusche unglücklich war, also fasste ich mir ein Herz und drehte den Knauf. Die Tür ging auf, und aus dem Zimmer hüpfte ein kleines graues Känguru. Es klammerte sich mit beiden Armen an meinem Unterschenkel fest, als wollte es fragen, ob ich seine Mum sei. Ich hatte davon gehört, dass Kollegen verletzte Tierbabys mit nach Hause nahmen, um sich um sie zu kümmern, stand aber nun zum ersten Mal vor einem leibhaftigen Exemplar und wusste nicht, was ich mit ihm anstellen sollte. Als ich es vom Boden aufhob, fing es sofort an, mir die Brust zu lecken. Im schwachen Licht des Zimmers sah ich eine Stofftasche an einem der Bettpfosten hängen und kombinierte, dass sie dem Baby als Beutel diente. Ich schlich ins Zimmer und hoffte, dass sein Bewohner von meinem unbefugten Eindringen nichts mitbekommen würde. Er war ein stämmiger Kerl, jemand, den man nicht zum Gegner haben wollte. Vorsichtig steckte ich das Joey in die Tasche, eilte nach draußen und zog die Tür hinter mir zu.

Am nächsten Abend passierte das Gleiche. Wieder begab ich mich in das Zimmer, nahm aber diesmal das Baby mit ins Wohnzimmer, setzte mich mit ihm vor den Fernseher und ließ zu, dass es mir die Brust leckte, bis es in meinen Armen eingeschlafen war. Als ich am nächsten Morgen aufstand, erfuhr ich, dass der Typ, der sich um das Joey kümmerte, noch nicht zurückgekehrt war. Einer der anderen Kollegen zeigte mir, wie man Milch vorbereitete und ihm zu trinken gab. Der Typ blieb mehrere Tage weg. Als er schließlich wieder da war, erlaubte er mir, ihm bei der Pflege seines Ziehkindes zu helfen. Einen mütterlichen Eindruck machte er zwar nicht auf mich – wie konnte er das Tierchen so lange allein lassen? –, aber immerhin brachte er mir ein paar erste Kniffe bei.

»Geh mit ihm nach draußen und lass es ein bisschen rumhüpfen, wenn du willst«, schlug er mir vor.

Also ging ich in den Garten. Das Kleine folgte mir auf Schritt und Tritt, auch als ich zu laufen anfing und ums Haus herumrannte. Ich hatte meinen Spaß dabei und dachte unwillkürlich an Skippy und Sonny aus der Fernsehserie.

Allmählich dämmerte mir, was ein Zoo sein könnte, nämlich ein Abenteuerspielplatz für Tierfreunde. Kängurus kommen in Australien durchaus häufig vor, aber wer hat schon das Glück, eine persönliche Beziehung zu einem Vertreter dieser Art aufzubauen? Ich hatte das große Los gezogen und konnte es kaum fassen. Mir war es vergönnt, all dies zu erleben, und zwar unter freiem Himmel, fernab vom Großstadttrubel. Ich ließ mir meine Erfahrungen mit diesem Joey durch den Kopf gehen, dachte darüber nach, wie ich mich dabei fühlte, es im Arm zu halten, nicht anders als einen menschlichen Säugling, wie es zu mir aufblickte und sich meiner zu vergewissern suchte, wie es sich an mich schmiegte und so entspannt war, dass es einschlafen konnte. Ich wusste, dass ich erst den Anfang gemacht hatte, und erklärte meinen Mitbewohnern, ich sei bereit, jedes kleine Känguru anzunehmen, das Pflege nötig hatte. Vor die Wahl gestellt, mit Freunden auszugehen und Partys zu feiern oder ein Tierbaby zu bemuttern, würde ich mich ohne zu zögern immer für Letzteres entscheiden. Nicht dass ich zu schüchtern gewesen wäre, Leute zu treffen; ich hatte nur andere Prioritäten und einfach nicht das Bedürfnis, jeden Abend loszuziehen. Und was Mädchen anbelangte, war ich zu dieser Zeit noch sehr zurückhaltend, zumal ich nach wie vor Komplexe wegen meiner Größe hatte. Wie auch immer, mir war es mehr als recht, mein Augenmerk auf Tiere zu richten. Noch sehr jung und ohne Qualifikation, glaubte ich, härter arbeiten und engagierter sein zu müssen als andere.

Bald half ich tatsächlich bei der Pflege eines anderen verwaisten Jungtieres, das zu uns ins Haus kam – ein Sitatunga, eine Antilopenart aus den Sumpfgebieten Zentralafrikas. Ich hatte in einer der Sendungen von David Attenborough von ihnen gehört und durfte nun selbst einen ihrer Vertreter kennenlernen.

Eines Tages gab es große Aufregung, als ein Zwergflusspferd mit einem Baby niederkam. Diese Tiere stammen aus Westafrika und sind ausgewachsen nicht größer als ein Hausschwein. Dass unseres trächtig gewesen war, hatte niemand bemerkt. Leider zeigte die Mutter keinerlei Interesse an ihrem Nachwuchs, also kam das Kleine zu uns ins Haus. Es wurde Kumbe genannt, war ungefähr so groß wie ein Schuhkarton, hatte große Augen und Ohren wie Ein-Pfund-Münzen, die ständig hin und her flatterten. Wir mussten es immer mit Wasser übergießen, damit die Haut feucht blieb. Selbst etwas so Einfaches war eine Lernerfahrung für mich: Ich wusste nicht, dass Flusspferde eine Art Sonnenschutzmittel ausschwitzen, ein Sekret, das ihre Haut glitschig macht wie Seife. Kumbe flutschte mir so manches Mal aus den Händen. Er leistete uns einen Monat lang Gesellschaft und zog dann in einen Schuppen um. Später sollten sich unsere Wege noch einmal kreuzen.

Neben den Jungtieren, die kamen und gingen, beherbergten wir auch Dauergäste in unserem Haus. In unmittelbarer Nachbarschaft stand eine Scheune, weshalb es kein

Wunder war, dass wir Probleme mit Mäusen hatten. Andrew, der Reptilienpfleger, wusste eine einfache Lösung. Sooft er einen Python einfing – und es gab etliche in der Umgebung; sie wurden angelockt von den Mäusen in den Volieren –, brachte er ihn mit nach Hause. Es kam nicht selten vor, dass eine oder zwei Schlangen von einem Deckenbalken herunterhingen oder nach dem Verzehr einer Maus eingerollt hinter den Konserven in der Vorratskammer lagen. Besser bei uns als anderswo im Zoo. Einmal öffnete ich in der Küken-Aufzuchtstation eine Kiste und fand darin einen Python, der gerade ein Dutzend Mandarinenten verschlungen hatte – hübsche Vögel für tausend Dollar das Brutpaar. Ein sehr teures Dinner! Pythons in unserer Unterkunft störten mich nicht; ich hatte mich längst an ihren Anblick gewöhnt. Andrew hatte an die dreißig Terrarien in unserem Haus und zog unter anderem giftige Braunschlangen und Todesottern auf.

In unserer Hausgemeinschaft fand ich zunehmend Gefallen an der Zootierhaltung, aber sosehr ich mich auch um unsere Untermieter kümmerte, war ich doch in erster Linie Vogelpfleger. Die Papageienabteilung, mein Arbeitsplatz, zählte zu den renommiertesten in ganz Australien, insbesondere im Hinblick auf ihr Zuchtprogramm. Neben heimischen Arten hatten wir Papageienvögel aus Südamerika und Afrika. Zu meinen Lieblingen zählten die Rabenkakadus und die Palmkakadus – beides schwarze Vögel mit einem sehr großen Kamm und roten Wangen – sowie die Edelpapageien, deren Weibchen kirschrot sind, die Männchen dagegen hellgrün. Sie sind einfach beeindruckend.

Mein Arbeitstag fing früh an, meist gegen sechs, wenn das Futter für die Vögel vorbereitet werden musste: in Fallen gefangene Mäuse für die Eulen, Hackfleisch, aufgetauter Fisch für die Pelikane und Jabirus, verschiedene Saatenmischungen, kleingeschnittene Früchte. Nach der Fütterung ging ich mit einem Kollegen in den Busch, um frische Zweige für die Volieren zu schneiden. Das war langweilig, aber wichtig, weil für die Gesundheit der Vögel unerlässlich. Kakadus zum Beispiel verwenden in Freiheit viel Zeit darauf, mit ihren kräftigen Schnäbeln Nüsse zu knacken und Holz zu spalten. Wenn man sie im Käfig hält und ihnen nichts zu tun gibt, langweilen sie sich und fangen an zu kränkeln.

Die Tiere bei Laune zu halten gehörte mit zu meinen Aufgaben, denn nur wenn sie glücklich waren, pflanzten sie sich fort. Und wir züchteten alle Arten, von den sogenannten Unzertrennlichen, die für fünf Dollar das Stück gehandelt wurden, bis hin zu Aras, die schon mal fünfundzwanzigtausend Dollar pro Paar einbrachten.

Mir war nie sehr daran gelegen, viel Geld zu machen, aber unter uns Tierpflegern war es eine besondere Auszeichnung, erfolgreich zu züchten. Alle in unserer Abteilung legten sich dafür mächtig ins Zeug. Als Erstes galt es, ein geeignetes Brutpaar zusammenzustellen. Manche Vögel erweckten den Eindruck, als seien sie vierzig Jahre verheiratet, obwohl sie sich schon nach fünf hätten scheiden lassen sollen; andere wiederum schienen endlose Flitterwochen zu genießen.

Es war natürlich sehr wichtig, ihr Verhalten zu beobachten. Jeden Morgen wanderte ich durch die Papageienabteilung und suchte nach Veränderungen. Aras zum Beispiel zerkauen gern frische Zweige, um damit ihr Nest zu bauen. Wenn ich also am Vortag einen Armvoll Gesträuch in die Voliere gelegt hatte und nun sah, dass es zerbissen worden war, durften wir bald mit Eiern rechnen.

Einmal in der Woche warf ich mit einem Kollegen einen Blick in die vorhandenen Nester. Wir dokumentierten, in welchem Eier oder Küken waren. Wenn wir fürchteten, dass ein Ei womöglich taub war, hielten wir es in die Sonne. Wenn das Licht hindurchschien, war das Ei entweder unbefruchtet oder gerade erst gelegt worden. In dem Fall markierten wir es mit einem kleinen Kreuz, legten es zurück und schauten in der nächsten Woche wieder nach. War es dann immer noch durchsichtig, wurde es entsorgt.

Solche Prüfungen kamen kleinen Abenteuern gleich. Mit Edelpapageien umzugehen war immer aufregend, weil die Weibchen sehr kämpferisch ihr Gelege verteidigten. Wir überlisteten das Weibchen, indem einer von uns einen Bleistift langsam von oben auf seinen Kopf herabsinken ließ. Das Papageienweibchen sah in dem Stift eine Schlange, und wenn es ihn attackierte, konnte der andere schnell einen Blick ins Nest werfen.

Die Küken wurden meist, kaum dass sie geschlüpft waren, aus dem Nest genommen, damit das Brutpaar möglichst schnell für neuen Nachwuchs sorgte. Wir sammelten sie in Eimern, die mit Holzwolle gepolstert waren, und brachten sie in die Aufzuchtstation, wo sie mit schnabelförmigen Löffeln gefüttert wurden.

Die Sache ging mir gegen den Strich, doch ich fand mich schließlich damit ab. Die Küken waren kleine rosafarbene Aliens ohne Federn, oder anders ausgedrückt: keine besonders knuffigen Babys. Und von den Edelpapageien abgesehen, waren die meisten Vogelmütter eher gleichgültig. Sie verließen ihr Nest, wenn wir kamen, setzten sich auf einen Ast und blieben ungerührt.

Irgendwann schlüpfte ein Gelbbrustara. Die ausgewachsenen Tiere sind enorm groß und können vom Schnabel bis zur Schwanzspitze bis zu einem Meter messen. Es war später Nachmittag, als mein Boss Eddie die Leiter hochkletterte, um das Nest zu inspizieren, das in einem Fass steckte. Die Mutter ließ sich nicht verscheuchen. Trotzdem griff Eddie nach dem Küken und setzte es in seinen Hut. Während er die Leiter hinabstieg, kreischte die Mutter aus vollem Hals, flog auf den Draht über der Volierentür und wollte einfach nicht aufhören zu schreien. Am nächsten Tag wirkte sie immer noch durcheinander. Als ich kam, um die Aras zu füttern, flog sie geradewegs zu ihrem Nest und flatterte nervös umher. Sie machte einen schrecklich bedrückten Eindruck, und ich fragte mich, was sie wohl empfand. Hatte sie gehofft, dass ich ihr das Küken zurückbringen würde? Zwei oder drei Tage lang reagierte sie verstört. So schien es mir jedenfalls. Möglich, dass ich ihr Verhalten überinterpretierte; es kann aber auch sein, dass die Reaktionen eines so großen Vogels auffälliger sind als die eines kleinen. Ich weiß es nicht. Jedenfalls beschlichen mich erste Zweifel, was kommerzielle Zootierhaltung betraf, bei der die schönsten Tiere wie Produkte behandelt wurden und die von mir verlangte, dass ich die Produktion durch Zucht steigerte. Aber das war damals die übliche Praxis. Daran hat sich inzwischen einiges geändert.

Die Erinnerung an das Araweibchen beeinflusste meine Zoophilosophie. Ich tat zwar immer noch meinen Job, war mir aber nun im Klaren darüber, dass Tiere, ob groß oder klein, Empfindungen haben und dass es ihnen das Herz bricht, wenn man ihnen ihre Jungen wegnimmt. Das habe ich stets vor Augen, wenn ich heute ein von einem Auto angefahrenes Känguru mit einem Säugling im Beutel auffinde. Wenn das Muttertier nicht mehr gerettet werden kann, ist es besser, man erlöst es von seinem Leiden, bevor man das Kind von ihm trennt.

Ein Tier zu töten mag grausam erscheinen, aber es lässt sich in manchen Situationen kaum umgehen. Weil in Pearl Coast großer Wert auf die Zucht gelegt wurde, gab es strenge Regeln im Hinblick auf Fressfeinde. Katzen wurden geschossen, ohne Wenn und Aber. Es sei eine wirtschaftliche Notwendigkeit, wurde mir immer wieder gesagt. Tote Vögel bedeuteten etliche Dollar Verlust. Entdeckten wir Katzen, die um die Volieren herumschlichen, mussten wir Eddie rufen, der ein sehr guter Schütze war. Einmal ertappten wir einen Vertreter der sehr teuer gehandelten Rasse Russisch Blau, offenbar ein ausgebüxtes Haustier, gepflegt und wohlgenährt. Es war in eine Falle gelaufen. Ich flehte Eddie an. »Ich bin sicher, wenn ich den Käfig öffne, springt sie mir in die Arme.«

Aber noch während ich mit ihm redete, drückte er ab.

Dann richtete er den Blick auf mich und sagte: »Komm mir nicht noch mal auf diese Tour. Von mir aus kann 'ne Katze auch zehn Riesen kosten. Wo ist der Halter? Der nächste Nachbar wohnt meilenweit entfernt. Diese Katze war schon lange im Busch. Ja, sie war dick und gesund, aber eben auch ein Jäger, und damit wollen wir hier nichts zu tun haben.«

Eddie hatte selbst eine Katze, die bei ihm und seiner Frau im Haus gleich hinter dem Zoo lebte. Er liebte sie, aber er liebte auch die Vögel und behauptete, dass er seine Katze ohne zu zögern über den Haufen schießen würde, wenn sie auf dem Zoogelände auftauchte.

Der Vorfall war mir unter die Haut gegangen. Hätte ich die Katze entdeckt, hätte ich sie wahrscheinlich laufen lassen. Ich verstand und respektierte Eddies Einstellung, aber würde eine erschossene Katze andere von der Jagd abhalten? Es war nicht das letzte Mal, dass ich mir diese Frage stellte, und in Zukunft sollte dieses Thema für mich immer persönlicher werden.

Katzen und Schlangen waren nicht die einzigen Räuber bei uns. Es gab auch noch Goannas, mächtige Warane mit scharfen Zähnen und Klauen, mit denen sie klettern und graben. Sie können bis zu zwei Meter lang werden. Einmal wurde ein solches Exemplar in der Nähe unserer Kakaduvoliere gesichtet, was bei meinen indigenen Kollegen Justin und Les, Guddy und Dingo genannt, für große Aufregung sorgte. Die beiden waren meist gut drauf und brachten mich immer wieder zum Staunen. Während wir, die weißen Jungs, zur Teepause am Vormittag unsere Äpfel und Knabbersachen auspackten, ließen sich Guddy und Dingo einen Känguruschwanz schmecken, den Schenkel eines Buschtruthahns oder manchmal auch einen halben Goanna. Nie werde ich den Anblick vergessen, wie Guddy einmal an der Kralle eines solchen Tieres lutschte. Kurz und gut, als die beiden von der jüngsten Sichtung erfuhren, rannten sie sofort los. Ich hinterher, weniger des Goannas wegen, sondern vor allem, um die beiden zu beobachten.

»Nichts dem Boss sagen«, bat Guddy. »Aber diese Echse schnappen wir uns.«

Ich erklärte mich bereit, Schmiere zu stehen. Plötzlich hörte ich sie schreien und sah sie an mir vorbeirennen. Statt eines Goannas hatten sie ein zwei Meter langes Leistenkrokodil aufgestöbert.

Es war der Croc-Farm entlaufen, die an den Zoo grenzte und keinem Geringeren als Malcolm Douglas gehörte, dem Fernsehstar und Abenteurer, den ich schon als Kind bewundert hatte. Er kam zu uns, um das entflohene Tier zurückzuholen, und da sah ich ihn, die Legende, tatsächlich real vor mir. Die Begegnung war nur kurz, beeindruckte mich aber sehr, denn für mich erfüllte sich ein Traum. Ich schaute nicht nur teilnahmslos zu, sondern erlebte die Art von Abenteuer, die mich als Kind fasziniert hatte. Ich begegnete Malcolm später noch einige Male, meist wenn wieder eines seiner Krokodile entwischt war. Und jedes Mal bot sich mir die Chance, aus der Realität in den Traum zu driften.

Zurück zu Guddy und Dingo. Sie wurden gute Freunde für mich. Ich spielte Fußball in Guddys Mannschaft aus Bidyadanga, einer von Aborigines bewohnten Ortschaft südlich von Broome, deren Name »Wo Emu getötet wurde« bedeutet. Ich war der einzige Weiße im Team, wurde aber wie ein Bruder willkommen geheißen. Guddy spielte den anderen gern Streiche. Eines Abends kamen wir vom Fischen und fuhren über eine Schotterpiste nach Hause. Ich hatte einen Pick-up oder Ute, wie wir in Australien sagen. Auf der Ladefläche hockten an die zwölf Kerle. Die meisten schliefen, als die Scheinwerfer auf einen Schwarzkopfpython trafen. Diese Schlange ist ziemlich groß, aber harmlos. Wir hielten an. Guddy stieg aus, schnappte sich die Schlange und legte sie auf die Ladefläche. Grinsend richtete er den Strahl seiner Taschenlampe auf die anderen und rief: »Hey, aufwachen, Schlangenalarm!« Alle schreckten entsetzt auf.

Mit der Zeit gewöhnte ich mir in Pearl Coast Dinge an, von denen ich besser Abstand gehalten hätte. Nach einem Jahr rauchte und trank ich. Ich war in einem Alter, in dem man sich leicht beeindrucken lässt, und meinte wohl, dass diese beiden Laster zum Erwachsensein dazugehörten. Ein Pfleger empfahl mir sogar Zigaretten als Mittel, um nachts wach zu bleiben, wenn ich mich um Babys kümmern musste.

Immerhin hatte ich schnell begriffen, dass ich maßhalten musste, um meinen Job zu machen. Meine Freizeit nutzte ich sowieso lieber an der frischen Luft als in der Kneipe. Ich spielte immer noch ein bisschen Fußball und hörte mir von den Mannschaftskameraden haarsträubende Geschichten über Perlentaucher an der Abstiegsleine zwischen Tigerhaien an. Es gefiel mir auch, zu fischen und am langen Hafendamm von Broome kiloschwere Stachelmakrelen oder Bluebones an Land zu ziehen. Manchmal fuhren wir, eine Handvoll Pfleger, einfach nur über menschenleere weiße Sandstrände, die sich bis zum Horizont erstreckten, gesäumt vom türkisfarbenen Wasser. Auch in solchen Momenten sah ich mich wie in einem wahr gewordenen Traum.

Doch so schnell, wie er begonnen hatte, endete dieser Traum. Ich war ungefähr zwei Jahre in Pearl Coast, als das ganze Personal eines Tages in die Scheune gerufen wurde, wo man uns mitteilte, dass der Zoo aus wirtschaftlichen Gründen geschlossen werden musste.

Die Abwicklung zog sich über ein halbes Jahr hin. Während dieser Zeit wurden manche der Tiere, insbesondere die afrikanischen, ins Tipperary Wildlife Sanctuary verfrachtet, eine Rinderfarm im Northern Territory am buchstäblichen Rand der Welt. Es war eine privat geführte Einrichtung, die dem steinreichen Bauunternehmer Warren Anderson gehörte. Sich dort um einen Job zu bewerben sei zwecklos, hieß es. Ich dachte nicht weiter darüber nach, zumal ich genug zu tun hatte. Ich feilschte mit Zoohändlern, die aus dem ganzen Land zu uns kamen und sich für unsere Vögel interessierten. Unsere Sammlung schwand allmählich dahin, so auch der Mitarbeiterstab. Als wir nur noch zu viert waren, nahm ich freiwillig meinen Hut. Die anderen hatten Familien. Einen Monat später machte auch meine Abteilung dicht. Ich bin nie wieder in Broome gewesen.

Kapitel 4

Ein paar Jahre lang zog ich ziellos umher und jobbte mal hier, mal dort. Zuerst antwortete ich auf eine Anzeige in einem Magazin für Vogelfreunde und fuhr nach Bundaberg in Queensland an der australischen Ostküste. Ich hoffte, ähnliche Verhältnisse vorzufinden wie in Pearl Coast, landete aber in einem armseligen kleinen Wildpark. Nach sechs Monaten Arbeit ohne Lohn hielt ich es dort nicht mehr aus und verdingte mich als Tomatenpflücker, um Geld für ein Flugticket zurück nach Hause zu Mum und Dad zu verdienen. Schnell machte ich die Erfahrung, dass ich wegen meiner Größe wahrhaftig nicht für jeden Job geeignet war. Am ersten Tag tanzte ich im schwachen Licht morgens früh um sechs an und stand einem riesigen Feld voller Tomatenpflanzen gegenüber, knapp einen Meter hoch und wie Rebstöcke angeordnet. Die anderen Erntehelfer waren alle einen Kopf kleiner als ich. Etliche prophezeiten mir heftige Rückenschmerzen. Und sie behielten recht. Ich schaffte nicht mehr als zwanzig Eimer am Tag, ungefähr ein Zehntel dessen, was andere einsammelten. Obwohl mir schon nach wenigen Tagen alle Knochen im Leib weh taten, gab ich nicht auf, denn ich hielt mich – und halte mich immer noch – für jemanden, der tüchtig zupacken kann.

Ich fragte mich noch, wie ich zurück nach Perth kommen sollte, als mich ein Mann, der mir im Wildpark begegnet war, darum bat, eine Voliere für ihn zu bauen. Ein Wochenende brauchte ich dafür, und als Lohn empfing ich einen Helmkakadu mit kirschrotem Kopf. Er war mein Flugticket nach Hause! Ich lieh mir Geld von meinen Eltern und besorgte mir eine Genehmigung zur Einfuhr des Vogels in einen anderen Staat. In Perth angekommen, gab ich eine Anzeige in einer Zeitung auf und hatte den Kakadu bald für siebenhundertfünfzig Dollar verkauft. Alle waren glücklich, nicht zuletzt der Vogel.

Fortan verlegte ich mich auf den Vogelhandel, während ich gleichzeitig versuchte, einen Weg zurück zur Zoohaltung und in den Busch zu finden. Der Pearl Coast Zoo nahm Kontakt mit mir auf und fragte, ob ich Interesse an den Vögeln hätte, die noch übrig geblieben seien. Ich kaufte sie alle für einen wirklich günstigen Preis, einschließlich sämtlicher sechshundert Unzertrennlichen. Ich ließ sie per Luftfracht kommen und verkaufte sie aus der Voliere heraus, die ich mit meinem Vater gebaut hatte. Die Käufer mussten mir versprechen, dass sie die Vögel nicht im Käfig, sondern in einer Voliere halten würden.

Ich fand es immer schon schrecklich, Vögel in Käfige zu sperren. Tiere brauchen Platz, so einfach ist das. Eine Ansicht, die ich bis heute und speziell im Hinblick auf mein Känguruheim vertrete. Ich kann aber durchaus verstehen, warum man Vögel in Gefangenschaft hält. Um die Schönheit eines buntgefiederten Papageien bewundern zu können, gehen die meisten von uns nicht einfach vor die Tür und schauen in den Himmel. Außerdem haben Vögel Charakter. Gleichwohl verdienen sie es, Vögel sein zu dürfen. Anstatt in den Zoohandel zu gehen und dem Liebling ein Glöckchen oder eine Schaukel zu kaufen, wäre ein Vogelfreund gut beraten, täglich einen frischen Zweig in den Käfig, oder besser noch in die Voliere, zu legen, mit dem sich der Vogel beschäftigen kann. Solche einfachen Regeln werden meist ignoriert. Wenn Sie sich einen Vogel anschaffen wollen in der Hoffnung, dass er ein Mitglied der Familie wird, sollten Sie darauf achten, dass er von Hand aufgezogen wurde. Der Versuch, einen wilden Vogel zu zähmen, wird scheitern.

Meine Ansichten hierzu ergeben sich aus langjähriger Erfahrung. Ich habe im Laufe der Zeit viele Fehler gemacht und Dinge getan, auf die ich im Rückblick alles andere als stolz bin. In Pearl Coast hatte man mir nahegelegt, Vogelhaltung als Geschäft zu betrachten. Als ich schließlich die Restbestände verkaufen sollte, dachte ich an den Gewinn, der mir winkte. Deshalb passierte mir etwas, was ich heute sehr bedauere. Jemand berichtete mir von einem Ringsittich, der irgendwo auf den Weizenfeldern südlich von Perth gesichtet worden war. Das Gefieder dieser Vögel besteht im Wesentlichen aus unterschiedlichen Grüntönen. Das Exemplar, von dem hier die Rede war, sei vornehmlich blau, so hieß es. Vögel mit Farbmutationen sind eine Seltenheit und werden entsprechend hoch gehandelt. Aus Fachzeitschriften wusste ich, dass Züchter für solche Sonderlinge viel Geld bezahlen. Junger Trottel, der ich war, machte ich mich also auf den Weg, um diesen armen Vogel zu fangen. In Pearl Coast hatte ich etliche Tricks gelernt.

Mit diversen Fallen ausgerüstet, suchte ich die Gegend

nach dem blauen Vogel ab, fand ihn aber nicht. Am nächsten Tag erhielt ich einen Anruf. Ein paar Farmer hatten mich beobachtet, mein Autokennzeichen notiert und das Amt für Naturschutz und Landespflege alarmiert. Naiv, wie ich war, hatte ich ausgerechnet diese Farmer gefragt, ob sie den Sittich gesehen hätten. Glücklicherweise erkannte ich sofort, dass ich zu weit gegangen war und mich von Habsucht hatte leiten lassen, statt an das Wohl der Vögel zu denken, die ich eigentlich liebte. Es war Zeit, einen Schritt zurückzutreten und darüber nachzudenken, was ich tat und was ich überhaupt wollte.

Zufällig stieß ich auf eine Anzeige in der *Sunday Times*: »Pfleger für Privatzoo gesucht.« Ich bewarb mich sofort, erhielt aber erst drei Monate später einen Anruf und das Angebot, für Ralph Sarich zu arbeiten, einen steinreichen Ingenieur und Erfinder. Sein Zoo, eine Autostunde südlich von Perth gelegen, erstreckte sich über eine Fläche von rund zweihundert Hektar. Er war wunderschön, hatte ein großes, begehbares Vogelhaus, eine Emu-Farm, ein Gehege für Opossums sowie eines für Kängurus. Und das Beste war, ich hatte wieder Arbeit in einem Zoo!

Es war ein sehr anstrengender Job, der mich sieben Tage in der Woche in Anspruch nahm, denn selbst an Samstagen und Sonntagen musste ich zumindest vormittags anwesend sein, um die Tiere zu füttern. Zwei Jahre lang konnte ich mir einbilden, mein eigenes Stück Paradies zu besitzen. Ralph wohnte in Perth und kam allenfalls an den Wochenenden, so dass ich nur gelegentlich mit ihm zusammentraf. Ansonsten war ich allein auf weiter Flur. Publikumsverkehr gab es nicht. Nur mich und die Tiere. Und eines von ihnen sollte mich gehörig auf Trab halten.

Die Anlage für die Kängurus war alles in allem rund vier Hektar groß. Darin lebten mehrere Weibchen mit ihren Joeys und ein Alphamännchen, das sich anfangs mir gegenüber recht friedlich gebärdete. Doch das änderte sich eines Nachmittags, als ich es mit Apfel- und Möhrenstücken beglücken wollte. Plötzlich spürte ich einen Stoß im Rücken und fühlte mich wie in einem Rugbyspiel. Ich drehte mich um und blickte zu dem kolossalen Boomer auf – so werden männliche Kängurus in Australien genannt –, der, noch einen halben Kopf größer als ich, vor mir auf den Hinterbeinen und dem Schwanz hockte. Er packte mich, versuchte, mit mir zu ringen und riss mir mit seinen Klauen das Hemd von der Brust. Schließlich lehnte er sich auf dem Schwanz zurück und versetzte mir einen so wuchtigen Tritt in den Magen, dass ich zu Boden ging. Blitzschnell saß er auf mir und biss und kratzte mich, als wollte er mir sagen: »Hey, ich bin noch nicht fertig mit dir.« Ich stieß ihn von mir und sprang über den nächsten Zaun in Sicherheit. Von Adrenalin durchflutet, untersuchte ich meine Blessuren: mehrere Kratzwunden, ein eingerissenes Ohr und schmerzhafte Prellungen. Mir war schleierhaft, warum mich das Tier angegriffen hatte. Vielleicht lag es daran, dass ich seine Weibchen gestreichelt hatte und dass ihr Duft noch an mir hing, oder vielleicht war eins von ihnen trächtig, weshalb er sie umso entschiedener beschützte. Ich meldete den Vorfall unverzüglich beim Zoomanager, dem angeblich keine andere Wahl blieb, als das Tier zu töten. Es war schrecklich und geschah gegen meinen Willen. Aber wie sich herausstellte, hatte das Känguru schon mehrere Menschen angefallen, und es war zu riskant, das Tier gewähren zu lassen.

Nach meiner Zeit in Ralph Sarichs Zoo versuchte ich mich als Gärtner, Zaunbauer und Hilfsarbeiter. Ich kehrte nach Perth zurück und wohnte wieder bei meinen Eltern. Was ich in Pearl Coast beim Einrichten von Gehegen und Volieren gelernt hatte, kam mir nun zugute, und ich gründete mein eigenes Gartenbaugewerbe. Es gefiel mir, Felsen aus Beton zu modellieren, Teiche anzulegen und Blumenrabatten nach den Wünschen meiner Auftraggeber zu gestalten. Leider ließ der Verdienst zu wünschen übrig. Um mein Einkommen aufzubessern, musste ich samstagnachts die frisch gedruckten Ausgaben der *Sunday Times* zur Auslieferung auf Lastwagen packen. Außerdem verdingte ich mich als Türsteher. Ich war damals ziemlich fit, stemmte Gewichte und bearbeitete Sandsäcke mit den Fäusten. Allerdings hatte ich nicht das Zeug dazu, auf Lebendiges einzudreschen, was problematisch hätte werden können, da ich in einer Kneipe arbeitete, in der es manchmal ziemlich rau zuging. Freitags und samstags wurde in einem der beiden Schankräume gestrippt, in dem anderen spielte eine Rockband. Die Gäste waren mehrheitlich Biker, und mein Job bestand in der Hauptsache darin, Typen, die Gang-Insignien auf ihrer Kutte hatten, zu bitten, selbige in der Garderobe abzulegen, wenn sie eingelassen werden wollten. Ich war jedes Mal so nervös, dass mir die Stimme wegkippte wie bei einem Jungen im Stimmbruch. Zum Glück waren die furchteinflößenden Kleiderschränke so freundlich, das zu tun, was man ihnen sagte.

Meine diversen Jobs waren nicht auf Dauer angelegt. Immer wieder wechselte ich Arbeitsplatz und Wohnort, arbeitete als Gärtner für das All Seasons Hotel, zuerst in Perth, dann in Newman, einer vom Bergbau geprägten Kleinstadt, ähnlich dem Karratha meiner Kindheit.

Dort machte ich Bekanntschaft mit einer Highschoollehrerin namens Kylie. Ich hatte zuvor zwei, drei Affären gehabt, aber nichts Ernstes, zumal ich ganz gut allein oder in Gesellschaft von Tieren zurechtkam. Es war auch nicht mein Ding, abends auszugehen und Mädchen aufzureißen. Kylie aber war eine Frau, die ich ansprechen musste. Ich traf sie nach einem Fußballspiel an der Bar eines Nachtklubs. Sie unterhielt sich mit Freundinnen und lächelte auf eine Weise, die ich sehr anziehend fand. Ein paar Drinks später nahm ich all meinen Mut zusammen und ging zu ihr hin. An diesem Abend muss sie mich für einen Schläger gehalten haben, denn er endete damit, dass ich mich vor der Kneipe mit einem Betrunkenen prügelte. Als hochgewachsene Person – und das ist ein echter Nachteil – gerät man leicht ins Visier besoffener Idioten, die sich unbedingt mit einem größeren Mann messen müssen. Zum Glück ließ Kylie sich nicht abschrecken, und bald waren wir ein Paar. Mit ihr und Jess, einem prächtigen roten Kelpie, unternahm ich wunderschöne Campingausflüge, auf denen wir die Landschaft rings um Newman erkundeten.

Kylie fühlte sich allerdings mehr im Süden zu Hause, während ich im Norden bleiben wollte. Aus Liebe folgte ich ihr nach Boddington, einem Goldgräbernest hundertdreißig Kilometer südöstlich von Perth. In dieser Gegend hat man oft alle vier Jahreszeiten an einem Tag; der Himmel ist häufig grau verhangen, und es weht ein kalter Wind. Für mich gab es nicht viel zu tun. Ich war unglücklich, hielt aber an der Beziehung fest und arbeitete im Bergbau als Analyst für Bohrproben. Es war ein scheußlicher Job.

Immerhin hielt ich ein paar Jahre durch. Ich will nicht sagen, dass ich meinen Weg aus den Augen verloren hätte, aber ich fühlte mich dort fehl am Platz. Ich wollte zurück in den Busch. Dieser schäbige Ort und der Job, den ich hasste, waren wie ein Käfig für mich.

Zufällig sah ich einen Fernsehbeitrag über das Tipperary Wildlife Sanctuary, jene Rinderfarm im Northern Territory, die einige der Tiere von Pearl Coast übernommen hatte. Ich erinnerte mich wieder an diese Einrichtung, die mir gänzlich entfallen war, schrieb einen Brief und stellte mich vor. Auf eine Antwort brauchte ich nicht lange zu warten. »Kommen Sie her, wir haben Arbeit für Sie.« Also machte ich mich wieder auf den Weg, meinen eigenen diesmal, den ich vielleicht gehen *musste*. Aber wie sich herausstellte, war es nicht damit getan, einfach aufzukreuzen. Man sagte mir, dass ich noch einige Wochen warten müsse, ehe der Arbeitsplatz eingerichtet sei, den man mir zugesichert hatte. Vorerst blieb mir nichts anderes übrig, als meinen ehemaligen Boss Eddie zu bitten, dass er mich eine Weile bei sich wohnen ließ. So landete ich in Katherine, der mit fünftausend Seelen größten Ortschaft weit und breit. Nicht wenige ließen sich dort nieder, um nicht gefunden zu werden.

Dort draußen, irgendwo im Norden von Australien,

zählte ich die Tage bis zum Arbeitsbeginn in Tipperary. Obwohl mir bewusst war, dass der neue Job meine Beziehung zu Kylie strapazieren würde, zweifelte ich keinen Augenblick daran, dass ich das Richtige tat. Ich wusste, dass ich zu den Tieren im Busch gehörte.

Kapitel 5

Tipperary war ein wunderschöner Ort und als private Einrichtung nur zugänglich für den Eigentümer Warren Anderson, seine Familie und Freunde. Warum er den Wildpark gründete, weiß ich nicht. Hatte ihn vielleicht Genusssucht dazu veranlasst, oder ging es ihm um Natur- und Tierschutz? Wie auch immer, ich hatte jedenfalls einen Job, und zwar auf gut tausend Hektar Buschgelände, auf dem afrikanische und asiatische Wildtiere frei umherzogen: Antilopen, Hirsche, eine Giraffe, Zebras, Breitmaulnashörner, Flusspferde und sogar ein sehr spezielles Zwergflusspferd namens Kumbe, genau das, welches ich in Pearl Coast aufgezogen hatte. Ihm war eine junge Dame mit dem Namen Diana an die Seite gestellt worden. Nachwuchs hatten sie nicht, aber sie waren sehr glücklich miteinander auf ihren vier Hektar Land, zu dem auch ein Teich gehörte. Einen besseren Platz für Tiere in Gefangenschaft konnte ich mir nicht vorstellen. Tipperary verfügte über savannenartige Gebiete mit hohen goldenen Gräsern, einen von Palmen gesäumten Wasserlauf und sogar einen kleinen Dschungel. Pearl Coast nahm sich dagegen wie eine Zoohandlung aus.

Der Park war mir eigentlich eine Nummer zu groß. Aber die Anstellung bot mir eine Gelegenheit, um die mich viele hochqualifizierte Tierpfleger beneidet hätten.

Einen Haken gab es jedoch: Von einem der früheren Angestellten wusste ich, dass es mit der Bezahlung Schwierigkeiten geben könnte. Nach ungefähr sechs Monaten sah ich seine Warnung bestätigt, was mich aber nicht entmutigte. Ich hatte schon in Pearl Coast gelernt, mit wenig Geld auszukommen.

Mein Vorgesetzter war Kevin aus Simbabwe. Er hatte den Zoo mit aufgebaut, wollte sich aber nun nach vielen Jahren schwerer Arbeit aufs Altenteil setzen. Er war ein netter Kerl, ein ehemaliger Soldat mit ziemlich rigiden Vorstellungen. Unter anderem verlangte er von mir: »Gib den Tieren niemals Namen.« Ich ließ ihn glauben, dass ich ihm gehorchte, nannte aber, wenn er nicht in der Nähe war, meine Lieblingstiere sehr wohl beim Namen. Auf diese Weise machte ich sie zu einem Teil von mir.

Mein Vertrag lief über zwei Jahre und verpflichtete mich zu sieben Tagen Arbeit in der Woche, was eine allzu schwere Belastung für meine Beziehung zu Kylie darstellte. Während der Schulferien besuchte sie mich, und obwohl Tipperary auch ihr sehr gefiel – insbesondere das hübsche Cottage mit den Veranden und Holzböden, in dem ich wohnte –, war es mein Traum, nicht ihrer. Sie war Lehrerin mit Herz und Seele, und ich liebte meine Arbeit mit Tieren in freier Natur. Viel mehr gab es dazu nicht zu sagen, zumal unsere Beziehung ihren Reiz verloren zu haben schien. Also stimmten wir darin überein, dass es besser sei, getrennte Wege zu gehen. Es tat mir sehr weh, ihr Lebewohl zu sagen, aber wir hatten es beide kommen sehen.

Die Belegschaft auf der Rinderfarm wechselte häufig,

so dass ich nicht selten ganz allein war. Natürlich gab es Cowboys, aber sie kümmerten sich nur um ihre Rinder. Meine Hauptaufgabe bestand darin sicherzustellen, dass meine Tiere immer genug zu fressen und zu trinken hatten. Das setzte mich gehörig unter Druck, denn ich hatte auch ein paar exotische Exemplare zu betreuen. In den zwei Jahren, die ich in Tipperary arbeitete, kam ich aus dem Staunen nicht heraus und rief immer wieder: »Oh, wow!« Was sollte man sonst sagen, wenn man über das Gelände fuhr, und plötzlich galoppierte Jerry die Giraffe neben einem her? Wegen der atemberaubenden Szenen, die sich mir boten, hatte ich immer eine Videokamera bei mir. Und ich sah mich wieder als Held eines unglaublichen Abenteuers, wie John Wayne in *Hatari*. Nur war ich kein Trapper; ich war ein junger Bursche, der unter einem weiten Himmel seinen großen Traum lebte. Wer schon einmal im Outback war, weiß, wie weit der Himmel tatsächlich ist. Er führt einem vor Augen, was für eine unbedeutende Rolle man im Kreislauf des Lebens und im Universum spielt. Mir war bald klar, dass ich genau das brauchte. Während jener Zeit war ich unglaublich isoliert, aber nicht einsam. Ich war mit Tieren zusammen und fühlte mich nie allein.

Obwohl Tipperary Jahrzehnte zurückliegt, sind meine Erinnerungen daran noch sehr frisch und lebendig. Die Breitmaulnashörner zählten zu meinen Lieblingen. Sie hatten ihr eigenes Gehege, das von Eisenbahnschwellen eingefasst war, weil ein Maschendrahtzaun sie natürlich nicht aufgehalten hätte. Von außen konnten allerdings andere Tiere eindringen, und es war ein besonders schöner Anblick, wenn während der Fütterung Wallabys zwischen den Füßen der Nashörner herumhüpften.

Zwei der Nashörner hatten Namen aus dem Zoo mitgebracht, in dem sie früher gelebt hatten. Sie hießen Star und Nikili. Ich konnte mich an ihnen nicht sattsehen. Sie zu füttern war nicht ungefährlich. Ich fuhr mit dem Truck hinaus und musste einen riesigen, mehrere Zentner schweren Heuballen von der Ladefläche wälzen, den die mächtigen Kolosse mit den Hörnern spielend leicht aufspießten und zerfetzten. Vor meiner Zeit hatte man ihnen tatsächlich ein altes Auto zum Zeitvertreib ins Gehege gestellt, das sie mit Vergnügen hin und her stießen. Leider glaubten sie, mit meinem alten Truck ähnliche Späße treiben zu können. Es war ein ohnehin verbeulter Karren mit einem Kuhfänger, für die Dreitonner offenbar genau das Richtige, um ihre Hörner daran zu wetzen. Der Wagen hatte schließlich eine Beule an der Seite, die wie ein Halbmond geformt und blank poliert war.

Alle vierzehn Tage musste ich mit dem Truck zum Einkaufen nach Darwin fahren. Einmal wurde ich auf dem Rückweg von der Polizei an den Straßenrand gewinkt. Einer der Beamten inspizierte die Beule und fragte: »Wahnsinn, wie ist das denn passiert?«

»Ein Rhinozeros hat sein Horn daran gewetzt«, antwortete ich wahrheitsgemäß.

Der Polizist starrte mich an und schien zu denken: *Der ist doch plemplem*.

Als ich erklärte, wo ich arbeitete, dauerte es noch eine Weile, bis ihm ein Licht aufging. Tipperary war zwar als Tierschutzgebiet bekannt, aber weil der Park ausschließlich privat genutzt wurde, mochten die Anwohner an seine Existenz wohl nicht recht glauben. Er hatte einen fast legendären Status. Der Polizist schüttelte schließlich nur den Kopf und ließ mich weiterfahren.

Nach meiner Trennung von Kylie musste ich das Cottage räumen und mit einer einfacheren Unterkunft vorliebnehmen, einem Wohnwagen mit einer Grundfläche von nicht mehr als sechs Quadratmetern – kein Witz. Darin untergebracht waren eine winzige Toilette, eine winzige Küche und ein winziger Wohn- und Schlafraum. Mit meinen zwei Metern passte ich nirgends wirklich hinein. Immerhin gab es eine Klimaanlage, was sehr gut war, besonders in der feuchten Jahreszeit, wenn es bis zu vierzig Grad heiß wurde. »Feucht« hieß, dass es mitunter wie aus Eimern schüttete. Es herrschten regelrechte Monsunbedingungen. Ich erinnere mich, einmal vor meinem Wohnwagen bis zu den Knöcheln in strömendem Wasser gestanden und zugesehen zu haben, wie meine Topfpflanzen weggespült wurden. Der hundert Meter entfernt vorbeifließende Bach war über die Ufer getreten. Ein Bandicoot, ein rattenähnliches Beuteltier, kam auf mich zugeschwommen. Es kämpfte und drohte zu ertrinken. Also watete ich durch die Fluten und zog es aus dem Wasser. Zum Dank biss es mir in den Finger, doch es gelang mir, das kleine Miststück auf einen nahen Baum zu setzen und mich von seinen Nagezähnen zu befreien. Am nächsten Tag war es verschwunden, so auch das Wasser. So viel zu unseren »feuchteren« Tagen.

Es war nicht das einzige Mal, dass mich ein Tier vor dem Wohnwagen besuchte. Eines Abends saß ich auf meiner winzigen Betonveranda, als ich hinter mir ein Geräusch hörte. Ich drehte mich um und sah eine zwei Meter lange Mulgaschlange. Ich erlebte einen jener Momente, in denen man das, was man sieht, einfach nicht registriert. Ich wollte gerade wieder meine Bierdose ansetzen, als es mir plötzlich durch den Kopf schoss: *Himmel, eine Mulga!* Ich fuhr hoch, woraufhin sich die Schlange wie eine Kobra aufrichtete. In meiner Panik hatte ich genau das Falsche getan.

»Nicht bewegen«, hatte Andrew, der für die Schlangen zuständige Pfleger in Pearl Coast, immer gesagt. »Du darfst sie nicht erschrecken.«

Vor Jahren hatte ich diesen Rat beherzigt, als mir eine solche Giftnatter über die Stiefel geglitten war. Nicht aber jetzt. Ich rannte los und drehte mich erst nach ungefähr dreißig Schritten wieder um. Die Schlange hatte sich nicht vom Fleck bewegt. Sie lauerte unmittelbar neben der Wohnwagentür. Und die stand offen! *O nein, das hat mir gerade noch gefehlt.* Wir verharrten reglos eine oder zwei Minuten. Plötzlich setzte sie sich wieder in Bewegung und näherte sich der Tür. Auf der Schwelle hielt sie an, schien sich kurz zu besinnen und verzog sich schließlich in die Gegenrichtung, was mich sehr erleichterte. Trotzdem war mir noch tagelang mulmig in meinem winzigen Wohnwagen.

Mit der Zeit achtete ich besser auf meine Umgebung, während die Natur nicht aufhörte, mich zu unterrichten. Einmal sah ich eine Drosselstelze pickend durchs Gras laufen. Plötzlich fing sie wie wild zu tanzen an. Andere Vögel, Finken, wenn ich mich richtig erinnere, flatterten herbei und schienen ebenfalls durchzudrehen. Auf einem Baum in unmittelbarer Nähe hockte in stoischer Gelassenheit eine Würgerkrähe. Aufmerksam geworden, entdeckte ich am Fuß des Baumes einen Python, der es auf das Nest der Würgerkrähe abgesehen hatte. Die anderen Vögel schlugen Alarm. Ich nenne sie seitdem die »Sirenen des Buschs«.

Inzwischen verlasse ich mich voll und ganz auf diese Sirenen. Und was würde ich ohne sie machen? Als ich, was selten vorkam, wieder einmal meine Eltern in Perth besuchte und ins Wohnzimmer trat, zuckte ich vor Schreck zusammen: Am Boden lag eine Schlange. Bei näherer Betrachtung identifizierte ich sie als das Rohr der Gasheizung. Was ich sagen will, ist Folgendes: Ich gehöre nicht zu den hartgesottenen Burschen, die der Anblick einer Schlange kaltlässt. Natürlich bin ich neugierig, aber einem Tier, von dem tödliche Gefahr ausgeht, komme ich lieber nicht in die Quere.

Nicht nur die Tierwelt in Tipperary bot mir interessante Einblicke in naturgemäßes Verhalten. Auf australischen Rinderfarmen sind Cowboys – oder Cowgirls – besser bekannt als *ringers, stockmen, jackeroos* oder *jillaroos.* Zu einer durchschnittlichen Belegschaft gehören darüber hinaus Mechaniker, Landarbeiter und Hubschrauberpiloten, die frei laufende Herden auf einem Weidegebiet überblicken, das mehrere Tausend Quadratkilometer groß sein kann. Welchen Job sie auch machen, im Outback überwiegen die männlichen Arbeitskräfte bei weitem. In Tipperary war das nicht anders. Was passierte also, wenn eine junge Frau bei uns neu eingestellt wurde? Ich erlebte es mehrere Male, und es war immer, als beobachtete man Bienen, die ein Honigglas umschwirren. Der Hubschrauberpilot wollte ihr sofort die Farm aus der Luft zeigen, während andere sich anboten, mit ihr auszureiten, zu jagen, zu fischen, was auch immer. Eine Frau schwärmte für Zootiere, also führte ich sie durch meine Domäne. Dabei blieb es allerdings. Ich war rundum zufrieden mit dem, was ich tat, und hatte keine Lust, im Rudel der anderen Männer um ihre Gunst zu buhlen.

Ich glaube, zu diesem Zeitpunkt waren meine Charaktereigenschaften und Verhaltensmuster im Wesentlichen ausgereift. In einer Hinsicht aber veränderte mich Tipperary: Aus mir wurde ein Schütze. Ja, ich hatte in Pearl Coast gelegentlich auf Katzen geschossen, aber eher widerwillig. Jetzt, in diesem riesigen Freigehege und mit der Aufgabe bedacht, bedrohte Tierarten vor Fressfeinden wie Dingos zu schützen, blieb mir keine andere Wahl. Kevin brachte mir bei, wie man mit Schusswaffen umging. Wir übten mit einem Luftgewehr und schossen mit Diabolos auf Streichholzschachteln in fünf Schritt Entfernung. Dann gingen wir zu einer Winchester über, mit Patronen, die so groß waren wie der kleine Finger eines Erwachsenen. Wir hatten auch eine Büchse und eine zweiundzwanziger Magnum, mit denen wir die Wildschweinpopulation in Schach hielten.

Ich werde mich mein Lebtag nicht daran gewöhnen, auf Tiere zu schießen, aber ich weiß inzwischen, dass es manchmal unumgänglich ist. Mein Boss Kevin reichte mir hin und wieder eine Liste mit Tieren, die geschossen werden mussten, entweder weil sie alt und krank oder schwer verletzt waren. Es mag grausam erscheinen, aber Tipperary lehrte mich, dass ein Tier zu töten unter Umständen das Freundlichste ist, was man tun kann.

Probleme bereitete es mir, wenn ein Tier geschossen werden sollte, das nicht krank war, und ich vor dem Dilemma stand, eine Anweisung zu befolgen oder mir selbst treu zu bleiben. Ich erinnere mich an mehrere Vorfälle. Anfangs machten wir unser Heu selbst und schnitten Gras auf unseren Wiesen. Wenn uns Kängurus oder Wallabys in die Quere kamen, oblag es mir, sie zu töten. Weil ich immer absichtlich danebenschoss, handelte ich mir den Ruf eines schlechten Schützen ein.

»Du triffst nicht mal ein Scheunentor aus fünf Metern Entfernung«, mokierte sich Kevin.

Ich zuckte mit den Achseln. »Tut mir leid.«

Zum Glück wusste er nicht, dass ich zu dieser Zeit zwei Wallaby-Joeys aufzog. Ich hatte sie in der Nähe meines Wohnwagens gefunden, und sie blieben insgesamt fast vier Monate in meiner Obhut. Dabei kam mir zugute, was ich in den Zoos gelernt hatte, wo ich beobachten konnte, wie Kängurumütter mit ihrem Nachwuchs umgehen. Dennoch war es alles andere als einfach, diese Waisenkinder aufzuziehen, zumal im Verborgenen.

Fast wäre Kevin mir auf die Schliche gekommen, als er einmal in meiner Abwesenheit meinen Wohnwagen betrat.

»Ich hoffe, du hast nichts dagegen, dass ich mir deinen Videorekorder ausgeliehen habe«, sagte er später zu mir. Ich erstarrte. In unmittelbarer Nähe hatte ich unter einem Tisch in einer gepolsterten Tasche die Joeys untergebracht.

Kurz danach setzte ich sie in der Wildnis aus und hoffte, dass sie Kevin niemals vor die Flinte laufen würden. Tiere totzuschießen erschien mir als eine viel zu bequeme Lösung. Wir hätten Zäune ziehen können, um Kängurus und Wallabys auszusperren. Doch das taten wir nicht. Und ich markierte weiterhin den schlechten Schützen.

Ein zweites einschneidendes Erlebnis in puncto Waffeneinsatz hatte ich, als ich mit dem Truck unterwegs war, um unsere Tränken zu überprüfen. Eine befand sich in der Nähe einer Wasserrinne, an einem hübschen Fleckchen mit frischem grünem Gras und mehreren Schraubenbäumen. Als ich dort ankam, fand ich eine Banteng-Kuh vor, die am Boden lag. Wir hatten eine ganze Herde dieser Wildrinder aus Südostasien, die bei uns eingeführt worden waren, weil sie die künstlich befruchteten Eizellen von afrikanischen Büffeln austragen sollten – zu welchem Nutzen auch immer. Jedenfalls näherte ich mich dieser Kuh in der Wasserrinne. Normalerweise würde ein Banteng aufstehen und weglaufen, doch dieses Tier blieb liegen. Erst als ich nur noch wenige Schritte von ihm entfernt war, stand es langsam auf, und ich bemerkte, dass ihm am rechten Vorderbein der Huf fehlte. Zu sehen war nur ein roter Stumpf. Die Kuh muss entsetzliche Schmerzen gehabt haben. Mir ging ein Gespräch durch den Kopf, das ich erst vor kurzem mit Kevin geführt hatte.

»Was meinst du, wie viel es kostet, einen Tierarzt zu rufen?«, hatte er gefragt. »Nur zu rufen. Von Behandlungskosten abgesehen.«

Ich verzog das Gesicht. »Ich weiß, es ist teuer. Ein paar hundert Dollar vielleicht?«

»Eher tausend.« Kevin lachte, als er sah, wie mir die Kinnlade herunterfiel.

»Wenn es einem unserer Tiere also richtig schlecht geht ...«

»... solltest du es erschießen.«

Kevins Worte im Ohr, lud ich die Winchester. Ich lehnte mich an einen Baum und justierte das Zielfernrohr. Die Kuh brüllte und gab einen Laut von sich, den ich nicht hören wollte.

Ich war im Begriff abzudrücken, als ich ein Geräusch und am Rand des Teleskopausschnitts eine Bewegung wahrnahm. Es war ein neugeborenes Kalb, das hinter einem Busch zum Vorschein kam. Die Kuh drehte den Kopf zu ihm hin und leckte sein noch feuchtes Fell. Erst jetzt fiel mir auf, dass das Euter voller Milch und das Muttertier offenbar soeben erst niedergekommen war. Schnell nahm ich den Finger vom Abzug. Der Gedanke, das Kalb zum Waisenkind zu machen, schreckte mich ab. Das brachte ich nicht über mich.

Mir war klar, dass sich die Kuh in ihrem Zustand nicht weit fortbewegen konnte. Ich fuhr zurück zum Stützpunkt, um Futter zu besorgen. Als ich wiederkam, waren Kuh und Kalb tatsächlich immer noch am selben Fleck. Ich schob der Kuh Heu und Granulatfutter direkt vors Maul, was sie sich gern gefallen ließ. Über die nächsten Wochen besuchte ich sie tagtäglich. Obwohl sich das Muttertier kaum bewegte, ließ es gesundheitliche Fortschritte erkennen, und das Kalb wuchs zusehends. Ich schaute zu, wie es gesäugt wurde, und war gerührt von der Beziehung der beiden zueinander. Der Huf war nach sechs Monaten vollständig nachgewachsen. Ungefähr ein Jahr dauerte es, ehe sich die Kuh und das inzwischen gar nicht mehr so kleine Baby ihrer Herde wieder anschließen konnten. Dafür hatte sich alle Mühe gelohnt.

Kapitel 6

Natürliche Vorgänge versetzen mich immer wieder in Erstaunen. Man bedenke nur: Zwei Dinge, die das bloße Auge nicht erkennt, ein Spermafaden und eine Eizelle, kommen zusammen und bringen Leben bis zur Größe eines Blauwals hervor. Mir flößt das Ehrfurcht ein. Nach dem Ende meines Zweijahresvertrags in Tipperary wollte ich dieser Faszination nachgehen, und so beschloss ich, mich am TAFE(Technical and Further Education)-College von Darwin, der Hauptstadt des Northern Territory, für den Studiengang Bodenbewirtschaftung einzuschreiben.

TAFE-Colleges sind Einrichtungen des zweiten Bildungswegs für Leute, die die Regelschule ohne Hochschulreife verlassen haben. Ich war insbesondere vom Botanik-Kurs angetan, in dem wir unter anderem einen Orangenkern mit Jod präparierten und unters Mikroskop legten. In dieser äußerst komplexen Kapsel befanden sich bereits ein Wurzelsystem, ein Stamm und Blätter. Ein Baum in einem Baum. Und ich hatte solche Kerne bislang immer nur achtlos ausgespuckt!

Ich war durchaus lernbegierig, aber leider auch ruhelos. Über längere Zeit in einem Klassenzimmer zu sitzen war nicht mein Ding, und ich ertappte mich immer wieder dabei, dass ich zum Fenster hinaus in den blauen Himmel schaute. Trotz bester Absichten hielt ich als Student nur sechs Monate durch.

Anschließend zog ich wieder von einem Job zum anderen. Ich arbeitete als Vogelpfleger in einem öffentlichen Wildpark, fühlte mich aber nach einer Weile unterfordert, weil ich nur mit der Fütterung betraut war. Mein nächster Schritt kann darum kaum überraschen, obwohl er etwas seltsam erscheinen mag. In Darwin sind Krokodile allgegenwärtig – als Touristenattraktion, in Form von Handtaschen oder in den Schlagzeilen der Presse. Am oberen Ende Australiens steht das Leistenkrokodil, auch Saltie genannt, an allererster Stelle. Auch mir hatten es diese bis zu fünf Meter langen Riesen und vermeintlichen Menschenfresser angetan. In Tipperary war ich von Büffeln attackiert worden, was aber, wie ich dachte, nur ein Klacks sein konnte im Vergleich zu den angeblich aggressivsten und gefährlichsten Lebewesen der Welt.

Ich bewarb mich um einen Job auf einer Croc-Farm, der mir auf ungeahnte Weise die Augen öffnen sollte. Manche meiner Kollegen waren mit dem Gesetz in Konflikt geraten, andere hatten bereits eingesessen. Ich war von Anfang an der Außenseiter, zumal ich nicht nur für Krokodile, sondern für alle Tiere etwas übrighatte.

Als Pfleger hatte ich die üblichen Arbeiten zu verrichten. Ich spritzte die Gehege mit dem Wasserschlauch aus, fing kleinere Krokodile ein und legte Häute in Salz. Nachmittags gab es eine Show für Touristen. Dann musste ich mit anderen Pflegern in die Umzäunung steigen, ein Stück Fleisch an einer Schnur über den Tümpel hängen und die großen Crocs aus der Deckung locken. Wenn sie aus dem

Wasser sprangen und nach dem Köder schnappten, kamen aus der Menge immer viele »Aahs« und »Oohs«, und alle hatten ihren Spaß. Manchmal wurde ich auch zur Eierernte eingeteilt. Dann stand ich für gewöhnlich mit einem Kollegen am Rand des Freigeheges Wache, während ein dritter Kollege zu einem Nest schlich und das Gelege einsammelte. Wir waren mit einem zwei Meter langen Holzknüppel bewaffnet für den Fall, dass wir einem überbehütenden Elternteil eins aufs Maul hauen mussten. Das war für uns eine ziemlich haarige Angelegenheit. Krokodile sind blitzschnell und enorm wendig. Ein Biss, und es kann um einen geschehen sein. Zum Glück lebe ich noch. Kurzum, es war ein ziemlich ungemütlicher Job. Wir liefen den ganzen Tag in Gummistiefeln herum und hielten Gehege instand, die während der kühleren Jahreszeit mit Plastikfolie überspannt wurden, damit es darin tropisch warm blieb und die Krokodile nicht in Winterschlaf fielen.

Ich hatte zwar nicht viel gemein mit meinen Kollegen, aber doch durchaus Respekt vor ihrer Arbeit. Sie waren gut in dem, was sie taten, und gut sein mussten sie auch, denn sie arbeiteten unter hohem Risiko. Andererseits waren manche von ihnen in ihrer grobschlächtigen Art schwer zu ertragen.

Ein Vorfall ist mir sehr deutlich in Erinnerung geblieben. Ich fand eines Tages ein Reiherküken, das offenbar aus seinem Nest gefallen war. Auf unserem Gelände gab es jede Menge Reiher, die von den weggespülten Fleischresten angelockt wurden. Weil ich das Nest nicht finden konnte, setzte ich das Küken in einen Pappkarton, um es später mit nach Hause zu nehmen. Als ich jedoch nach der Frühstückspause nach ihm sehen wollte, war es verschwunden. Einer der Kollegen hatte sich einen Spaß daraus gemacht, es an die Krokodile zu verfüttern.

Nach ungefähr sechs Monaten verließ ich die Farm und widmete mich wieder dem Garten- und Landschaftsbau. Mit anderen Worten, ich schuftete wieder an sieben Tagen in der Woche, schwitzte wie ein Schwein und kam auf keinen grünen Zweig. An einem Wasserfallprojekt arbeitete ich nicht weniger als drei Monate. Eines Tages fragte mein Auftraggeber: »Warum tun Sie sich das an? Es lässt sich doch sehr viel leichter sehr viel mehr Geld verdienen.«

Seine Frage brachte mich zum Nachdenken. Ich war dreißig Jahre alt, ohne feste Beziehung, arbeitete schon mein halbes Leben lang, mal hier, mal da, hatte zwischendurch zu studieren versucht und war immer wieder in der Tierpflege gelandet. Wozu das alles? Wo wollte ich hin? Ich hatte das Gefühl, dass ich mich verzettelte. Im Rückblick aber glaube ich, dass mich irgendetwas in mir auf ein größeres Ziel zuführte. Damals wusste ich allenfalls, dass ich irgendetwas mit Tieren machen wollte. Etwas anderes konnte ich mir nicht wirklich vorstellen.

Mein Auftraggeber unterbreitete mir daraufhin einen überraschenden Vorschlag.

»Warum versuchen Sie sich nicht als Fremdenführer? Wenn Sie wollen, kann ich Sie mit einem Freund in Kontakt bringen, der in Darwin eine Reiseagentur unterhält, die sich auf Rucksacktouristen spezialisiert hat.«

Fremdenführer! Warum eigentlich nicht? Also verabredete ich mich mit dem Betreiber dieser Agentur für ein Vorstellungsgespräch.

»Können Sie Didgeridoo spielen?«, fragte er mich.

»Nee.«

»Spielen Sie Gitarre?«

»Nee.«

»Aber wie werden Sie abends am Lagerfeuer die Leute unterhalten?«

Ich zuckte mit den Achseln. »Tja, also, ich hab mal auf einer Croc-Farm gearbeitet und …«

»Ausgezeichnet. Sie haben den Job.«

Ich gab ihm die Hand und ahnte nicht, wie entscheidend dieser Moment für mein Leben sein sollte.

TEIL II

Unterwegs

Kapitel 7

Welcher Job fühlt sich schon wie Urlaub an? Ich glaube, die Arbeit als Fremdenführer im Northern Territory kommt dem sehr nahe. Es gefiel mir von Anfang an, Touristen, fast ausschließlich Backpacker, auf Touren von zwei bis sechs Tagen ins wahre Australien zu führen. Manchmal lief alles glatt im großen Vierundzwanzigsitzer auf asphaltierter Piste, manchmal gönnte ich meinen Schutzbefohlenen im kleineren Wagen mit Allradantrieb für maximal sechzehn Fahrgäste einen Abstecher, der so nicht im Prospekt stand. Am Tag lernte ich die tollsten Seiten unserer fantastischen Landschaft und Geschichte kennen, nachts leistete mir ein knisterndes Feuer Gesellschaft, wenn ich unter freiem Sternenhimmel mein Lager aufschlug. Wer könnte sich darüber beklagen?

Und es gab noch mehr Vorteile. Es amüsierte mich zu sehen, dass ich in den Augen mancher Touristen, vor allem der Frauen, eine Art Crocodile Dundee darstellte. Zu Hause in irgendeiner Kneipe hätte man mich kaum beachtet, aber als Reiseführer war ich offenbar so etwas wie ein Held des Outbacks. Ich weiß, dass manche Kollegen solche Situationen ausgenutzt haben, aber ich habe das nie gemacht. Ich wollte wieder einmal nur meinen Job tun und war gespannt darauf zu erfahren, wohin mich dieses Abenteuer führen würde.

Anfangs fuhr ich meist von Darwin aus in den rund hundert Meilen südöstlich gelegenen Kakadu-Nationalpark, in den ich mich spontan verliebte. Das Weltnaturerbe erstreckt sich über eine Fläche von fast zwanzigtausend Quadratkilometern und ist damit größer als manches Land in Europa. Der Nationalpark ist nicht nur riesig, sondern auch von atemberaubender Vielfalt mit seinen Flussauen, Schluchten, Wasserfällen, frühmorgendlichen Nebelbänken, traumhaft schönen Sonnenuntergängen, meterhohen Termitenhügeln und zahllosen Wildtieren.

Und das Beste: Kakadu machte mich mit den australischen Ureinwohnern und ihrer Kultur vertraut. Der Park hat nicht weniger als fünftausend dokumentierte Aborigine-Felsmalereien zu bieten. Touristen sehen nur einige wenige, aber auch sie zeigen eindringlich, wie wichtig diese Kunst für die Menschen ist, deren Vorfahren über Zehntausende von Jahren in diesem Gebiet gelebt haben. Die Bilder an den Felswänden erzählen von der Jagd, von Tiergeistern und alten Zeiten vor der Ankunft des weißen Mannes.

Ich glaube, in Kakadu habe ich eine wichtige Veränderung durchgemacht. Es begann in der ersten Nacht auf einer Drei-Tage-Tour. Wir machten halt auf einem Campingplatz, wo Aborigines aus irgendeinem entlegenen Winkel von Arnhemland eine Show mit Gesang und Tanz vorführten. Einer von ihnen war ein Mann namens Kevin, der um die vierzig Jahre alt war, aber deutlich älter aussah. Wir begegneten uns zum ersten Mal, und er grüßte laut mit den Worten: »Goodaku, goodaku.«

Ich hatte keine Ahnung, was er damit meinte. Kevin lachte.

»Goodaku, goodaku«, feixte er.

So, erklärte er schließlich, klinge der Ruf eines besonders langbeinigen Sumpfvogels, der Brolga genannt werde. Kevin fand offenbar, dass ich diesem Vogel ähnlich sah. Und schon hatte ich meinen Spitznamen weg. Heute kennen mich nur noch die wenigsten als Chris.

Kevin war ein heiterer Mensch, den ich über die Jahre immer wieder mit einem Sixpack Bier in seinem Camp besuchte. Er leerte für gewöhnlich fünf Dosen, ich eine. Wir hatten bald Freundschaft geschlossen, und ich fühlte mich privilegiert, als er mich einlud, mit ihm auf die Jagd zu gehen. Er gab mir einen Speer und führte mich in einen Billabong, wie tote Flussarme oder Wasserlöcher bei uns genannt werden. Ich wurde stutzig.

»In der Regenzeit gibt's doch bestimmt eine Verbindung mit dem Alligator River, oder?«

»Ja«, antwortete Kevin.

»Und der ist voller Salties, die dann auch hier auftauchen, stimmt's?«

»Ja, aber mach dir keine Sorgen. Ich bin ihr Bruder.«

»Du vielleicht, aber ich nicht«, erwiderte ich.

»Ach ja, daran habe ich gar nicht gedacht.«

Am lehmigen Ufer waren Spuren von Krokodilen zu sehen, die Kevin aber nicht im Geringsten zu beunruhigen schienen. Er glaubte offenbar unerschütterlich daran, dass er dank spiritueller Familienbande vor Angriffen geschützt sei.

Wir wanderten auf eine steile Felswand zu, als er plötzlich und ohne Vorwarnung zu schreien anfing – »Ahhhhh, ahhhhh, ahhhhh« –, in die Hände klatschte und sich umschaute.

»Was soll das?«, fragte ich.

»Ich sage den Mimis, dass wir kommen.«

Kevin und sein Volk glauben an Geister, die in Felsen wohnen, Mimis. Ich hatte davon schon gehört, aber jetzt, unterwegs mit Kevin, hielt ich es sogar für möglich, dass sie existierten. Oben an der Felswand in einer Höhle zeigte er mir mehrere Darstellungen der Mimis, lange, dünne Gestalten, vor vielen Tausend Jahren gezeichnet. Nach diesem Erlebnis war ich aufgeschlossener für die Geheimnisse der natürlichen Welt.

Eine unerwartete Begegnung im Park brachte mich wirklich ins Grübeln.

Ich fuhr einen Kleinbus mit einem Dutzend Touristen an Bord über eine Schotterpiste, als mir wie aus dem Nichts ein Wallaby vor die Kühlerhaube sprang. Es krachte. Ich hielt an, um zu sehen, ob ich das Tier noch retten konnte, doch es war schon tot. Als ich aber auf einen Impuls hin einen Blick in den Beutel warf, sah ich ein kleines Pinkie, dessen Augen sich gerade erst geöffnet hatten. Ich trug es zum Bus, erklärte allen, was geschehen war, und bat eines der Mädchen, auf das Kleine aufzupassen. Sie tat es gern und steckte sich das Würmchen auf mein Geheiß hin in ihren BH, wo es warm war.

Wir steuerten eine Raststätte an. Dort konnte sich niemand dazu durchringen, ein Baby-Wallaby in seine Obhut zu nehmen, also fuhren wir mit ihm weiter. Zurück in Darwin, übergaben wir es einem professionellen Tierpfleger. Von da an machte ich mir unablässig Gedanken darüber, dass mehr Menschen aufgeklärt werden müssten, wie einem wilden Jungtier, das seine Mutter verloren hatte, artgerecht geholfen werden konnte. Immerhin lebten wir in einer Region, wo ständig Tiere auf den Straßen überfahren wurden.

Roadkill. Das Wort an sich ist schon scheußlich, der Anblick noch viel mehr. Doch er scheint als etwas völlig Alltägliches akzeptiert zu werden und nicht weiter zu stören. Ich habe Dutzende Male alle möglichen Fahrer, auch Freunde von mir, ungerührt ihren Weg fortsetzen sehen, nachdem sie einem Tier auf der Straße mehr oder weniger erfolgreich ausgewichen waren. Je intensiver ich darüber nachdachte, desto deutlicher wurde mir, dass wir Menschen unsere Straßen zu Todesfallen ausgebaut haben. Manch einer würde bestimmt behaupten, die Tiere seien selbst schuld und sollten gefälligst lernen, vorsichtig zu sein. Das war mir viel zu kurz gedacht. Jedes motorisierte Fahrzeug stößt Abgase aus, die kondensiertes Wasser enthalten. Es landet am Straßenrand und fördert das Wachstum von Pflanzen, insbesondere von Gräsern. Es wird wohl niemanden überraschen, dass Weidetiere davon angelockt werden. Aus einschlägiger Erfahrung weiß ich, dass es in Trockenzeiten, wenn das Nahrungsangebot knapper ist, häufiger zu Verkehrsunfällen mit Tieren kommt. Wer diese Zusammenhänge nicht kennt und nur ein totes Tier an der Böschung liegen sieht, glaubt meist, es habe die Straße überqueren wollen und Pech gehabt. Dabei sollte man doch meinen, dass ein zufälliges Zusammentreffen von Fahrzeug und Wildtier höchst unwahrscheinlich ist in einem Land, dessen sechs Meter breite Straßen wie Stecknadeln in einem Heuhaufen verschwinden.

Nach dem Vorfall mit dem Baby-Wallaby legte ich mir selbst eine kleine Kampagne zurecht. Auf Busfahrten klärte ich meine Fahrgäste über Roadkill und eventuelle Rettungsmaßnahmen auf, insbesondere im Hinblick auf Kängurus. Irgendwann würde vielleicht der eine oder andere Zuhörer an einem Unfallopfer vorbeikommen und, von meinem Vortrag motiviert, Hilfe leisten.

Während der folgenden Monate und mit jedem weiteren Roadkill, dessen Zeuge ich wurde, wuchs mein Bedürfnis, mehr zu tun. Ich spielte sogar mit dem Gedanken, eine Art Schulungszentrum einzurichten, vergaß die Idee im alltäglichen Geschäft aber bald wieder. Ich arbeitete viel und genoss die ruhigeren Zeiten, die ich in meiner Bleibe in der kleinen Ortschaft Humpty Doo bei Darwin verbrachte. Dort wohnte ich zur Miete in einem Schuppen, der nur drei Wände hatte und offen war für tierischen Besuch wie den von Nasenbeutlern, Echsen und manchmal auch Schlangen. Meine nächsten Nachbarn wohnten einen halben Kilometer entfernt, ich hatte also genügend Platz. Eine Zeitlang war ich mit einer holländischen Touristin zusammen, die meine Liebe zur Natur teilte. Als sie nach Hause zurückgekehrt war, nutzte ich einen meiner seltenen Urlaube, um sie in Holland zu besuchen. Aber wir trennten uns schließlich: Ihr war es auf Dauer unmöglich, im australischen Busch zu leben, und ich kann nirgendwo anders leben.

Nach meinem Aufenthalt in Europa wusste ich das Outback noch mehr zu schätzen. Schon als ich auf dem

Londoner Flughafen Heathrow die Maschine verließ, war ich regelrecht schockiert von der Hektik, die dort herrschte, und in den Menschenmengen Hollands fürchtete ich ständig, anderen auf die Füße zu treten. Mir wurde schnell klar, dass ich in meiner ruhigen Welt sehr viel besser aufgehoben war. Dennoch hatte ich nach der Reise das Gefühl, eine Abwechslung von den immer gleichen Bustouren als Fremdenführer in den Tropen zu brauchen, die ich nun schon seit ein paar Jahren machte. Ein Unternehmen mit dem Namen Adventure Tours bot mir einen Job in Alice Springs an. Von dort starteten Trips zum Uluru und anderen touristischen Highlights wie dem Kings Canyon und den Olgas. Ich fuhr also die knapp tausendfünfhundert Kilometer von Darwin Richtung Süden, bezog ein Hotel in Alice und fing wieder von vorn an.

Alice ist mit rund fünfundzwanzigtausend Einwohnern die größte Stadt weit und breit und liegt etwa auf der halben Strecke zwischen Darwin und Adelaide. Die weiße Geschichte der Stadt begann als Telegrafenstation zwischen den beiden großen Städten in den 1870er Jahren. Die Aborigines hatten diese Wüstengegend natürlich schon Tausende von Jahren vorher besiedelt.

Nicht lange vor meiner Ankunft dort lief der Film Kangaroo Jack in den Kinos, eine US-amerikanische Komödie, die unter anderem in Alice spielt. Ich war selbst nie dort gewesen und stellte mir meine neue Wohnadresse ungefähr so vor wie auf der Leinwand: eine staubige Hauptstraße und ein paar Bars rechts und links. Tatsächlich aber landete ich in einer modernen Stadt mit Verkehrsampeln, Schnellrestaurants und Supermärkten – und das alles vor der großartigen Kulisse der MacDonnell Ranges, eines zerklüfteten Gebirgszugs in Wüstenfarben. Die Stadt wird durchquert vom Todd River, vor allem bekannt für die alljährlich stattfindende Regatta, deren Teilnehmer in Booten ohne Böden durch das trockene Flussbett rennen.

Ich durfte mich wieder glücklich schätzen, für Ausflüge in den Busch, an denen ich ohnehin Gefallen fand, auch noch bezahlt zu werden. Das Farbenspiel der Landschaft zu unterschiedlichen Tageszeiten war geradezu magisch: der Boden ein sattes Rot, goldgelb die Gräser bei Sonnenauf- und -untergang, die Grüntöne der Sträucher, Himmel und Berge im nuancenreichen Wechsel von Violett über Rosa bis Blau. Es lässt sich ohne weiteres nachvollziehen, warum Albert Namatjira, ein Maler vom Stamm der Arrernte, sagte, Central Australia sei eine »Künstlerlandschaft«. Und der Uluru war die Attraktion schlechthin. Ich bin jedes Mal stolz auf mein Land, wenn ich sehe, wie beeindruckt Touristen vom Anblick des Felsens in der untergehenden Sonne sind. Im Unterschied zu Europa, woher die meisten kommen, ragen hier nicht hinter jedem Hügel Kirchtürme inmitten kleiner Ortschaften auf. Vielleicht erleben viele Besucher in Australien zum ersten Mal ein Gefühl von Erhabenheit und entdecken nicht nur das Outback, sondern auch die Tiefen im eigenen Inneren.

Ich komme mir im Outback winzig klein vor, wie ein Sandkorn in der Wüste. Die Schönheit der Isolation zu genießen hat jedoch einen Preis. Mein Job als Fremdenführer bestand unter anderem darin, Reisenden ein Gefühl für diese Isolation und unumschränkte Freiheit zu vermitteln, allerdings mit der Versicherung, dass niemand Schaden nehmen würde. Trotzdem, ich bleibe dabei: Für den, der sich selbst auf die Probe stellen will, ist kein Ort geeigneter als das australische Outback …

In jeder meiner Reisegruppen gab es Leute, die den Nervenkitzel suchten. Wenn möglich, versuchte ich, diesen Wunsch zu erfüllen.

War ich mit dem Allrad unterwegs und entdeckte in der Ferne Kängurus, setzte ich mich manchmal über das ausdrückliche Verbot meines Vorgesetzten hinweg und bog von der Straße ab, um sie von nahem beobachten zu können. Auf diese Weise lernte ich Umwege kennen, die es in sich hatten.

Es gab da zum Beispiel einen rund fünfzig Meter hohen Hügel mit einer Steigung von vielleicht fünfundvierzig Grad, wenn nicht mehr. Eigentlich kein Problem für meinen Truck, wenn das Differentialgetriebe gesperrt und der erste Gang eingelegt war. Dann hieß es nur noch: Keine Angst und Kupplung kommen lassen. Einmal saß ein geschwätziger Italiener neben mir und zehn weitere Personen im Fond, das heißt, wir waren überladen. Trotzdem riskierte ich es. Das Fahrzeug war so stark geneigt, dass uns alles, was lose auf dem Armaturenbrett lag, in den Schoß fiel und wir nichts als einen Ausschnitt des Himmels sahen. Wer so etwas nicht kennt, bekommt es unweigerlich mit der Angst zu tun, vor allem dann, wenn der Untergrund voller Schlaglöcher und Spurrillen ist oder, schlimmer noch, aus Schotter und Geröll besteht. Der Italiener ging mir mit seinem Geplapper auf die Nerven. Er hörte einfach nicht auf zu reden, während ich mich auf den Steilhang konzentrieren musste. Hinter mir wurden erste spitze Schreie laut. Meine Passagiere hielten sich krampfhaft an ihren Sitzen fest. Die Hügelkuppe war fast erreicht, wir mussten nur noch einen kleinen Absatz überwinden. Plötzlich drehten die Reifen durch. Ich dachte: *Das dürfte eigentlich gar nicht passieren.* Mir wurde flau. Der Truck verlor an Fahrt und blieb auf durchdrehenden Reifen stehen. *Nein!* Wir befanden uns in einer wirklich gefährlichen Situation. Auf dem Geröll rutschte der Wagen allmählich abwärts. Er drohte umzukippen. Vorsichtig tippte ich auf die Bremse und fürchtete, vollends die Kontrolle über den Wagen zu verlieren. Mir brach der Angstschweiß aus. Irgendwie schafften wir es schließlich, auf allen vier Rädern und unbeschadet am Fuß des Hügels auszurollen. Fluchtartig verließen die Insassen das Auto.

»Bist du wahnsinnig?«, blaffte mich ein Typ an, ehe auch er nach draußen sprang.

Nur zwei blieben im Fond. Sie waren begeistert.

»Super! Das hat Spaß gemacht!«

»Kompliment, Mann!«

Ich ließ den Motor laufen, stieg aus und zitterte am ganzen Körper. Was war passiert? Hatte ich mich vom Geschwätz des Italieners ablenken lassen? Plötzlich ging mir ein Licht auf. Ich hatte vergessen, das Differentialgetriebe zu sperren. Heimlich holte ich das Versäumte nach und sagte betont lässig: »Auf, versuchen wir's noch mal.«

Nur die beiden, die noch im Fond saßen, waren zu einem zweiten Anlauf bereit. Wir erreichten die Hügelkuppe ohne Schwierigkeiten und genossen oben ein fantastisches Panorama.

Auf diesem Trip habe ich mir kaum Freunde gemacht, aber darum ging es mir auch nicht. Während meiner Touren kam ich immer wieder auf Roadkill und Rettungsversuche zu sprechen. Meine Botschaft lautete: »Wenn ihr ein totes Känguru am Straßenrand liegen seht, könnte es sich um ein Muttertier mit einem noch lebenden Jungen im Beutel handeln. Bitte, fahrt nicht achtlos daran vorbei. Rettet es. Nur keine Scheu. Es ist wie jedes andere Baby, nämlich pflege- und liebebedürftig. Bringt es zu einem Tierpfleger oder lernt, selbst einer zu sein.«

Ich ging mit gutem Beispiel voran, untersuchte jedes Unfallopfer, an dem ich vorbeikam, und klärte alle auf, die bereit waren, mir zuzuhören: Touristen, Kollegen, LKW-Fahrer, Raststättenpächter und andere mehr.

Ich glaube, gerade bei denjenigen, für die das Outback Neuland war, trafen meine Geschichten häufig auf emotionale Resonanz.

»Wenn Sie sich einem toten Känguru nähern, kann es sein, dass Sie ein Baby schreien hören«, erklärte ich ihnen. »Es klingt, als würde jemand *hair* husten. Drehen Sie das tote Tier auf den Rücken. Sie werden sehen, dass es einen Beutel hat, der geschwollen ist wie der Bauch einer schwangeren Frau. Darin bewegt sich etwas. Das Baby, ein Joey. Wenn Sie einen Blick in den Beutel werfen, schauen Ihnen große schwarze Augen entgegen. Das Joey zieht jetzt eine Show ab und fängt zu zischen an, als wollte es sagen: ›Komm nur, ich nehm's schon mit dir auf!‹ Packen Sie vorsichtig mit beiden Händen zu. Sobald Sie es an Ihren Körper drücken, es wärmen und Ihren Herzschlag und Ihren Atem spüren lassen, wird es sich beruhigen und Sie als Mum adoptieren.«

Ich hatte meinen neuen Job noch nicht lange, als ich an mein erstes zentralaustralisches Waisenkind geriet. Frühmorgens legte ich mit einer Reisegruppe im Bus an einer Tankstelle bei Erldunda, knapp zweihundert Kilometer südlich von Alice, eine erste Pause ein und sah in einiger Entfernung einen Blue Flyer – so nennen wir ein weibliches Känguru – rund zwei Meter neben der weißen Mittellinie auf der Straße liegen. Es war als Muttertier deutlich zu erkennen. Auf einem nahen Baum hatten sich mehrere hungrige Keilschwanzadler niedergelassen. Ich ging hin, um nachzusehen. Das Baby war noch nackt, hatte aber schon die Augen geöffnet. Ich steckte es in den dunkelgrünen Kissenbezug einer Mitreisenden und gab ihm aus meiner hohlen Hand Wasser zu trinken. Im Bus kümmerte sich ein schüchternes Mädchen namens Sarah um das Kleine. Am Abend nahm ich es in meine Obhut und fütterte es wieder mit Wasser und einem Elektrolytpulver, mit dem wir auch schon in Pearl Coast besonders zarte Babys aufgepäppelt hatten. Trotz des Schocks, dem Beutel seiner Mutter entrissen worden zu sein, schien sich das Kleine gut zu erholen.

Es begleitete uns noch auf dem Rückweg nach Alice Springs, wo ich es im öffentlichen Wildpark abgeben wollte. Ich hatte gehört, dass er für Waisen genau die richtige Adresse sei, weil er geschultes Personal habe und über die notwendigen Einrichtungen verfüge.

Wir beeilten uns, um noch rechtzeitig anzukommen,

denn es war kurz vor Weihnachten, und der Park würde wahrscheinlich früh schließen. Dann aber standen wir vor einem Problem: Die Dame am Empfang sagte, der Park könne das Baby nicht aufnehmen.

»Ist das Ihr Ernst?«, fragte ich. Dass sich eine solche Einrichtung weigerte, Hilfe zu leisten, verblüffte mich.

»Quarantänevorschriften«, antwortete sie. »Erlassen von der Parkleitung.«

Frustriert und verlegen kehrte ich zum Bus zurück, hatte ich meiner Gruppe doch erklärt, wie wichtig es sei, gerettete Tiere in die richtigen Hände zu geben.

Immerhin hatte mir die Frau vom Empfang die Telefonnummer eines Tierpflegers genannt. Ich erreichte nur die Mailbox, und es war schon nach sieben, weshalb ich den nächstbesten Tierarzt anrief. Ebenfalls die Mailbox: »In Notfällen …« Streng genommen konnte hier von einem Notfall nicht die Rede sein, also nahm ich das Joey mit in das Hostel, in dem ich ein Zimmer gebucht hatte. Immer wieder wählte ich die Nummer des Tierpflegers, erreichte ihn aber nicht. Am nächsten Tag sollte ich eine neue Reisegruppe in Empfang nehmen, und ich brauchte dringend Hilfe. Bis zum Morgen blieb meine Situation unverändert. Widerwillig rief ich meinen Chef an und cancelte die Tour. Ich konnte das Baby nicht allein lassen.

Zwei Tage später erreichte ich endlich den Tierpfleger, der sich als eine Amerikanerin entpuppte, deren Mann auf einem Militärstützpunkt in der Nähe stationiert war. Sie entschuldigte sich und sagte, über Weihnachten seien mehrere andere Pfleger weggefahren und hätten ihre Jungtiere bei ihr geparkt. Wie so viele wundervolle Pfleger, die ich in späteren Jahren kennenlernen sollte, leistete sie mit nur wenig Unterstützung Erstaunliches, war aber letztlich mit der schieren Zahl der Waisen überfordert. Auch das machte mich nachdenklich. Wenn der Wildpark ihr nicht helfen konnte, wer dann? Die Frage nagte an mir, während ich meine Arbeit als Fremdenführer fortsetzte.

Etwa ein halbes Jahr später war ich an einem sehr kalten Vormittag wieder einmal mit einer Gruppe unterwegs zum Uluru. Ich hatte eine Praktikantin namens Amanda mit an Bord und schärfte ihr ein: »Erinnere dich immer an deine Stärken. Wenn Buschwanderungen dein Ding sind, sprich darüber. Ich kenne mich am besten mit wildlebenden Tieren aus und habe es mir zur Aufgabe gemacht, mich um überfahrene Kängurus zu kümmern. Das mache ich auch in meinen Reisegruppen zum Thema.«

Tatsächlich kamen wir wenig später an einem toten Känguru vorbei. Seine Extremitäten waren steif gefroren, der Beutel zum Glück aber nicht. Ich schaute hinein und fand ein Pinkie, das kalt und wie tot in meiner Hand lag, als ich es hervorholte. Ohne viel Hoffnung untersuchte ich es. Verletzungen entdeckte ich keine. Den meisten Babys fällt nach dem letzten Atemzug die Brust ein, doch dieses schien noch volle Lungen zu haben. Und ich hatte, wie mir schien, das Herz schlagen sehen, zweifelte aber, weil das Kleine eiskalt war. Mausetot. Oder? Ich war mir nicht sicher. Ich hatte Geschichten über unterkühlte Menschen und Tiere gehört, die sich im Warmen wieder erholt hatten. Einen Versuch war es wert. Ich nahm das Baby mit in den Bus und gab es der ersten Person, die ich sah, einem englischen Mädchen, vielleicht elf oder zwölf Jahre alt.

»Ich habe einen Job für dich«, sagte ich. »Steck das hier unter deinen Pullover und halte es an deine Haut. Es könnte noch leben und braucht vielleicht nur ein bisschen Wärme.«

Das Mädchen tat, worum ich es gebeten hatte.

»Iiiih, ist das kalt!«, sagte es.

»Ich weiß, aber versuch's trotzdem. Wer weiß, vielleicht bringt's was.«

Wir fuhren weiter und entdeckten noch ein überfahrenes Tier am Straßenrand. Amanda half mir, es in den Busch zu tragen. Kaum hatten wir die Fahrt fortgesetzt, trafen wir auf das nächste tote Tier, das wir wiederum von der Straße schafften. Zurück im Bus, hörte ich plötzlich einen Schrei.

»Aaaah! Es hat mich getreten!«, rief das Mädchen.

»Nicht loslassen«, sagte ich.

»Es bewegt seine Hand!«

»Halt es fest!«

Das Mädchen saß neben seiner Mutter. Einige Mitreisende kamen neugierig hinzu. Ich fuhr weiter und warf, sooft ich konnte, einen Blick in den Rückspiegel. Dann hörte ich es.

»*Hair, hair, hair …*«

Das Baby rief nach seiner Mutter.

Wir erreichten Yulara. Das Pinkie hatte inzwischen seine Augen geöffnet und sah das Mädchen an. Ich konnte keinen Pfleger auftreiben und überließ das Kleine einem Kollegen, der seit Tagen damit beschäftigt war, den Campingplatz aufzuräumen. Er und seine Freundin nahmen es bei sich auf. Es starb jedoch in den frühen Morgenstunden des nächsten Tages, wahrscheinlich an einer schweren Lungenentzündung.

Der ganze Bus, vor allem das kleine Mädchen, war betroffen von der traurigen Nachricht. Nicht jeder Rettungsversuch gelingt, aber immerhin hatten wir ihn gewagt, und der Vorfall bestätigte, dass man nie aufgeben sollte, unter keinen Umständen.

Ich setzte mein Aufklärungsprogramm für Touristen fort. Es sprach sich herum. Ich erinnere mich, dass eine Gruppe aus North Queensland speziell von mir geführt werden wollte, weil sie von meinem Engagement erfahren hatte. Sie blieb nicht die einzige. Ich fühlte mich geschmeichelt und bestärkt darin, mit meiner Arbeit weiterzumachen.

Immer wenn ich vor einem Unfallopfer auf der Straße anhielt, wurde ich mit Fragen überhäuft.

»Hast du keine Angst?«

»Kann man sich infizieren?«

»Beißen sie?«

»Wie viele Babys hast du schon gerettet?«

»Was passiert mit ihnen, wenn sie sich erholt haben?«

Mir sind alle diese Fragen wichtig, weil sie Interesse signalisieren. Die meisten Leute richten ihr Augenmerk vor allem auf die Kängurus, was mich nicht überrascht, weil viele Touristen nicht zuletzt ihretwegen kommen. Schließlich ist das Roo eines der beliebtesten und am leichtesten identifizierbaren Symbole der Welt. Aber was ist mit dem Keilschwanzadler? Er hat es, wie ich finde, nicht verdient, ignoriert zu werden.

Eine Ansammlung von Keilschwänzen weist meist auf

ein totes Tier in der Nähe hin. Sie zählen zu den weltgrößten Greifvögeln und haben eine Flügelspannweite von über zwei Metern. Von weitem sehen sie manchmal aus wie Truthähne. Große Truthähne mit einem Heißhunger auf frisches Fleisch. Leider sehe ich allzu häufig Reisebusse über ein totes Känguru hinwegbrettern, auf dem sich ein Adler niedergelassen hat. Ein Kollege berichtete, dass ein solcher Vogel durch die Scheibe im oberen Teil seines Doppeldeckerbusses geschlagen und im Bus herumgeflattert sei, was er erst bemerkt habe, als die Passagiere im oberen Stock in Panik gerieten.

Ein totes Tier von der Fahrbahn weg ins freie Feld zu ziehen dient also auch dem Schutz der Keilschwanzadler und anderer Aasfresser. Ich glaube, mein Faible für die Keilschwänze geht zurück auf Klassenfahrten, die mein Dad leitete und an denen auch ich teilnehmen durfte, Zeltlager auf irgendeiner Schaffarm. Dort entdeckte ich einmal einen Horst von Keilschwanzadlern, ein festes Gebilde von beinahe drei Metern Durchmesser und fast ebenso hoch, gebaut über mehrere Generationen hinweg. Aus meiner Perspektive als Kind war es noch zehnmal größer; ich war davon überzeugt, dass ich es mir darin wie in einem Baumhaus hätte gemütlich machen können. Ich erfuhr, dass ein Brutpaar Jahr für Jahr dasselbe Nest bezog und es mit frischen Zweigen weiter aufpolsterte.

Für mich repräsentierten die Keilschwänze grenzenlose Freiheit, und ich bewunderte ihren scheinbar mühelosen Gleitflug, in dem sie sich, getragen vom Aufwind, in immer höhere Sphären hinaufschraubten. Als Kind war mir nicht bewusst, dass sie auch geschickte Räuber sind, und erst sehr viel später erfuhr ich, dass die überfahrenen Kängurus sie auf die Landstraßen im Outback locken. Es ist jedes Mal schrecklich, einen solchen Vogel tot am Straßenrand liegen zu sehen, dessen Federkleid aufwirbelt, sooft ein Auto vorbeifährt.

Die faszinierende Geschichte der Keilschwänze enthält ein Kapitel der Verfolgung und drohenden Ausrottung durch Farmer, insbesondere Schafbauern, die natürliche Fressfeinde ihrer Jungtiere in ihnen sahen. In Western Australia wurden Mitte des 19. Jahrhunderts Kopfgelder auf sie ausgesetzt. Mein Vater erzählte mir, dass, als er Schüler gewesen war, Vertreter irgendeiner Behörde in der Klasse aufgekreuzt seien und für jeden erbeuteten Schnabel oder die Klauen eines Keilschwanzadlers ein kleines Taschengeld versprochen hätten. Erst Ende der 1960er Jahre wurden die Prämien ausgesetzt, weil der Bestand bedrohlich klein geworden war. Heute können wir froh darüber sein, dass er wieder zunimmt.

Im Wildpark von Tipperary gab es einen Keilschwanzhorst, den Kevin und ich häufig besuchten, immer dann, wenn wir in unserem Ultraleichtflugzeug die Wasser- und Futterstellen für unsere Tiere zur Inspektion überfliegen mussten. Ein flauschiger weißer Jungvogel wuchs in dem Nest heran. Adler brüten häufig zwei Eier gleichzeitig aus, doch ein Küken fällt dem anderen meist zum Opfer, vor allem in Zeiten knappen Nahrungsangebots. Das Küken war niedlich, doch das Verhalten der Eltern hatte es mir besonders angetan. Während ein Elternteil jagte, blieb der andere in der Nähe des Horstes und kümmerte sich hingebungsvoll um den Nachwuchs.

Die Bilder von damals gehen mir durch den Kopf, sooft ich mich Keilschwänzen nähere, die sich an einem überfahrenen Tier am Straßenrand weiden. Stets und ohne Ausnahme, bei welchem Wetter auch immer und unabhängig vom Zustand des Kadavers schaffe ich das tote Tier weg von der Straße, um die Vögel außer Gefahr zu bringen.

Zurück zu dem kleinen mutterlosen Jungtier Palau, dessen Fund einen Wendepunkt in meinem Leben darstellte. Das Ereignis rief in mir ein Gefühl der Dringlichkeit hervor, das verzweifelte Bedürfnis, meine Botschaft noch deutlicher zu machen. Mir schwirrte der Kopf vor lauter Ideen. Eine war besonders hartnäckig und verlangte nach einer Entscheidung. Zwar hätte ich im selben Trott bleiben können, vielleicht ein Jahr oder zwei, aber gewiss wäre mir nach spätestens einer Woche ein weiteres Baby wie Palau in den Schoß gefallen. Was hatte ich zu verlieren?

Mein Plan war es, ein Schulungszentrum zu gründen. Meinen Job aufzugeben und das zu tun, wozu ich mich berufen fühlte.

Kapitel 8

Das Känguru ist ein unglaublich vielseitiges Tier. Es findet sich überall zurecht, im Regenwald, im Hochgebirge, an Stränden und in der Wüste. Fast im gesamten ländlichen Australien, ja sogar in urbanen Gebieten kann man Kängurus antreffen. Moschusrattenkängurus, Baumkängurus, Kaninchenkängurus, Graue Riesenkängurus westlicher oder östlicher Provenienz, diverse Wallabys … Es gibt mehr als sechzig Arten in der Familie der Macropodidae, der Großfüßer. Warum findet man sie allenthalben so faszinierend? Weil sie hüpfen? Könnte sein. Es verwundert durchaus, dass das Größte von ihnen, das Rote Riesenkänguru, das in Central Australia die am häufigsten vertretene Art darstellt, eine Geschwindigkeit von über sechzig Stundenkilometern erreichen und bis zu neun Meter weit springen kann. Oder liegt es daran, dass das Roo so drollig aussieht, wenn es auf seinem kräftigen Schwanz sitzt und Fausthiebe verteilt? Bedauerlicherweise war es bis vor rund hundert Jahren keine Seltenheit, dass Kängurus zur Belustigung eines zahlenden Publikums in den Ring geschickt wurden, um gegen Boxer anzutreten. Kängurus mit Boxhandschuhen sieht man heute zum Glück nur noch auf Fahnen, die wir bei Sportveranstaltungen schwenken. Es gibt weitere kuriose Aspekte am guten alten Roo, aber seine Beliebtheit verdankt es wahrscheinlich vor allem dem simplen Umstand, dass es niedlich ist. Was mich am meisten beeindruckt, ist der Beutel, in dem die Jungen aufwachsen. Zu sehen, wie ein Joey mit dem Kopf aus seiner Kinderstube auftaucht, ist, wie ich finde, das tollste Erlebnis, das die australische Fauna bereithält. Ein Wohlfühlmoment ohnegleichen. Es sei denn, das Muttertier liegt tot am Straßenrand. Eben dieses alles andere als niedliche Bild war es, was ich publik machen wollte, als ich mir vornahm, das Baby Kangaroo Rescue Centre zu eröffnen. Ich rechnete mir aus, dass das Wort »Baby« den vielen Tausend Fremden, die ich anzulocken hoffte, etwas sagen würde.

Aber wie sollte ich ein solches Unternehmen ohne eigene Mittel finanzieren? Mit den Gehaltsabrechnungen von meinem Job als Fremdenführer konnte ich mir sechstausend Dollar von der Bank leihen; dass ich gekündigt hatte, sagte ich nicht. Als Nächstes suchte ich nach einem geeigneten Stützpunkt. Eine Raststätte an der Straße von Alice Springs zum Uluru hielt ich für ideal. Ich fuhr die Strecke ab, unterhielt mich mit Gastwirten, die unterschiedlich auf meinen Vorschlag reagierten, und hatte schließlich das Glück, Jim Cotterill, eine Legende der Tourismusbranche, von meinem Vorhaben überzeugen zu können. Jim war Inhaber von Jim's Place, einem Gasthaus knapp hundert Kilometer von Alice entfernt. Er stellte mir einen kleinen Hinterhof zur Verfügung, auf dem bereits ein paar Kängurus und ein Emu zu Hause waren. Noch heute bin ich ihm von Herzen dankbar.

Meine Einrichtung musste jetzt nur noch vom Northern Territory National Parks and Wildlife Service offiziell anerkannt werden, einer staatlichen Behörde, die in Alice Springs ein Büro unterhielt. Dazu brauchte ich eine Pfleger-Lizenz, die ich aufgrund meiner Erfahrungen aus Pearl Coast und Tipperary erhielt, andernfalls hätte ich einen Crashkurs absolvieren müssen. Mit der Lizenz war bei der zuständigen Behörde registriert, wo und in welcher Funktion ich arbeitete. Meine Daten wurden zentral gespeichert. Sollten mir schwerwiegende Fehler unterlaufen, würde ich im ganzen Land keine Anstellung als Tierpfleger mehr finden.

In Australien hat jeder Staat und jedes Territory seine eigenen Gesetze, was den Tierpflegedienst angeht. Heimische Tiere wie Kängurus, Koalas, Schnabeltiere, Wombats, Adler, Papageien und so weiter gehören formell der Krone und bedürfen einer besonderen Behandlung je nach Population und Situation. Im Northern Territory besteht die Aufgabe eines Pflegers darin, für ein Tier zu sorgen, bis es selbständig und in Freiheit leben kann. Verbietet sich aus irgendwelchen Gründen eine Freilassung, muss es entweder getötet oder in einer geeigneten Einrichtung untergebracht werden. Behalten darf man es nicht.

Bevor ich loslegen konnte, musste ich mich in Alice Springs bei Wildcare vorstellen, einer gemeinnützigen, von Parks and Wildlife unterstützten Organisation, die von Pflegern ehrenamtlich geführt wird. An ihrer Spitze steht heute meine gute Freundin Cynthia, eine lebende Legende. Kurzum, Wildcare billigte mein Vorhaben und gab mir zwei zehn Monate alte Joeys zur Aufzucht mit.

Ich war voller Tatendrang, aber auch nervös, als ich auf Jims Hof umzog. Mein Wagen, ein geländegängiger dunkelblauer Kia Sportage älteren Baujahrs, wurde für mein neues Leben passend gemacht: Ich ließ hinten und auf beide Seiten den Namen *Baby Kangaroo Rescue Centre* auflackieren, und zwar in roten Buchstaben auf weißem Grund, was ein wenig nach Krankenwagen aussehen sollte. Vor allem aber wirkte es komisch, als Zweimetermann in einem so kleinen Wagen durch eine Gegend zu kutschieren, in der sonst nur sehr viel größere Fahrzeuge verkehrten. Aber spätestens seit meiner Zeit auf der Croc-Farm war ich an Hänseleien hinlänglich gewöhnt.

»Ist das der Wagen deiner Freundin?«, witzelte manch einer.

»Ich brauche kein größeres Auto, um größer auszusehen«, entgegnete ich dann.

Jim hatte einen alten Bus, umgebaut zu einem Transporter für drei bis vier Kamele mit entsprechend hohem Dach und zwei großen Türen, die wie Zugbrücken mit Hilfe einer Winde geöffnet und geschlossen werden konnten. Ich glaube, früher war ein Schausteller mit diesem Bus durch ganz Australien getourt; es stand noch der Name eines Sponsors darauf – gleich neben der Abbildung eines Kamels. Die Räder fehlten, also mussten wir welche anbringen, um den Bus in meinen Teil des Hofes zu schleppen. Ich spritzte ihn himmelblau um und schloss ihn mit einer Verlängerungsschnur von sechzig Metern ans Stromnetz an. Im Inneren hängte ich Bilder aus meinen Zootagen und Fotos von Kängurus auf. Der Bus war nicht nur mein Arbeitsplatz, sondern auch mein Schlafzimmer, denn abends rollte ich meine Matte aus und schlief auf dem Boden.

Nun fehlte mir nur noch ein Kängurubaby, und das sollte ich bald bekommen. Überraschend meldeten sich Liz und Julian, zwei befreundete Reiseführerkollegen, die nach Südaustralien gezogen waren und, meinem Aufruf folgend, seit Monaten jedes überfahrene Känguru inspizierten. Gut zweihundert Kilometer südlich von Alice hatten sie ihren ersten Joey geborgen. Ich machte mich sofort auf den Weg zum verabredeten Treffpunkt, der Raststätte Kulgera an der Grenze zwischen dem Northern Territory und South Australia. Es war ein Weibchen, ungefähr fünf Monate alt, ein niedliches kleines Ding, das mich mit großen ängstlichen Augen aus einer Leinentasche anschaute, die für Dosenbier im Sixpack designt war. Es wartete auf mich unter der Theke der Take-away-Abteilung des Restaurants. Zu Ehren seiner Retterin nannte ich das Tier Elizabeth.

Elizabeth wurde mein Ein und Alles. Nachts schlief sie auf meinem Bauch im Schlafsack. Wenn ich nach nebenan in Jims Gasthaus ging, nahm ich sie in einem Kissenbezug mit, und wenn ich mich ausruhte und mit einem Buch unter einem Baum saß, hing sie, meine engste Gefährtin, in ihrem Bezug von einem Ast herab.

Das Baby Kangaroo Rescue Centre öffnete – mit Elizabeths Hilfe – im August 2005. Anfangs zielte ich darauf ab, Rucksacktouristen als Retter zu mobilisieren, denn Ausländer schienen von der australischen Fauna stärker beeindruckt zu sein als Einheimische. Wenn ich sie aufmerksam machte auf die Gefahr, die unsere Straßen für Tiere bedeuteten, würde sich das schnell und weit herumsprechen. Ein paar Fotos, online gestellt, und Menschen auf der ganzen Welt wüssten Bescheid und wären bereit zu helfen. Ich wusste, dass es gelingen würde, Emotionen zu wecken. Ein Kängurubaby ohne Mutter hatte eigentlich keine Chance zu überleben. Es konnte sich nicht wie andere Jungtiere an seine Brüder und Schwestern wenden. Es war ein Einzelkind, das verloren hatte, was es nährte und liebte. Mir taten diese kleinen Wesen von Herzen leid. Sie erinnerten mich daran, unter welch glücklichen Umständen ich auf die Welt gekommen und aufgewachsen war. Wenn ich Elizabeth anschaute, empfand ich in etwa das, was andere empfinden, wenn sie im Fernsehen ein afrikanisches Kind sehen, das seine Eltern an Aids verloren hat. Was sollte aus den verwaisten Tierbabys werden? Ich musste die Leute dazu bringen, die Bedeutung dieser Frage zu begreifen.

Ich bat meine ehemaligen Kollegen, mit ihren Bussen auf dem Weg zum oder vom Uluru einen Zwischenstopp bei mir einzulegen. Ich wusste, das war viel verlangt, denn die Touristen wollten nach dem Besuch dort so schnell wie möglich von Alice aus weiterreisen. Doch manche meiner Freunde unterstützten mich und klärten ihre Fahrgäste darüber auf, dass ich das Center gerade erst eröffnet und Hilfe nötig hatte.

Von Erwachsenen nahm ich fünf Dollar Eintritt, von Kindern zwei. Dafür bekamen sie von mir ein Referat zum Thema Verkehrsunfälle mit Tieren und Tierrettung. Die Hauptpunkte waren:

- Nähern Sie sich dem toten Känguru und parken Sie Ihr Fahrzeug sicher am Straßenrand.

- Joeys können mehrere Tage im Beutel der toten Mutter überleben.
- Bestimmen Sie das Geschlecht des toten Tieres. Weibchen haben einen Beutel, Männchen Genitalien im selben Bereich.
- Ist es ein Weibchen, schauen Sie im Beutel nach, ob sich ein Joey darin befindet.
- Ein Pinkie (Joey ohne Fell) liegt womöglich noch an der Zitze. Entfernen Sie es sehr behutsam.
- Mit einem behaarten Joey sollten Sie natürlich auch möglichst vorsichtig umgehen.
- Kängurubabys sind ungefährlich; keine Angst, sie beißen nicht.
- Halten Sie das Joey in einem Kissenbezug oder einer Tasche (notfalls aus einem zusammengeknoteten Pullover oder Hemd) an Ihren Bauch.
- Halten Sie es warm, zur Stressvermeidung am besten an einem dunklen, ruhigen Ort.
- NICHT FÜTTERN! Das ist Sache eines ausgebildeten Pflegers. Allenfalls können Sie dem Joey bei heißem Wetter eine Schale mit körperwarmem Wasser anbieten, von dem es sich bei Bedarf selbst bedient.
- Bringen Sie das gerettete Kängurubaby in die nächste Stadt oder zur nächsten Raststätte, wo sich die Übergabe an einen Pfleger organisieren lässt. Ein Tierarzt oder Mitarbeiter eines Wildparks können Ihnen helfen.
- Schaffen Sie das tote Känguru, nachdem Sie es untersucht und eventuell ein noch lebendes Joey geborgen haben, von der Straße, um zu verhindern, dass Aas-

fresser wie Keilschwanzadler, Dingos oder Goannas von einem Fahrzeug erfasst werden.
- Waschen Sie sich die Hände!

Im Anschluss kam ich auf die Pflege zu sprechen, wobei mir Elizabeth assistierte, sofern sie nicht gerade schlief. Wenn es zur Welt kommt, ist ein Känguru so groß wie ein Gummibärchen. Zu diesem frühen Zeitpunkt kann es nicht gerettet werden, wenn die Mutter stirbt. Erst nach ein, zwei Monaten hat es eine realistische Überlebenschance. Es mag dann noch nackt und blind sein, hat aber bereits eine gewisse Entwicklungsstufe erreicht. Ich erklärte meinen Besuchern, dass jeder Pfleger seine eigenen Methoden hat. Ich lege Wert auf die regelmäßige Gabe laktosearmer Milch mittels einer Flasche mit einem rund fünf Zentimeter langen Gummischnuller. Je jünger das Baby, desto häufiger muss es gefüttert werden. Ist ein Baby behaart und streckt den Kopf aus dem provisorischen Beutel – normalerweise nach fünf bis sechs Monaten –, kann man ihm Gras zu fressen geben. In der Wildnis würde es in diesem Alter aus dem Beutel hervorlugen und mit der Mutter gemeinsam grasen, wenn sie sich hierzu vornüberbeugt. Milch bleibt aber noch eine Weile sein Hauptnahrungsmittel.

Besonders wichtig für die Entwicklung eines Jungtieres ist sein Reinlichkeitstraining. Entschlossen, die bestmögliche »Mum« zu werden, habe ich das Verhalten von Kängurus genau beobachtet, sowohl in Freiheit als auch in Gefangenschaft. Zusätzliche Informationen erhielt ich von erfahrenen Pflegern. Ein Joey, das noch zu jung ist, um den Beutel zu verlassen, wird von der Mutter zum Wasserlassen stimuliert, indem sie seine Genitalien leckt. Sie schluckt den Urin. Was soll nun ein Pfleger tun?

»Wir versuchen alles, um es den Jungtieren recht zu machen«, sagte ich meinen Besuchern. »Aber natürlich schlucken wir ihren Urin nicht.«

Meine Zuhörer zeigten sich meist erleichtert, bis ich zur Pointe kam:

»Wir spucken ihn sofort wieder aus!«

Nur keine Aufregung. Elizabeth stimulierte ich artgerecht mit dem Finger und fing die Tröpfchen, die sie machte – zwei Teelöffel voll –, mit einem mehrfach zusammengefalteten Stück Klopapier unter ihr auf. Als sie nach sechs Monaten auf ihren eigenen Beinen stehen und den Beutel verlassen konnte, hielt ich ihren Kopf in der einen Hand und stimulierte sie mit der anderen, was meist schon nach wenigen Sekunden zum gewünschten Ergebnis führte. Babys lernen sehr schnell, was sie zu tun und zu lassen haben, zumal die Alternative hieße, in einem stinkenden Beutel hocken zu müssen.

Ein Pfleger hat auch darauf zu achten, dass die Tragezeit im Beutel irgendwann ein Ende hat. Joeys müssen sich bewegen, Kraft entwickeln und lernen, ihre Gliedmaßen zu koordinieren. Elizabeth war ungefähr ein halbes Jahr alt, als sie in ihrem Kissenbezug zappelig wurde, ein sicheres Zeichen dafür, dass sie nach draußen wollte. Ich neigte vorsichtig den Beutel, woraufhin sie sich mit den Beinen voran ins Freie wagte. Als ich mich langsam zwei oder drei Schritte entfernte, hüpfte sie kurz entschlossen hinter mir her. Und sie folgte mir wieder, als ich erneut von ihr abrückte. Anfangs sah sie aus wie eine Riesenmaus, die sich an einem Springstock versucht, aber allmählich wurden ihre Bewegungen eleganter.

Von allen pflegerischen Maßnahmen, die ich meinen Zuhörern aufzählte, ist die liebevolle Zuwendung diejenige, die am meisten belohnt wird. Ich trug Elizabeth in ihrem Beutel mit mir herum, hielt sie dabei fest an mich gedrückt und vermittelte ihr so ein Gefühl von Geborgenheit. Später erfuhr ich, dass es einem Kängurubaby guttut, einen etwa gleichaltrigen Freund zu haben, der zwar in seinem eigenen Beutel steckt, aber gewissermaßen auf Tuchfühlung ist.

Ein Pfleger zielt darauf ab, sein Joey in sieben Monaten so weit gebracht zu haben, dass es erste Schritte in Richtung Unabhängigkeit wagen kann. Nach zwölf Monaten sollte es in der Lage sein, innerhalb eines geschützten Geheges ohne menschliche Hilfe zurechtzukommen. Wenn ihm das gelingt, kann es wenige Wochen später in die Freiheit entlassen werden.

Rückblickend vermute ich, dass mich nicht wenige Besucher für einen Eigenbrötler und Sonderling gehalten haben. Ich war zweiunddreißig Jahre alt, Single und hauste im Nirgendwo in einem heruntergekommenen Kameltransporter. Tatsächlich wurde ich später häufiger *hermit*, der Einsiedler, genannt. Ich selbst aber sah das nicht so, denn ich hatte Elizabeth. Nach meinem Dafürhalten war ich ein alleinstehender Mann, der ein Kind zu versorgen hatte. Sie ersetzte die Liebe, die mir fehlte, seit ich von zu Hause ausgezogen war. In absehbarer Zeit würde Elisabeth alt und unabhängig genug sein, um in den Busch zurückzukehren, aber noch leistete sie mir Gesellschaft. Ich war ihre Mum. Mangelte es mir an persönlichen Kontakten oder einer engen menschlichen Beziehung? Nein. Ich war weder scheu, noch hatte ich Berührungsängste. Für Gesellschaften, Dinnerpartys und dergleichen war ich allerdings nicht der Typ. Ich hatte auch nicht das Gefühl, dass mir ohne Freundin etwas fehlte. In der Vergangenheit hatte ich Beziehungen gehabt, und wenn es sich ergeben hätte, dass ich mich neu verliebte, wäre mir das auch recht gewesen, doch ich legte es nicht darauf an. Natürlich fehlte mir meine Familie. Aber ich wusste, wenn ich sie besuchte, würden wir uns so vertraut sein wie eh und je. Das tröstete mich.

Ich hatte damals weder Telefon noch Fernseher. Wenn ich jemanden anrufen musste, benutzte ich den Münzfernsprecher im Gasthaus. Im Fernsehen sah ich, was immer gerade über die Mattscheibe flimmerte, wenn ich im Gasthaus aß. Der Koch und die Kellnerin waren Fans von *Home and Away*, also schaute ich mir das ebenfalls an. Lieber aber las ich ein Buch oder verbrachte meine Zeit mit Elizabeth. Und ganz bestimmt hätte ich mir nie träumen lassen, einmal selbst im Fernsehen aufzutreten.

Wenn ich mich recht besinne, hatte ich durchaus viel Kontakt zu anderen. Schließlich aß ich jeden Abend im Gasthaus. Sean, ein Kollege aus meiner Zeit als Reiseführer, versorgte mich wöchentlich mit Bier. Häufig legten auch andere Reiseführer auf ihrer Rückfahrt vom Uluru einen Zwischenstopp bei mir ein und gaben mir ihre Proviantreste. Außerdem bestanden sie darauf, dass ich das restliche Bier nahm, das normalerweise dem Reiseleiter am

Ende einer Tour zusteht, so dass ich meist viel zu viel davon hatte. Ich fühlte mich rundum versorgt. Alle waren unglaublich freundlich.

Natürlich gab es trotzdem Dinge, die mir Schwierigkeiten bereiteten. Vor allem wusste ich nicht, mit wie vielen Besuchern ich täglich rechnen musste. Manchmal kamen vollbesetzte Busse, an anderen Tagen hielten nur ein paar Privatautos an oder gar niemand. So einfach wie erhofft war es nicht. Und dann wurde es zu allem Überfluss auch noch heiß. Es war Anfang Dezember, der Sommer fing erst an, und ich hockte, von Fliegen umsummt, in meiner blechernen Unterkunft, auf die die Sonne knallte. Elizabeth kam mit der Hitze nicht zurecht. Kängurus schwitzen nicht wie unsereins. Zur Abkühlung lecken sie sich Arme und Beine ab, wo Hunderte von Venen verlaufen. Elizabeth leckte sich in einem fort. Ihr Puls war enorm hoch. Und auch ich tat mich schwer. Die Außentemperatur schwankte zwischen vierzig und fünfundvierzig Grad Celsius; im Bus waren es bestimmt über fünfzig.

Die Hitze führte mir vor Augen, wie weit entfernt ich von der nächsten tierärztlichen Praxis lebte und dass Elizabeth im Notfall nicht schnell genug versorgt werden konnte. Städter kennen dieses Problem nicht, aber im Outback entscheiden Entfernungen manchmal über Leben und Tod. Ich wohnte zwar nur eine Autostunde von Alice entfernt, doch das war unter Umständen schon zu viel. Um mein Baby Kangaroo Rescue Centre auf Dauer halten zu können, musste ich geeignete tiermedizinische Einrichtungen in der Nähe haben. Ich rollte also meinen Schlafsack wieder zusammen und bereitete einen Ortswechsel vor. Jim war enttäuscht, hatte aber Verständnis für meine Situation. Die beiden Kängurus, die mir Wildcare anvertraut hatte, gab ich in die Obhut einer nahe gelegenen Kamelfarm, wo sie später freigelassen wurden.

Zurück in Alice Springs, hatte ich sofort großes Glück. Ein Mann namens Darren, Miteigentümer von Adventure Tours, wo ich als Tourenleiter gearbeitet hatte, führte das Backpacker-Hostel Melanka. Er hatte Gutes über mich und mein Zentrum gehört, sah darin touristisches Potential und stellte mir eine ungenutzte Parzelle, die zum Hostel gehörte, kostenlos zur Verfügung. Sie war ungefähr so groß wie zwei Tennisplätze. Ich schüttete rote Erde aus, pflanzte Buschgräser und Melden und umzäunte das Gelände mit einem knapp zwei Meter hohen Maschendrahtzaun, bespannt mit Sackleinen. *Perfekt*, dachte ich, zumal mitten in der Stadt. Um auf Nummer sicher zu gehen, setzte ich mich mit einem ortsansässigen Tierarzt in Verbindung und bat die Behörde Parks and Wildlife um ihren Segen.

Schnell hatte ich mein neues Zentrum eingerichtet, und bald hüpfte Elizabeth durch ihren eigenen kleinen Garten. Die Nächte verbrachte ich im Haus der beiden Pfleger Jo und Terry, mit denen ich gut befreundet bin und die so etwas wie meine zweiten Eltern werden sollten. Sie wussten, dass ich kaum Geld hatte, und ließen mich umsonst bei sich wohnen. Sie waren Mitte fünfzig und schon lange ein Paar, wirkten aber so verliebt, als hätten sie sich erst vor kurzem kennengelernt. Jo hatte Kinder aus erster Ehe, Terry war kinderlos – vielleicht weil sie immer Joeys zu bemuttern hatte. Beide waren sehr fürsorglich und als ehemalige Bergleute, die in Coober Pedy nach Opalen geschürft hatten, an harte Arbeit gewöhnt. Jetzt führten sie einen Kunstgewerbeladen in Alice und kümmerten sich um verwaiste Kängurubabys.

Die Wiedereröffnung meines Rettungszentrums fand Mitte Dezember 2005 statt. Von Anfang an kamen sehr viel mehr Besucher als im Hinterhof von Jims Gasthaus, und es dauerte nicht lange, bis sich wieder einer jener unerwarteten Momente einstellte, die mich und meine Arbeit nachhaltig beeinflussten. Es war am ersten Weihnachtstag, mein Zentrum wie immer geöffnet. Ich wollte den Touristen eine Ablenkung bieten von grüblerischen Gedanken daran, wie weit sie von ihrem Zuhause und ihren Familien entfernt waren. Am Nachmittag tauchte eine Gruppe von vielleicht acht Aborigines auf, Erwachsene und Kinder, die sich auf einem langen Holzbalken vor dem Zentrum niederließen. Ich ließ eine Weile verstreichen und ging dann hin, um ihnen hallo zu sagen. Sie waren sehr scheu und schauten zu Boden, peinlich darauf bedacht, keinen Blickkontakt mit mir aufzunehmen. Ich akzeptierte das und ließ sie wieder allein.

Am späten Abend gegen elf – ich saß bei Jo und Terry im Wohnzimmer und schaute fern – klopfte es leise an der Eingangstür. Jedenfalls klang es wie ein Klopfen. Ich war müde und nur deshalb noch auf den Beinen, weil Elizabeth um Mitternacht gefüttert werden musste. Das Geräusch an der Tür hörte sich an, als prallte ein Insekt immer wieder gegen den Schirm der Außenlampe. Möglich auch, dass ein Gecko über die Wand lief. Ich drehte die Lautstärke des Fernsehers herunter, ging zur Tür und öffnete sie. Zuerst sah ich nichts, hörte aber ein zaghaftes Murmeln. Ich ließ meinen Blick nach unten gleiten. Vor mir stand ein kleines Aborigine-Mädchen, nicht älter als vier. Es hielt einen Kissenbezug in beiden Händen. Ich schaute hinein und entdeckte ein kleines Joey.

»Danke«, sagte ich.

Ich sah ein Stück entfernt unter einer Straßenlaterne mehrere erwachsene Aborigines stehen. Dann richtete ich mein Augenmerk wieder auf den Kissenbezug, nahm ihn entgegen und zog das Joey daraus hervor. Ich fragte, wo es herkomme, erhielt aber keine Antwort. Das Mädchen war verschwunden. Auch unter der Straßenlaterne suchte ich vergebens. Die Gruppe hatte sich aufgelöst wie eine Geistererscheinung. Vielleicht waren es dieselben Leute, die schon tagsüber vor meinem Zentrum aufgekreuzt waren, und sie hatten nur den richtigen Zeitpunkt abgewartet, um mir das Joey zu übergeben. An der Straße parkte mein Auto. Wahrscheinlich hatten sich die Leute daran orientiert. Die ganze Geschichte kam mir fast surreal vor.

Das Baby war sehr schmutzig. Es hatte sich in seinem Kot gewälzt. Ich nannte es Albert nach Albert Namatjira, dem berühmten Aborigine-Maler, denn es war das erste Mal, dass mir Aborigines ein Kängurubaby gebracht hatten. Es sollte noch sehr, sehr häufig dazu kommen. Je weiter ich mein Zentrum ausbaute, desto deutlicher wurde für mich, dass ich meine Aufklärungsbemühungen nicht allein auf Roadkill konzentrieren sollte.

In Central Australia gibt es über zweihundert Siedlungen der Aborigines. Es sind *homelands*, entlegene Wohngebiete von alters her. Die kommerzielle Jagd auf Kängurus ist dort strikt verboten, während sie sonst fast überall in Australien ausdrücklich erlaubt ist. Im Northern Territory dürfen ausschließlich Grundbesitzer Roos töten. Aborigines lieben Kängurufleisch. Sie jagen meist weibliche Tiere, weil sie durchschnittlich nur halb so schwer wie ein Neunzig-Kilo-Männchen und entsprechend leichter zu tragen sind. Außerdem würde der Abschuss eines einzigen Alphatieres den Bestand empfindlich treffen, weil ein Männchen mit einem ganzen Rudel von Weibchen Nachwuchs hervorbringt. Werden erwachsene Weibchen erlegt, bleiben allerdings nicht selten Joeys mutterlos zurück. Dieser Umstand wurde mir relativ spät bewusst.

Im Rettungszentrum musste ich ein paar schreckliche durch Jagd verursachte Fälle miterleben. Nur die Joeys, die ganz viel Glück haben, landen bei einem Pfleger. Die Leute, die mir Albert gebracht hatten, waren vermutlich in der Stadt gewesen, um Vorräte einzukaufen – Gruppen wie diese kamen in regelmäßigen Abständen, alle vierzehn Tage oder monatlich –, oder vielleicht hatten sie ein Familienmitglied ins Krankenhaus bringen müssen. Ich schätze, sie haben irgendwo Hinweise auf mein Rettungszentrum gesehen. Jemanden anzurufen war damals für Aborigines so gut wie ausgeschlossen. Inzwischen nutzen auch sie Mobiltelefone. Nur werde ich mich wohl nie daran gewöhnen, die offizielle Vereinshymne der Australian Football League als Klingelton auf dem iPhone einer Ureinwohnerin zu hören.

Albert gewöhnte sich schnell an Elizabeth und später an zwei andere frühe Schützlinge des Rettungszentrums: Archie und Frank. Archie war auch so ein Fall, der jede

Menge Fragen aufwarf. Ich war zu diesem Zeitpunkt aus Jos und Terrys Haus in ein Mietshaus umgezogen, das ich mir mit zwei Kumpeln teilte. Eines Tages klingelte ein Aborigine-Junge von nebenan und sagte, seine Mum habe ein Joey, sie wohne aber am anderen Ende der Stadt. Ich fuhr mit ihm zu der beschriebenen Adresse und begegnete einer Frau, die mir umstandslos das Joey überreichte. Spontan beschlossen der Junge und ich, es Archie zu nennen. Auf dem Weg zurück erzählte er mir, dass er »mit solchen bösen Jungs wie dir« zusammenwohne. Ich habe später erfahren, dass er als Pflegekind bei einem Mann lebte, der mehrere schwere Fälle betreute, und zwar weitestgehend auf eigene Kosten. Manchmal hörte ich die Jungen schreien und miteinander zanken, aber mit uns gab es keine Probleme. Den Pflegevater habe ich nie getroffen, allerdings bewunderte ich, was er tat. Manche sagten: »Wir wollen ein solches Haus nicht in unserer Straße.« Ich wünschte ihnen die Einsicht, dass jedes Kind es verdient hat, umsorgt und geliebt zu werden.

Die Pflegekinder brachten eine Saite in mir zum Klingen. Gewissermaßen wohnten auch bei mir Kinder aus zerrütteten Verhältnissen zur Pflege. Ich gab ihnen eine zweite Chance, und unabhängig davon, ob sie diese auch nutzen konnten, fand ich Befriedigung in meiner Arbeit. Gleichwohl realisierte ich wieder einmal, wie glücklich ich war, unter besonders günstigen Umständen aufgewachsen zu sein.

Allzu bald kam die Zeit, da ich mich von meinen »Kids«, wie ich sie nannte, verabschieden musste. Albert, Frank, Archie und Elizabeth schafften es, nach einer Zwischenstation in einem Freigehege von Parks and Wildlife in die Wildnis zurückzukehren. Elizabeth Lebewohl zu sagen fiel mir besonders schwer. Sie war mir ans Herz gewachsen. Es sollte sich aber noch häufiger zeigen, dass jeder Verlust, den ich beim Abschied empfand, mehr als ausgeglichen wurde von der Freude und Zufriedenheit darüber, ein junges Känguru auf eigenen Füßen stehen zu sehen.

Das Baby Kangaroo Rescue Centre wurde immer bekannter, und mich erreichten mehr und mehr Bitten um die Aufnahme weiterer Joeys. Kurz nach Alberts Ankunft wurden mir ähnlich gelagerte Fälle aus Aborigine-Siedlungen angetragen. Einer brachte mich in eine sehr unangenehme Situation.

Ich stieg vor einem Einkaufszentrum aus meinem Wagen und sah einige Mädchen auf mich zukommen.

»Wir haben ein Kängurubaby. Zwanzig Dollar«, sagte eines.

»Kommt nicht in Frage«, entgegnete ich lachend.

Ein älterer Herr gesellte sich hinzu. »Wir verkaufen es nicht«, sagte er, »wir geben es Ihnen so.«

Die Mädchen fingen an, mit dem Mann zu streiten, der, wie ich vermutete, ihr Großvater war. Er setzte sich durch.

»Folgen Sie uns«, forderte er mich auf.

Wir fuhren über Vorstadtstraßen zu einem Haus mit einem Garten, in dem wunderschöne Palmen und Rosen wuchsen. Vor dem Haus brannte ein Feuer. Ringsum lagen Matratzen auf dem Boden ausgebreitet, auf denen ein paar ältere Leute saßen. Sie rösteten das Fleisch eines tags zuvor erlegten Känguruweibchens, dessen Junges lebendig zu ihren Füßen herumkrabbelte. Ich war schockiert, spürte aber auch, dass ich hier nicht nach meinen Maßstäben urteilen konnte.

Sie schnitten das Fleisch auf, dessen Oberfläche schwarz verkohlt war. Fett tropfte auf den Boden. Der Großvater bat mich, Platz zu nehmen, und reichte mir etwas von dem Braten. Um mich herum fingen alle an zu essen. Ich dachte: *Ich will das nicht, aber mir bleibt wohl nichts anderes übrig.* Es war eine Frage des Respekts vor diesen Menschen und ihrer Kultur. Hätte ich mich geweigert, hätten sie mich wahrscheinlich skeptisch angesehen, wie um zu sagen: »Ist das dein Tier? Hat es für dich etwa so viel Bedeutung wie für uns?« Darauf hätte ich keine Antwort gewusst, und obwohl ich all meine Zeit, meine Energie und mein Geld in die Rettung dieser wundervollen Tiere steckte, überwand ich mich und nahm einen Bissen zu mir. Meine persönlichen Empfindungen zählten hier nicht. Viel wichtiger war, zu diesen Leuten eine gute Beziehung aufzubauen, auf deren Basis ich das Leben Dutzender verwaister Joeys zu retten vermochte.

Dieses Erlebnis ließ mich die Lebensweise der Aborigines besser verstehen und stärker wertschätzen. Ich entwickelte eine große Sympathie für dieses Volk, das um seine Identität ringt und dabei auf unzählige Widerstände stößt. Nicht zuletzt kommt es immer wieder zu kulturellen Missverständnissen. Zum Beispiel baut unsere Regierung Häuser für Aborigine-Familien, die ihre Matratzen vor die Tür bringen und unter freiem Himmel schlafen, es sei denn, es regnet. In der Gegend um Alice Springs regnet es aber äußerst selten! Die Vertreter des Stammes aus meiner

Nachbarschaft waren Wüstenbewohner, zählebige Menschen, Krieger. Wenn die Männer ihre Hemden auszogen, sah man auf ihrer Brust die Narben von Initiationsriten. Ihre Kinder und Enkelkinder aber kleideten sich wie Eminem. Die älteren Generationen halten an der traditionellen Lebensweise fest, während die jüngeren sich am Westen orientieren und dessen Lebensstil zu kopieren versuchen. Wer weiß, was die Zukunft bringt?

Als ich zu meinem Fahrzeug zurückging, war mir bewusst, echten Jägern begegnet zu sein. Über sie und ihre Jagdkultur wollte ich mehr erfahren. Das Joey, das sie mir gegeben hatten, schaffte es zurück in die Freiheit. Ich sollte noch viele Kängurubabys von dieser Familie bekommen, denn unsere Beziehung hatte an jenem Abend einen guten Anfang genommen. Alles in allem war es also ein positives Erlebnis für mich gewesen.

Die Reise jedoch, auf die ich mich mit meinem Rettungszentrum begeben hatte, sollte noch viele unerwartete Um- und Abwege mit sich bringen.

Kapitel 9

Anfang 2006 brachte mir ein Reiseführer namens Ted ein männliches Kängurubaby, das er im Beutel seiner allem Anschein nach schon seit zwei Tagen toten Mutter gefunden hatte. Es keuchte wie von einer Lungenentzündung befallen und befand sich in einem kritischen Zustand. Ich nannte den Kleinen Ned. Leider starb er nach wenigen Tagen. Ich begrub ihn im Garten.

Bald darauf, am 3. März – inzwischen führte ich offiziell Buch –, kamen Jo und Terry mit einem Baby, um das sie sich selbst nicht kümmern konnten, weil es zu jung war. Es war noch ein Pinkie mit geschlossenen Augen und Ohren, kaum drei Monate alt. Es sah Ned sehr ähnlich. Ich notierte, dass es infolge eines »Jagdunfalls« zu mir gekommen war. Ich gab ihm sofort die Flasche und fütterte es alle sechzig bis neunzig Minuten, was ihm sichtlich guttat.

Über die Jahre habe ich im Hinblick auf die Rettung von Kängurubabys immer wieder gehört: »Wenn noch kein Fell da ist, ist auch noch kein Leben drin.« Nach meiner Erfahrung trifft dies nicht zu. Ja, Pinkies sind sehr pflegeintensiv, aber durchaus widerstandsfähig. Für jedes, das in meiner Obhut ist, setze ich mich nach Kräften ein. Wenn es nicht mehr zu retten ist, gebe ich ihm besonders viel Zuneigung und trage es immer bei mir. Das neu aufgenommene Pinkie war ein echter Kämpfer. Es war sehr schwach, und sein Leben schien an einem seidenen Faden zu hängen, aber es schaffte es durch die erste Woche und bewies damit, dass es sich nicht unterkriegen lassen wollte. Sein Name sollte genau das zum Ausdruck bringen, und spontan fiel mir Ned Kelly ein, der berühmteste Buschranger Australiens, an dem sich bis heute die Geister scheiden. Er war ein Räuber, leistete Widerstand gegen die Staatsgewalt und tötete Polizisten. Trotzdem bewunderte ich ihn, weil er seiner Mutter und seiner Familie gegenüber absolut loyal gewesen war. Ich hoffte, dieser neue Ned Kelly würde ebenfalls irgendwann einmal ein großer Beschützer sein. Dass er tatsächlich über zwei Meter groß und entsprechend schwer werden sollte, war damals, als er nur wenige Hundert Gramm wog, wahrhaftig unvorstellbar.

Während der ersten Wochen trug ich ihn unter meinem Hemd in einer selbstgemachten Gürteltasche bei mir, eine erste Beutelattrappe, die ihm fast zum Verhängnis geworden wäre, als ich mich einmal im Rettungszentrum vor meinen Zuhörern zu tief vornüberbeugte; Ned Kelly rutschte heraus und fiel auf den Boden, blieb aber zum Glück unverletzt.

Nachts schlief er bei mir, Haut an Haut. Nach jahrelangen Erfahrungen konnte ich inzwischen getrost davon ausgehen, dass ich ihn nicht im Schlaf erdrücken würde. Ich lag mehr oder weniger reglos auf dem Rücken, während Ned Kelly es sich auf meinem Bauch gemütlich machte. Kängurus und Menschen haben in etwa die gleiche Körpertemperatur. Ein Joey an der eigenen Wärme teilhaben zu lassen ist darum sehr viel besser, als es in Decken zu packen. Für Pinkies ist dieser Körperkontakt sogar unverzichtbar.

Ned war mein bislang jüngstes Baby. Nach ungefähr einem Monat öffneten sich allmählich die Lider über seinen vorgewölbten schwarzen Augen. Zuerst war es das linke. Bevor er auch das rechte aufbekam, vergingen drei Tage, in denen ich mir zunehmend Sorgen machte. Aber dann passierte es ... Wunderschön. Ned Kelly und ich sahen einander das erste Mal an, und mit dem Blickkontakt wurde unsere Beziehung noch inniger. Mir war fast, als wäre er mein eigenes Baby und ich seine Mutter. Ihn zu nähren, zu beschützen und zu lieben war nun das Natürlichste der Welt. Deshalb lassen sich jüngere Joeys sehr viel leichter aufziehen als ältere; sie sind noch ein unbeschriebenes Blatt und haben keinerlei Erinnerung an ihre leibliche Mutter. Ältere Joeys müssen sich an ihren menschlichen Pfleger erst gewöhnen, was ihnen mehr oder weniger schwerfällt.

Sechs Wochen nach Ned Kellys Ankunft trafen kurz hintereinander zwei weitere Babys im Zentrum ein. Das eine, ein sechs Monate altes weibliches Jungtier, war Opfer eines »Jagdunfalls« und wurde mir gebracht von Leuten, die es in einem Camp der Aborigines nahe Tennant Creek gut fünfhundert Kilometer nördlich von Alice aufgefunden hatten. Es war von Hunden im Camp angegangen worden, die ihm ein Ohr abgebissen hatten, war stark untergewichtig und völlig verdreckt. Von seinen Überbringern erfuhr ich, dass es in der Obhut zweier Familien gewesen war, die es dann aber hatten loswerden wollen, weil ihnen seine Pflege zu teuer gewesen war. Offenbar war die Kleine nicht an ein beutelartiges Zuhause gewöhnt; ich musste ihr erst beibringen, in einen Kissenbezug zu klettern. Nach einem ihrer Retter nannte ich sie Jo Jo.

Das zweite Baby, ebenfalls weiblich und so alt wie Jo Jo, wurde mir von einem Reiseführer gebracht, der es im Beutel seiner toten Mutter aufgefunden hatte. Es war dehydriert, desorientiert und voller Milben, dabei aber ausgesprochen putzig mit seinem flauschigen Haarkleid. Als es sich im Zentrum eingelebt hatte, zeigte es sich sehr charakterstark und trank nur aus einer Schale. Ich konnte ihm ansehen, was es dachte, wenn es mich aus seinen großen schwarzen Augen betrachtete: »Nein, eine Flasche kommt nicht in Frage!« Eine richtige Prinzessin. Ich weiß nicht mehr, warum ich sie Brianna nannte, aber der Name passte zu ihr.

Dann kam auch noch ein viertes Baby zu uns, ein kleiner Junge, der nicht aufhören wollte zu schreien. »Aaaaah, aaaaah, aaaaah.« Ich benannte ihn nach Jimmy Barnes, einem legendären Aussie-Rocksänger aus Tennant Creek, bekannt dafür, dass er brüllte wie am Spieß. Jimmy brauchte ich nicht am Körper warm zu halten, denn Ned Kelly spielte die Rolle des älteren Bruders perfekt. Zwar hatte jeder seinen eigenen Kissenbezug, doch lieber kuschelten sie sich in einem ausgepolsterten Beutel aneinander. Für Jo Jo und Brianna galt Ähnliches. So waren wir fast von heute auf morgen zu einer Familie mit vier Kindern herangewachsen. Und das war noch nicht alles.

Ungefähr zur selben Zeit tauchte eine blonde englische Backpackerin im Zentrum auf. Sie hörte sich meinen Vortrag an, stellte sich anschließend als Emma vor und bat darum, als Freiwillige für das Zentrum arbeiten zu dürfen. Ich sagte nein, doch sie blieb hartnäckig.

»Aber ich will's unbedingt.«

»Du solltest wissen, dass dieses Zentrum nur tagsüber mein Arbeitsplatz ist«, erklärte ich. »Hier halte ich mich mit meinen Joeys nur für ein paar Stunden auf. Ich informiere die Besucher über das, was ich tue, und gehe wieder nach Hause. Ein Großteil der Pflege findet dort statt. Das heißt, du müsstest mit mir zusammenleben.«

Erst als ich diesen Satz ausgesprochen hatte, wurde mir bewusst, wie er bei der jungen Frau ankommen musste. Es hatten schon andere ehrenamtlich für mich arbeiten wollen, doch es war mir immer gelungen, sie auf höfliche Weise und mit dem Hinweis auf meine häuslichen Verhältnisse abzuwimmeln. Es passte mir einfach nicht, fremde Leute in ein Haus kommen zu lassen, das ich mir mit zwei Freunden teilte, und ihnen Aufgaben anzuvertrauen, zu denen es unter anderem gehörte, mitten in der Nacht aufzustehen, um die Tiere zu füttern. Emma aber sagte nur: »Das macht mir nichts aus.« Und ehe ich michs versah, hatte sie das Gästezimmer im Haus bezogen und ließ sich von mir zur Tierpflege anleiten.

Wie man sich denken kann, war unser Haus ziemlich ungewöhnlich. Nach diversen Mietverhältnissen war ich froh gewesen, als mir mein bester Freund Thomas das Angebot machte, zu ihm zu ziehen. Kennengelernt hatten wir uns im Kakadu-Nationalpark; ich war Fremdenführer, während er ein Schlauchboot für dreißig Personen durch die Sümpfe steuerte, so auch eine meiner Gruppen. Wir hatten uns von Anfang an ausgesprochen gut verstanden.

Thomas hatte viele Jahre als Farmer gearbeitet. Er war Experte im Errichten von Zäunen, was uns zu einem späteren Zeitpunkt von Nutzen sein sollte, und ein sicherer Schütze, der schon jede Menge Roos geschossen hatte, die über seine Felder hergefallen waren. Er war zwar nicht der Typ, dem man Pinkies zum Kuscheln in den Arm legte, hatte aber auch nichts dagegen, dass ich sie bemutterte und mit ins Haus brachte. Ich glaube, er fand die ganze Sache ziemlich witzig. Der andere Mitbewohner, Richard, war so hoch aufgeschossen und dünn wie ich, ein warmherziger Kerl, der im sozialen Dienst mit Aborigines arbeitete. Beiden mutete ich mit meinen Babys wohl einiges zu, zumal die Tiere nicht stubenrein waren, doch Thomas und Richard sahen großzügig über alles hinweg. Glücklicher waren wir natürlich alle, wenn sich die Kleinen hinterm Haus auf der Wiese aufhielten, die wir selbst gesät hatten, einem grünen Fleck in brauner Ödnis.

Und Emma? Sie hatte sich schnell eingewöhnt und fütterte die Jungen auch nachts. Es beeindruckte mich, wie fürsorglich sie mit ihnen umging. Sie hatte ein gutes Herz. Mit der Zeit kamen wir uns näher, und wir rutschten ohne Umstände in eine romantische Beziehung, die auf unserem gemeinsamen Engagement für unsere Joeys gründete.

Emma und ich trugen die Babys in ihren gepolsterten Taschen jeden Morgen pünktlich um acht ins Rettungszentrum. Dort hängten wir sie mit den Taschen an Türknäufe und Äste und fütterten sie regelmäßig. Dass Besucher sie berührten, ließ ich aus pädagogischen Gründen zu, achtete aber sehr genau darauf, wann und wie dies geschah. Die Regeln wurden strikt eingehalten. Voraussetzung war meine oder Emmas Anwesenheit; die Joeys blieben in ihren Taschen oder Beuteln; wer sie anfassen wollte, musste vorher seine Hände desinfiziert haben; und es durfte kein Tier von Hand zu Hand weitergereicht werden. Die Joeys ließen es sich gefallen, und für die Besucher schien das, was ich sagte, dank der unmittelbaren Nähe zu den Tieren sehr viel deutlicher zu werden. Kurzum, solche Begegnungen waren, wie ich fand, durchweg positiv.

Am späten Nachmittag, gegen fünf, verließen wir das Zentrum. Nebenan befand sich ein Nachtklub, und es wurde abends zu laut für unsere Joeys, die überdies von ihrer Show für unser Publikum müde waren.

Viele Fragen unserer Besucher galten dem Kängurubeutel. Jedes Joey liebt seinen natürlichen Beutel oder, wenn es seine Mutter verloren hat, den menschengemachten Ersatz. Der Beutel der Mutter ist eine Bauchtasche, außen mit Fell bekleidet, innen aus nackter Haut. Durch die Muskeln am Rand kann er fest zugezogen werden, was zum Beispiel dann nützlich ist, wenn das Muttertier einen Fluss durchqueren will (wovon ich bislang aber nur gehört habe). Lockern sich die Muskeln, kann das Jungtier ein- und aussteigen. Für das Joey bedeutet der Beutel Sicherheit. Deshalb bleibt das Kleine nach einem Verkehrsunfall im Beutel der toten Mutter, auch wenn es alt genug wäre, um ihn zu verlassen. Ich habe selbst mit angesehen, wie das Junge eines Unfallopfers in den Beutel zurückzukriechen versuchte, aber, weil dieser zu schlaff war, keinen Halt darin finden konnte. So steckte das verzweifelte Joey nur den Kopf hinein, um im Dunkeln Sicherheit zu finden. Es war ein herzzerreißender Anblick.

Im Zentrum sagte ich meinen Besuchern stets: »Der Beutel ist für die Kleinen von zentraler Bedeutung.« Ned Kelly und seine Gang wurden, als sie alt genug waren, ihrer Starrolle gerecht. Bei meinen Präsentationen ließ ich mir oft die Handtasche einer Besucherin geben, die ich offen auf dem Boden einem meiner Babys anbot, und ohne sich zweimal bitten zu lassen, hüpfte es kopfüber hinein. Dieses Verhalten führte bei uns zu Hause manches Mal zu komischen Situationen, wenn ich zum Beispiel, nur mit einer Unterhose bekleidet, versuchte, in meine Jeans zu steigen. Das eine oder andere Joey war oft schneller und sprang in eins der leeren Hosenbeine. Wie drollig, wenn es sich durch das Hosenbein wühlte, mit dem Kopf am anderen Ende auftauchte und mich verdutzt anschaute, nach dem Motto: »Ups, wo bin ich gelandet?«

Wenn sich nur jedes Missgeschick so einfach zurechtrücken ließe ...

Während meine Joeys größer wurden und mit jedem Tag neue Abenteuer bestanden, lag ich im Streit mit den Behörden. Es fing damit an, dass Ranger von Parks and Wildlife eines Tages unangemeldet im Zentrum aufkreuzten.

»Es hat Beschwerden gegeben«, sagte einer und schaute sich um.

»Worüber?«

»Nun«, antwortete er, »wer Tiere pflegen möchte, sollte das bei sich zu Hause tun und sie nicht öffentlich zur Schau stellen. Es kommt schließlich darauf an, ein verletztes oder pflegebedürftiges Tier möglichst schnell wieder in die Freiheit zu entlassen.«

Ich sah, dass er die Fotos von meinen Präsentationen musterte. »Was ist gegen Aufklärung einzuwenden? Und warum sollte ich meine Joeys verstecken? Ist es nicht besser, die Öffentlichkeit lernt sie und andere Wildtiere schätzen?«

Ich versuchte zu begründen, warum meine Arbeit nicht hinter verschlossenen Türen stattfinden sollte. Parks and Wildlife schickte mir den einzigen Wildtierarzt der Stadt zur Inspektion ins Zentrum. Es war eine Tierärztin, eine sehr liebenswürdige Frau, die mich nach meinen Erfahrungen in Sachen Tierhaltung befragte und sich nach meinen Zielen erkundigte. Ihr Bericht war überaus positiv und enthielt außerdem vernünftige Besucherrichtlinien zum Umgang mit den jüngsten Joeys.

Es wurde allerdings getuschelt, dass andere Unternehmen neidisch waren auf die Anzahl der Touristen, die das Zentrum besuchten.

Eine der großen Reiseagenturen schickte zum Beispiel einen Vertreter mit der Frage: »Könnten wir nächsten Mittwoch mit vierzig Leuten vorbeikommen?«

»Ähm, na klar«, antwortete ich. »Wir sind zwar nur an jeweils eine Handvoll Besucher gewöhnt, aber eigentlich sehe ich da kein Problem.«

Was ich nicht wusste, war, dass diese Reiseagentur mit ihren Leuten sonst immer eine andere Touristenattraktion besucht hatte. Ich verstand mich nicht als Geschäftsmann und wollte anderen nicht auf die Füße treten. Und doch schien es nun, als täte ich gerade dies, wenn auch unwissentlich.

Ich bekam ein zweites Mal Besuch von Parks and Wildlife, wieder unangemeldet und während ich Gäste bei mir hatte. Der Ranger sagte, Joeys von Fremden anfassen zu lassen sei unzulässig; ich müsse das verhindern. Ich hatte meinen Vortrag noch nicht beendet und wurde aufgefordert, meine Joeys sofort fortzuschaffen, um sie den Blicken meiner Gäste zu entziehen.

»Aber deswegen sind die Leute doch gekommen!«, protestierte ich.

Der Ranger dachte einen Augenblick nach und schlug mir schließlich etwas vor, was er als eine praktikable Lösung verstand: »Sie könnten Känguru-Attrappen aus Pappe aufstellen.«

Ich reagierte patzig. »Oh, fantastisch! Großartig! Meine Besucher werden begeistert sein. Hereinspaziert, bestaunen Sie für fünf Dollar ein Känguru aus Pappe. Ich werde extragroße Augen draufmalen.«

Spätestens zu diesem Zeitpunkt war mir klar, dass ich kämpfen musste, wenn ich zugunsten der Kängurus nachhaltig etwas verändern wollte. Ich wusste, dass Touristen damit begonnen hatten, Kängurus zu untersuchen, die tot am Straßenrand lagen. Zu mir kamen sogar Aborigines-Kinder, weil es sie interessierte, wie man Joeys aus dem Beutel einer bei der Jagd erlegten Mutter aufpäppelte. Ich wollte es nicht dabei belassen, dass sich Adler um überlebende Joeys kümmerten und dass Aborigines den unliebsamen Teil ihrer Jagdbeute missachteten.

Ich war frustriert, akzeptierte aber, dass es Regeln geben musste. Gleichwohl war ich von meiner Arbeit im Zentrum so überzeugt, dass ich nicht kampflos zurückstecken mochte. Es musste eine Ausnahme geben. Emma war inzwischen meine feste Freundin und Mitarbeiterin. Wir machten uns daran, E-Mails an das zuständige Ministerium und untergeordnete Behörden zu schreiben. Auch das war für mich eine Art Lehrzeit, denn ich hatte bislang nicht gewusst, wie man einen Computer bedient.

Das Rettungszentrum blieb geöffnet, allerdings erfüllte ich die Auflage der Ranger und ließ die Joeys zu Hause. Zu Pappkameraden konnte ich mich jedoch nicht durchringen. Stattdessen zeigte ich *Faces in the Mob*, ein vorzügliches TV-Feature über eine Gruppe Grauer Riesenkängurus in Eastern Australia.

Während ich mich bei offiziellen Stellen beschwerte, beklagten unsere Besucher das Fehlen der Joeys, was ich ihnen nicht verübeln konnte. Sie unterstützten uns aber in unserem Anliegen, waren voller Lob für unsere Arbeit und versprachen, uns weiterzuempfehlen.

Trotz der überwiegend positiven Resonanz gingen die Besucherzahlen des Rettungszentrums zurück. Waren es vorher rund dreißig Gäste pro Tag gewesen, kamen jetzt noch höchstens zehn, manchmal nur fünf. Die Einnahmen sanken von hundertfünfzig Dollar am Tag auf fünfundzwanzig. Und ich musste weiterhin Rechnungen bezahlen, für die Kängurus sorgen und mich selbst über Wasser halten.

Es brach eine verwirrende Zeit an, in der die Ranger mal so, mal so entschieden. Sie erlaubten uns, unsere Joeys Besuchern zu zeigen, entzogen uns diese Erlaubnis wieder, hoben ihr Verbot auf, erneuerten es wieder. Es ging hin und her.

Zu allem Übel gesellte sich ein weiteres Problem hinzu.

Als zugelassener Tierpfleger durfte ich keinen Gewinn machen. Zugegeben, ich verbrauchte ein bisschen Geld für Lebensmittel, Benzin und Miete, doch ein Großteil der Einnahmen floss ins Zentrum zurück und ging in die Aufzucht der Joeys. Mir wäre es nie in den Sinn gekommen, mit dem Zentrum etwas anderes zu bezwecken, als Aufklärungsarbeit zu leisten. Geld hätte ich woanders leichter verdient. Tatsächlich war ich so gut wie pleite.

Und dann gelang es mir auch noch, die Situation weiter zu verkomplizieren, als eine TV-Produktionsgesellschaft auf mich zukam, die nach einem Joey für das Kinderprogramm *Double Trouble* suchte. Man bot mir eine Stange Geld – Geld, das ich für meine Roos dringend brauchte. Also machte ich mich mit Ned Kelly und Jimmy Barnes auf den Weg. Verlangt wurde nicht viel: Einer von ihnen musste einem Mädchen der Aborigines durch den Busch folgen. Es dauerte nicht lange, und gegen Tierschutzbestimmungen wurde sicherlich nicht verstoßen. Ein paar Tage nach dem Dreh klopfte es an meiner Tür. Es waren die Ranger von Parks and Wildlife. Sie hatten von den Fernsehaufnahmen gehört.

»Dafür hätten Sie eine Genehmigung von Parks and Wildlife gebraucht«, sagten sie.

»Tut mir leid, das wusste ich nicht.«

»Nun, dann wissen Sie es jetzt für die Zukunft.«

Das war's. Keine Drohung, nur ein freundlicher Hinweis.

Ein paar Monate später, im Januar 2007, überraschte mich ein Anruf vom Discovery Channel, in dem mir mitgeteilt wurde, dass ein Filmteam nach Australien komme, um eine Folge von *Not Your Average Travel Guide* zu drehen. Es sollten nicht die üblichen Highlights – Schnorcheln am Great Barrier Reef, Klettern an der Sydney Harbour Bridge – in Szene gesetzt werden, sondern touristische Alternativen; man habe von dem Rettungszentrum gehört und wolle darüber berichten. Bezahlen würde man mich allerdings nicht. Ich dachte: *Yeah! Tolle PR für die Stadt.*

Also fragte ich bei Parks and Wildlife nach, ob man einverstanden sei. Nein, lautete die Antwort rundheraus. Unglaublich. Alice Springs war eine Touristenstadt, und eine Fernsehgesellschaft mit weltweiter Reichweite war daran interessiert, einen positiven Beitrag über die örtlichen Touristenattraktionen zu drehen. Die Absage begründete man mir gegenüber damit, dass das Rettungszentrum und das Backpacker-Hostel Melanka zu viel Aufmerksamkeit bekämen, was gewinnbringend für uns zu Buche schlagen würde.

»Schön«, sagte der Ranger nach einigem Hin und Her, »Sie können machen, was Sie wollen, dann aber jenseits der Stadtgrenze. Erzählen Sie Ihre Geschichte auf irgendeiner Sanddüne. Und Kängurus kommen definitiv nicht ins Bild.«

»Nicht einmal zu Aufklärungszwecken?«, fragte ich.

»Nicht einmal das.«

Ich war so enttäuscht, dass ich das Rettungszentrum für zwei Wochen dichtmachte, um gegen die Entscheidung anzugehen. Ich wandte mich an den Tourismusausschuss der Regierung, der mich eine Woche später wissen ließ, dass man nichts für mich tun könne. Weil die Zeit knapp wurde, meldete ich mich beim Discovery Channel und sagte zähneknirschend meine Teilnahme ab.

Durch den Einsatz von Freunden und Unterstützern wie dem Oppositionspolitiker Richard Lim erlaubte mir Parks and Wildlife schließlich doch meine Mitwirkung an Fernsehproduktionen; für den Dreh vom Discovery Channel war es zu spät, aber in Zukunft würde ich nicht erneut um Erlaubnis bitten müssen. Ich habe die schriftliche Genehmigung aufbewahrt. Ich war dankbar für den Gesinnungswandel und dafür, dass Parks and Wildlife mir nun offenbar helfen wollte. Bei allen Meinungsverschiedenheiten hatten wir ja dasselbe Ziel: den Schutz der heimischen Tierwelt.

Im Rückblick glaube ich, deshalb auf Widerstand gestoßen zu sein, weil ich etwas tat, was vorher noch nie jemand getan hatte. Aber es gab neben der frustrierenden auch eine komische Seite. Von offizieller Stelle hieß es irgendwann, ein toter Adler am Straßenrand könne für Trophäenjäger oder Leute, die aus Vogelkrallen Schmuck herstellten, interessant sein. So etwas sei verboten, sagte man mir, weil der Adler der Krone gehöre und dem Wortlaut der gesetzlichen Regelung nach nicht bewegt werden dürfe. Wenn ich einen toten Vogel dennoch bewegen wolle, müsse ich ihn per Lizenz erwerben. Das Gleiche gelte für Kängurus.

Des Weiteren wies man mich darauf hin, dass, wenn ich mit dem Fahrzeug wiederholt auf einer Straße anhalten würde, um tote Tiere zu inspizieren, die dafür vorgesehenen orangefarbenen Marker und Warnhinweise vorschriftsmäßig auf der Straße zu platzieren seien. Außerdem müsse ich dieselbe Genehmigung beantragen, die auch für

Kolonnen der Straßenwartung verbindlich sei. Gehorsam suchte ich das zuständige Amt auf – *Road Transport*. Der Sachbearbeiter, dem ich mein Anliegen vortrug, konnte kaum glauben, was er hörte. »Wollen Sie mich auf den Arm nehmen? Sie brauchen diese Genehmigung, um Tiere zu retten?!« Ich erzählte ihm die Geschichte, woraufhin er sich bereit erklärte, mir den geforderten Ausweis auszustellen.

»Kostet hundert Dollar. Und dann müssten Sie sich noch eine fluoreszierende Schutzweste zulegen. Ihr Wagen braucht eine Blinkleuchte und ein am Heck anzubringendes Schild mit der Aufschrift *Frequently Stopping*.«

Er kriegte sich kaum ein vor Lachen, während er mir dies sagte.

Ich erfüllte sämtliche Vorschriften, kaufte mir alles Nötige und kehrte zurück, um die Bearbeitungsgebühr zu bezahlen. Hundert Dollar. Ich war so knapp bei Kasse, dass mir diese Summe wie das Zehnfache vorkam. Wer tatsächlich glaubte, dass ich mit meinem Rettungszentrum Profit machte, irrte gewaltig. Aber miterleben zu dürfen, wie meine Kids ihre ersten Sprünge in die Unabhängigkeit taten, war mit Geld nicht aufzuwiegen.

Während ich über bürokratische Fallstricke stolperte, wurden Ned Kelly, Jimmy Barnes, Jo Jo und Brianna immer größer und agiler. Ende September 2006 war abzusehen, dass ich bald für ihre Freilassung würde sorgen müssen, und zwar in Übereinstimmung mit Parks and Wildlife. Doch dann kam eine verheerende Wendung …

Tagsüber verließ ich nur selten das Zentrum, meist,

wenn ich zu einem überfahrenen Tier gerufen wurde. Als aber das Endspiel der australischen Fußballmeisterschaft zwischen meiner Lieblingsmannschaft West Coast und den Sydney Swans ausgetragen werden sollte, gab es für mich kein Halten. Es war ein Samstagnachmittag. Emma erklärte sich bereit, mit der einen Hälfte unserer Brut im Zentrum zu bleiben, während ich die beiden anderen mit nach Hause nahm und mich dort vor den Fernseher setzte. Emmas Schwester Nicola, zu Besuch aus England, leistete mir Gesellschaft. Wir schauten uns das Spiel an. Die erste Halbzeit war noch nicht vorbei, als es draußen plötzlich zu krachen anfing. Peng, peng, peng! Beängstigend vor allem für Tiere. Im Northern Territory ist das Abbrennen von Feuerwerk nur um den 1. Juli herum erlaubt, dem Territory Day. Wir hatten aber September und waren auf diese Böllerei nicht vorbereitet.

Kaum war ich aus dem Sessel gesprungen, hörte ich einen heftigen Schlag an der Glastür zur Terrasse. Ich eilte hin und sah Brianna vor der Tür in einer Blutlache am Boden liegen. Anscheinend war sie, vom Lärm in Panik versetzt, mit voller Wucht gegen die Glasscheibe gesprungen. Sie hatte die Augen geöffnet und starrte ins Nichts. Ich fürchtete schon, sie sei tot. Ihr Körper war ganz steif, entspannte sich aber ein wenig. Ich rannte zum Telefon, um meinen Freund Keith anzurufen, einen Tierarzt, der nicht weit von uns entfernt wohnte. Nicola und ich fuhren mit Brianna sofort zu ihm. Seine Diagnose lautete: Lähmung.

»Vielleicht ist die Lähmung vorübergehend, und sie bekrabbelt sich wieder. Wir müssen abwarten«, sagte Keith.

Er gab ihr ein Schmerzmittel. Wir warteten und hofften. Vier Tage lang wachten Emma und ich abwechselnd am Krankenbett. Brianna erholte sich nicht. Sie leiden zu sehen war unerträglich.

Ich weinte nicht, als Keith sie schließlich einschläferte. Das kam erst später und dann jedes Mal, wenn ich einen traurigen Film sah. Aber ich war wütend. Ich hasste Feuerwerk. Meine Nachbarn hatten zwar nichts Böses im Schilde geführt, aber trotzdem etwas Rechtswidriges getan, mit der Folge, dass ein Joey zu Schaden gekommen war, dessen Tod so leicht hätte verhindert werden können.

Wir begruben Brianna im Garten. Emma, die nicht weniger trauerte als ich, war mir ein großer Trost. Wir hatten zu diesem Zeitpunkt nicht viel Geld. Emma war nur mit einem Touristenvisum in Australien und durfte nicht arbeiten, und mein einziges Einkommen bestand aus Eintrittsgeldern und Spenden der Besucher, wovon das meiste in die Pflege und Aufzucht meiner Babys ging.

Kurz vor Weihnachten nahm ich Kontakt zu Parks and Wildlife auf mit der Bitte, mir meine drei Joeys abzunehmen. Sie waren jetzt fast ein Jahr alt und reif für das staatliche Freigehege zur Eingewöhnung in ein Leben in freier Wildbahn, den ersten Schritt Richtung Unabhängigkeit. Würde man sie nach zwei weiteren Monaten untersuchen und für gesund befinden, kämen sie endgültig zurück in den Busch. Leider bekam ich zur Antwort, dass die Mitarbeiter von Parks and Wildlife in den Weihnachtsurlaub gingen und der Betrieb erst zu Jahresbeginn wieder aufgenommen werde. Man vertröstete mich auf Anfang Januar.

»Aber ich will, dass sie jetzt ins Freigehege entlassen

werden«, drängte ich. »Man hat schon mit der Feuerwerksknallerei angefangen, und zu Weihnachten gibt's mehr davon.«

»Daran kann ich leider nichts ändern. Aber ich bin sicher, Ihre Joeys kommen damit klar.«

Wie erwartet, krachten an Heiligabend die Böller. Peng, peng, peng. Zum Glück konnten Emma und ich die Joeys im Garten beschützen. So auch am ersten Weihnachtstag. Gegen drei Uhr in der Nacht zum zweiten Weihnachtstag machte es wieder *bumm*! Ich ging im Dunkeln nach draußen, tröstete die Kids und wünschte, sie wären noch so klein, dass wir sie mit ins Bett nehmen könnten. Ich blieb eine halbe Stunde bei ihnen und ging dann, weil es still blieb, wieder ins Haus.

Als ich am Morgen vor die Tür trat, sah ich Ned Kelly, meinen besten Freund, humpeln. Offenbar war er wie Brianna in Panik geraten und hatte sich verletzt. Tatsächlich hatte er eine lange, klaffende Platzwunde, in der das Schienbein zu sehen war. Wieder rief ich Keith zu Hilfe, der zu unser aller Erleichterung feststellte, dass der Knochen nicht gebrochen war. Er säuberte die Wunde, legte einen Verband an und verabreichte Ned ein Schmerzmittel. Und zum zweiten Mal innerhalb weniger Monate hatten Emma und ich einen Patienten, um den wir uns kümmern mussten. Keith kam in regelmäßigen Abständen, um den Verband zu wechseln. Sooft ich Ned Kelly zu diesem Zweck einfangen musste, litt ich mit ihm. Er zog das Bein bei jeder Berührung ruckartig weg. Der Ärmste hüpfte nicht mehr, er hoppelte nur noch.

Ich fand, dass es an der Zeit war, Alice Springs zu verlassen. Noch einmal wollte ich nicht miterleben müssen, wie ein Jungtier, das ich aufgezogen hatte, dieser ärgerlichen Feuerwerksknallerei zum Opfer fiel. Und es waren nicht nur unsere Tiere, die litten. Ich hatte von Hunden und Katzen gehört, die in ihrer Panik durch Fensterscheiben gesprungen waren, von Pferden, die sich im vollen Galopp an Zaunpfählen aufgespießt hatten. *Wir müssen hier weg*, dachte ich. Emma versuchte, mich zu beruhigen, und brachte mich zu der Einsicht, dass ich bleiben musste, und zwar aus genau dem Grund, weshalb ich wegwollte: für das Wohlergehen der Tiere.

Ned Kelly erholte sich und wagte nach etwa drei Wochen wieder etwas größere Sprünge, obgleich er noch ein wenig lahmte. Es ging ihm aber von Tag zu Tag besser. Ich meldete mich erneut bei Parks and Wildlife. Es war Mitte Januar, der Weihnachtsurlaub längst vorüber. Sie erklärten sich bereit, alle drei Kids im Übergangsgehege auszusetzen. Ich machte mir wegen Ned Kelly noch Sorgen, aber Keith zerstreute sie. Positiv stimmte mich auch, dass Ned sich nicht mehr einfangen lassen wollte und den Kontakt mit Menschen zu meiden schien. Er hatte etwas Wildes angenommen.

Emma und ich packten Ned Kelly, Jimmy Barnes und Jo Jo in ihre Taschen und fuhren zum Freigehege von Parks and Wildlife außerhalb der Stadt. Gleich nach der Ankunft erklärte ich einem der Ranger, dass mir Ned Kelly besonders wichtig sei und dass ich, falls er tierärztliche Hilfe nötig haben sollte, für die Kosten aufkommen würde. Notfalls hätte ich auch mein Auto verkauft, um die Rechnung begleichen zu können. Ned Kelly hatte so tapfer gekämpft, um es bis hierher zu schaffen, und ich wollte, dass er sich endlich ungehindert im Outback bewegen konnte.

»Die anderen beiden sind topfit«, sagte ich. »Dass das Weibchen nur ein halbes Ohr hat, ist nicht weiter schlimm.«

Ich verabschiedete mich also von Jimmy Barnes, dem Schreihals, von Jo Jo mit dem angefressenen Ohr und von meinem zähen Freund Ned Kelly, der mir so sehr ans Herz gewachsen war. Mich bewegte eine seltsame Mischung aus Trauer und Erleichterung. Die drei Joeys waren auf dem Weg zurück in ihr wahres Zuhause, und nur das zählte.

Ein paar Monate später statteten Emma und ich dem Freigehege einen Besuch ab. Ich fragte einige Ranger: »Wie geht es dem Känguru mit dem verletzten Bein? Hat es den Sprung zurück in den Busch geschafft?«

»Nein, wir mussten es erschießen«, antwortete einer.

Wie vom Donner gerührt fragte ich, warum.

»Ach, es hätte sich nur gequält mit dem Bein«, antwortete er, drehte sich um und ging.

Ich stand wie angewurzelt da. Sie hatten meinen kleinen Freund erschossen. Natürlich hätte es mich auch hart getroffen, wenn sie Jimmy Barnes oder Jo Jo getötet hätten, aber Ned Kelly … Er war für mich tatsächlich wie ein Kind gewesen. Von dem Zeitpunkt an, da er seine Augen geöffnet hatte, war ich seine Mutter und sonst niemand.

Emma war bestürzt, aber auch diesmal weinte ich nicht, obwohl die Nachricht mir das Herz zerriss. Irgendwie schaffte ich es, mich zusammenzunehmen.

Wenn Besucher im Zentrum die Fotos von Ned Kelly

an den Wänden betrachteten und sich nach ihm erkundigten, log ich und sagte: »Er ist zurück in den Busch.«

Bis heute hoffe ich inständig, dass er nicht vor den Augen seiner Geschwister Jimmy Barnes und Jo Jo erschossen wurde.

Unter vielen Kollegen herrscht die Vorstellung vor, dass entlassene Tiere wie im Western vor der untergehenden Sonne am Horizont verschwinden, und was dann passiert, passiert halt. In der Wirklichkeit ist das leider nicht der Fall. Aber selbst aus Erschütterung und Verzweiflung kann Positives erwachsen. So wie ein aus einer toten Kängurumutter geborgenes Jungtier mich zur Gründung des Baby Kangaroo Rescue Centre veranlasst hatte, brachte mich auch Ned Kellys Tod auf neue Gedanken. Irgendwann würde ich selbst ein Schutzgebiet für Kängurus einrichten, die nicht in die Wildnis zurückkehren konnten. Noch wusste ich nicht, wie so etwas zu bewerkstelligen sein würde, nur, dass ich es tun musste.

Kapitel 10

Trotz meiner Probleme mit Ämtern und Behörden kam ich mit der Zentrumsarbeit in der Öffentlichkeit gut an, und die vielen positiven Rückmeldungen machten mir Mut. Unter anderem erreichte mich der Anruf eines britischen Ehepaars, das das Zentrum besucht hatte. Die beiden hatten danach Aberhunderte von Kilometern durch das Northern Territory und Western Australia im Auto zurückgelegt und vor jedem toten Känguru, das sie am Straßenrand sahen, angehalten, um es zu untersuchen und in den Busch zu bringen. Tatsächlich fanden sie ein lebendes Wallaby-Baby im Beutel seiner toten Mutter.

»Wir sind mitten in Kimberley. Was machen wir jetzt?«

Ich kannte niemanden in dieser Gegend und fragte, ob sie in Richtung Broome weiterfahren würden.

»Ja, da wollen wir in sechs Tagen sein«, antworteten sie.

»Könnten Sie sich so lange um das Baby kümmern? Oder wäre das zu viel verlangt?«

»Keineswegs. Das machen wir.«

»Prima. Geben Sie ihm Wasser zu trinken. Und jede Menge Körperkontakt. Nehmen Sie es über Nacht mit in Ihren Schlafsack.«

Sie folgten meinem Rat und lieferten das Joey in Broome bei einem Tierarzt ab. Mission erfüllt. Per E-Mail blieben sie mit dem Tierpfleger in Kontakt, bis das Joey

Monate später freigelassen werden konnte. Letztlich war es das Highlight ihrer Reise nach Australien.

Jede Rettung hat ihre eigene Geschichte. Eine ist mir ganz besonders in Erinnerung geblieben. Darin spielt ein rauer, taffer Reiseleiter aus dem Osten Australiens die Hauptrolle. Er kam von einer Farm, auf der Kängurus als Plage angesehen und abgeschossen wurden. »Was du da tust, ist zwecklos«, sagte er zu mir. »Roos gibt es doch genug. In Beuteln nachzusehen ist reine Zeitverschwendung.«

Wenige Monate später tauchte er erneut im Zentrum auf, was mich überraschte, hatte er sich doch bei seinem ersten Besuch eindeutig ablehnend geäußert.

»He, Mann«, sagte er. »Finden die Chicks eigentlich gut, was du hier treibst?«

Ich lachte. »O ja, sie sind ganz begeistert. Bei so niedlichen Tierchen versteht sich das wohl von selbst.«

»Na, ich glaube, ich halte dann jetzt auch mal an, wenn so ein totes Viech auf der Straße liegt. Aber nicht weitersagen.«

Er machte sich offenbar Sorgen um seinen Ruf als Raubein, doch waren ihm all die hübschen Mädchen aus dem Melanka-Hostel aufgefallen, die auch im Rettungszentrum vorbeischauten. Ich sah ihn eine Weile nicht mehr. Aber dann kreuzte er plötzlich wieder auf, mit stolzgeschwellter Brust, einem Joey im Arm und von mehreren Mädchen begleitet. Hauptsache, das Ergebnis stimmte. Er hatte einem elternlosen Jungtier das Leben gerettet.

Einen ganz anderen ersten Eindruck machte eine smart aussehende Frau, die in Businessklamotten zu uns ins

Zentrum kam. Ich hielt gerade einen Vortrag vor einer Gruppe von Besuchern.

»Entschuldigung, verzeihen Sie bitte«, sagte sie, »aber ich hab ein Kängurubaby im Auto.«

»Schön. Bringen Sie es rein«, erwiderte ich.

»Wie? Einfach … reinbringen?«

»Ja. Ich bin hier noch nicht fertig«, erklärte ich. »Aber keine Sorge, holen Sie es einfach. Hier sind noch andere Joeys, die es trösten können. Wenn es behandelt werden muss, lasse ich einen Tierarzt kommen.«

Wenige Minuten später fiel jedem einzelnen Besucher die Kinnlade herunter, als sich die Tür wieder öffnete und die Frau ein totes Känguru in den Raum zerrte, wobei sie möglichst großen Abstand zu ihm hielt, um sich an dem blutdurchtränkten Fell nicht zu besudeln. Sie hatte an der Unfallstelle gesehen, dass ein Joey aus dem Beutel des toten Tieres hervorlugte, und war sich nicht im Klaren darüber gewesen, ob und wie sie es am besten bergen sollte. Manche Leute scheuen davor zurück, mit der Hand in den Beutel zu langen, weil sie glauben, mitten in den Bauchraum mit Organen und allem zu greifen. Also hatte sie den Wagen zurückgesetzt und das tote Tier mitsamt dem Joey in den Kofferraum gewuchtet – mit dem Ergebnis, dass ich nun das Kleine bergen musste, vor den Augen der Besucher, die für ihre fünf Dollar Eintritt so richtig was geboten bekamen.

Frei-Haus-Lieferungen wie diese blieben natürlich die Ausnahme. Die größten Herausforderungen, die sich uns stellten, waren logistischer Art. Alice Springs liegt ziemlich genau in der Mitte des über dreitausend Kilometer langen Stuart Highways, der Darwin und Adelaide miteinander verbindet. Dazwischen verteilen sich ein paar kleine Ortschaften und Raststätten, mehr nicht. Für mich bemisst sich diese Region in Zeiteinheiten: Von A nach B sind es soundso viele Stunden.

Einmal kam ein junges Paar ins Rettungszentrum und sagte: »Wir haben ein totes Känguru unten an der Straße gesehen, in dessen Beutel sich etwas bewegt hat.«

»Haben Sie angehalten?«, fragte ich.

»Nein, wir hatten Angst, das Joey könnte beißen oder kratzen, und dachten, es sei besser, Ihnen Bescheid zu geben.«

»Okay, wo haben Sie das tote Känguru gesehen?«

»In der Nähe von Marla.«

Marla. Fast fünfhundert Kilometer entfernt. Im Outback ist »unten an der Straße« ein dehnbarer Begriff. Die beiden waren also vor ungefähr vier Stunden an einem toten Roo vorbeigekommen; ich würde vier Stunden brauchen, um dorthin zu gelangen. Ergab zusammen acht Stunden. Wie lange hatte das tote Tier mit dem noch lebenden Joey schon dort gelegen, ehe sie es entdeckten? War damit zu rechnen, dass sich inzwischen jemand anders darum gekümmert hatte? Statt ins Auto zu springen, rief ich die Raststätte von Marla an. Dort hatte niemand etwas gesehen oder gehört, und ich hörte anschließend leider auch nichts mehr davon.

Der Erfolg des Rettungszentrums hing nicht zuletzt von möglichst schnellen Kommunikationswegen ab. Auf der Strecke zwischen Alice und dem Uluru gab es nur vier Raststätten mit jeweils ungefähr zehn Beschäftigten, also insgesamt rund vierzig Personen. Dazu kam eine Handvoll

Viehstationen rechts und links der Straße mit ihrer Belegschaft. Damit ich möglichst schnell informiert werden konnte, empfahl es sich, alle diese Leute miteinander zu vernetzen. Angenommen, aus der entlegenen Aborigine-Ortschaft Kintore, fünfhundertdreißig Kilometer westlich von Alice, käme eine Meldung. Was wäre zu tun? Ich würde das dortige Medical Centre anrufen und versuchen in Erfahrung zu bringen, wer in den nächsten Tagen in die Stadt wollte. Zur Eile drängte leider nicht immer nur die Aussicht darauf, ein Tier zu retten. Angenommen, zweihundert Kilometer entfernt würde ein Joey mit gebrochenem Bein gesichtet. In einem solchen Fall würde ich mich auf die Suche nach jemandem machen, der in der Nähe wohnt, vielleicht einem Farmer. Und ich würde ihn bitten, hinzufahren und es zu erlösen. Manchmal ist dies der gnädigere Weg.

Richtig stolz machte mich, dass nunmehr etliche Reiseführer, zehn oder mehr, regelmäßig hinausfuhren und auf den Straßen patrouillierten. Das Rettungszentrum wurde zur Babyklappe. Wir bekamen so viele Joeys, dass wir manche an andere Pfleger weitergeben mussten. Damit hatte ich kein Problem. Als Känguru-Mum muss man auch mit anderen teilen können, denn es ist unmöglich, alles selbst zu machen. Und unvernünftig. Was wäre, wenn ich morgen von einem Bus überfahren würde? Die eigenen Leistungen werden schnell Geschichte; wenn man aber zwanzig Mitarbeiter hat, gibt es berechtigte Hoffnung auf die Zukunft.

Die Aufzucht der Joeys und unser Zentrum nahmen viel Zeit in Anspruch. Gelegentliche Rettungseinsätze führten dazu, dass ich bisweilen rund um die Uhr zu tun hatte. Einer dieser Einsätze ist mir lebhaft in Erinnerung geblieben.

Emma und ich waren in einem DVD-Laden und durchstöberten das Angebot, als ich einen kleinen Schatten hinter meinem Rücken bemerkte. Es war ein Aborigine-Mädchen von ungefähr sechs Jahren. Ich sah sie an, doch sie schaute weg. Gleichwohl folgte sie mir auf Schritt und Tritt. Ich dachte, sie spiele ein Spiel, und sagte: »Hallo.«

»Wir haben ein Kängurubaby bei uns im Camp«, murmelte sie.

»Lebt es bei euch?«

»Nein, wir wollen, dass Sie es zu sich nehmen.«

Ich fragte, wo sich ihr Camp befinde, woraufhin sie mir schüchtern zu verstehen gab, dass ihre Großeltern draußen vor dem Laden warteten. Emma und ich gingen hinaus und sahen einen verbeulten, staubigen Ford Falcon am Straßenrand stehen, die Fahrertür sperrangelweit offen. Die Großeltern saßen vorn, mehrere Personen im Fond. Ich wollte gerade etwas sagen, als mir auffiel, dass rechts neben dem Großvater, der am Steuer saß, ein Bumerang lag. Nicht etwa eine der billigen bunten Attrappen aus einem Souvenirladen, sondern ein solides Teil mit stumpfem Winkel. Eine Jagdwaffe. Direkt daneben lag ein *nulla-nulla*, ein schwerer Knüppel. Ich dachte: *Mit den Typen ist nicht gut Kirschen essen!*

Der Großvater forderte mich auf, ihm in sein Camp zu folgen. Emma begleitete mich. Camps sind Siedlungen von Aborigines, die meist nur aus Häusern bestehen und weitgehend ohne Infrastruktur auskommen müssen. Vor der Einfahrt zu diesem Camp stand ein Schild mit dem Hinweis darauf, dass ein Betreten des Geländes genehmigungspflichtig sei. Ich hielt mich für eingeladen und fuhr weiter. Wir passierten ein paar Hütten, die Weiße als verfallen bezeichnen würden. An die sechs in einer Reihe. Die Fenster waren zerbrochen, und vor den Behausungen verlief ein Maschendrahtzaun von zirka einem halben Meter Höhe, zerrupft und verbogen und an mehreren Stellen von Autos überrollt. Überall lag Abfall, dazwischen hockten Leute auf dem Boden.

Aus einem der Häuser kam ein Mann, über und über behaart, das Hemd halb offen, die Hose zerrissen und die Füße nackt. Er wirkte, als wäre er gerade erst aufgewacht. Er hielt ein Metallrohr von knapp zwei Metern Länge in der Faust, hob es über den Kopf wie einen Speer und rannte auf uns zu. Ich richtete den Blick nach vorn und fuhr weiter, kam aber nicht schnell voran, weil der Großvater, der uns in seinem Wagen anführte, den ersten Gang eingelegt hatte. Umso stärker beschleunigte sich mein Puls. Mach hin, gib Gas! Emma neben mir erstarrte. Der Mann näherte sich bis auf fünf Schritte, wurde aber glücklicherweise von zwei anderen, die wie Türsteher eines Nachtklubs aussahen, zurückgehalten und weggeschafft.

Ich vermute, dass der Mann meinen blauen Kia mit der weißen Aufschrift und den Suchscheinwerfern auf dem Dach mit einem Streifenwagen verwechselt hatte. Cops patrouillierten häufig in Camps wie diesem, weil es dort immer wieder zu Alkoholexzessen, Schlägereien und häuslicher Gewalt kam. Die Polizei war in einer solchen Umgebung nicht wohlgelitten. Ich tat mir wohl selbst keinen

Gefallen damit, in khakifarbener Kleidung herumzulaufen, denn das ist die Farbe der Polizeiuniformen im Northern Territory.

Als wir endlich anhielten, sprangen an die zwanzig kläffende Hunde auf uns zu. Ich warf einen Blick auf Emma. Sie hatte sich von ihrem Schrecken noch nicht erholt und war wie erstarrt vor Angst. Ich wusste nicht weiter, denn auch ich fürchtete mich auszusteigen.

Der Großvater und seine Mitfahrer verließen ihren Wagen. Die Hunde schienen harmlos zu sein. Ich wagte es, die Tür zu öffnen und einen Fuß nach draußen zu setzen. Die Hunde bellten zwar, blieben aber friedlich. Emma riet ich für alle Fälle, im Wagen zu bleiben. Man führte mich zu einem Haus. Auf dem staubigen roten Boden ringsum wuchs kein einziger Grashalm. Mehrere Personen saßen an einer Feuerstelle. Auf dem Rost darüber briet ein Känguru, und nur eine Armlänge entfernt, hingeworfen auf eine Matratze, lag das Kängurubaby. Es war noch unbehaart und konnte sich nicht aus eigener Kraft aufrichten. Ich schätzte sein Alter auf vier Monate. Die Augen wollten sich gerade öffnen.

Diesmal blieb eine Einladung zum Abendessen aus. Ich bedankte mich bei dem Großvater, nahm das Joey und ging. Leider starb es wenig später. Es war wahrscheinlich allzu grob behandelt worden. So traurig sein Tod auch war, ermutigte mich der Umstand, dass man mich um Hilfe gebeten hatte. Das sechsjährige Mädchen war bestimmt nicht in den Laden gekommen, um nach einer DVD zu suchen; ich bezweifelte, dass seine Familie überhaupt einen Fernseher, geschweige denn einen DVD-Player besaß.

Dass sie gezielt mich aufgesucht hatten, tröstete mich bei allem Kummer. Emma reagierte anders. Sie war schockiert von ihrer ersten Bekanntschaft mit den Verhältnissen in einem Camp.

Je länger ich mich in Alice Springs aufhielt, desto deutlicher wurde mir bewusst, dass die Stadt ethnisch und kulturell zweigeteilt ist. An kaum einem anderen Ort Australiens machen wie hier die Aborigines die Hälfte der Bevölkerung aus. Das fällt einem sofort ins Auge, wenn man durch die Straßen geht. Und es ist ein trauriger Anblick, der sich einem vor der traumhaften Bergkulisse im Hintergrund bietet, denn die meisten Aborigines sind arbeitslos und haben nichts zu tun. Früher nur von touristischer Bedeutung, ist Alice Springs heute vor allem ein Verwaltungszentrum für die vielen Siedlungen und Camps der Aborigines in Central Australia. Und das kann, wie ich noch erklären werde, zu Problemen ganz eigener Art führen. In Alice Springs hat wahrscheinlich jeder einen Freund, Bekannten oder Angehörigen, der für die Regierung arbeitet. Wenn man all diese Beamten abzöge, könnte die Stadt wohl dichtmachen.

Meine Fahrten in Camps und Vororte von Alice schockierten mich oft auf die eine oder andere Art. Ich erhielt immer häufiger Hinweise von Leuten, die als Bauarbeiter, Krankenschwestern oder Sozialarbeiter in einem dieser Camps zu tun hatten, nicht selten auch von Bewohnern. Eines Tages erreichte mich ein Anruf:

»Unsere Nachbarn sind nicht gut; sie kommen aus dem Busch. Da haben sie vorher gelebt. Sie haben ein Kängurubaby in ihrem Haus, festgebunden am Küchentisch.«

Es war früher Abend, zu spät, um die Tierschutzorganisation RSPCA (Royal Society for the Prevention of Cruelty to Animals, die »Königliche Gesellschaft zur Verhinderung von Grausamkeit an Tieren«) oder Parks and Wildlife anzurufen. Also machte ich mich selbst auf den Weg. Ich erreichte das Haus, doch es war verschlossen. Ich rief bei der Polizei an. Der diensthabende Beamte meinte, mit einer Streife sei nicht vor dem nächsten Nachmittag zu rechnen. In einer Stadt wie Alice hatten die Cops alle Hände voll zu tun mit menschlichen Gewaltopfern, vor allem in den Abend- und Nachtstunden. Damit war mir aber nicht geholfen. Ich sagte, wenn die Polizei nicht komme, würde ich jetzt ins Haus einbrechen.

»Ist das okay?«, fragte ich.

»Sehen Sie irgendwo ein zerschlagenes Fenster?«

»Ja.«

»Dann ist es okay«, antwortete der Beamte.

Ich hatte bis dahin nicht einmal einen Strafzettel wegen zu schnellen Fahrens bekommen und wollte es mir erst recht nicht angewöhnen, in fremde Häuser einzusteigen. Trotzdem zögerte ich keinen Augenblick. Ich verschaffte mir Zutritt und entdeckte ein älteres Joey, das, wie es schien, schon über die Tragezeit im Beutel hinaus war. Vielleicht aber hatten es seine bisherigen »Pfleger« auch schlichtweg versäumt, ihm einen provisorischen Beutel anzubieten. Ich nahm es mit, machte es sauber und brachte es zu einem anderen Pfleger, weil meine Kapazitäten erschöpft waren. Ich war jedenfalls froh, es an einen sicheren Ort und in die richtigen Hände gegeben zu haben.

Irgendwann meldete sich auch die RSPCA bei mir. Sie

teilten mir mit, Informationen über ein Joey erhalten zu haben, mit dem die Kinder eines Camps spielten. Ich fuhr zur angegebenen Adresse und fand ein völlig heruntergekommenes Haus vor. Sämtliche Fenster waren zerbrochen, Hunde bellten, Kinder kreischten. Auf mein Klopfen hin zeigte sich ein feister Kerl mit Alkoholfahne in der Tür, ungefähr so groß wie ich. Ich fühlte mich ein wenig eingeschüchtert, fasste mir aber ein Herz. »Sie haben angeblich ein Känguru im Haus, mit dem Kinder herumspielen«, sagte ich.

»Ja«, entgegnete er. »Wird mein Sohn sein.«

Einfach so. Weder leugnete er, noch geriet er in Verlegenheit.

»Ich bin gekommen, um das Tier mitzunehmen«, fuhr ich fort.

»Sind Sie von der Polizei?«

»Nein. Ich kümmere mich um das Wohlergehen von Kängurus.«

Er schlug mir die Tür vor der Nase zu. Von drinnen hörte ich Schreie und Gezeter.

Ich ging zurück zum Wagen, in dem Emma auf mich wartete.

»Was hast du jetzt vor?«, fragte sie, als sie sah, dass ich mit leeren Händen ankam.

Ich kochte vor Wut. Wortlos packte ich den Baseballschläger, der auf der Rückbank lag, legte ihn dann aber wieder hin. Gewalttätig zu werden passt einfach nicht zu mir. Allerdings wollte ich auch nicht unverrichteter Dinge wieder abziehen.

Ich nahm einen zweiten Anlauf, klopfte wieder an der

Tür und holte mein Handy aus der Tasche, das ich nur in Notfällen benutzte. Als der Kerl öffnete, drängte ich mich an ihm vorbei ins Haus.

»Ja, Sergeant, ich bin jetzt drin«, sagte ich ins Handy, das gar nicht eingeschaltet war. »Die Adresse lautet …«

Der Typ brüllte nach seinem etwa zehnjährigen Sohn, der mit einem Joey herbeischlurfte. Es war voller Blut.

»Geben Sie mir jetzt das Tier?«, fragte ich. »Ich habe hier die Polizei am Apparat. Wenn Sie mir das Tier nicht aushändigen, wandern Sie ins Gefängnis.«

Vater und Sohn setzten ihren Streit fort. Das kleine Känguru war völlig verschreckt. Der Junge drehte sich um und wollte weggehen. Ich machte mit meinem Scheintelefonat weiter.

»Dann könnten Sie also in zwei Minuten hier sein. Prima.«

Der Vater zerrte seinem Sohn das Joey aus den Armen und reichte es mir. Eine schreckliche Situation in einer fürchterlichen Familie.

Was ich dort erlebt hatte, ging mir noch lange durch den Kopf; ich dachte sogar daran, ein Buch zu schreiben mit dem Titel *Kängurus hassen Bäder.* Alle Joeys, mit denen ich bis zu diesem Zeitpunkt zu tun gehabt hatte – von den lädierten und misshandelten bis hin zu denen, die von Pilzen befallen waren –, veranstalteten ein Riesentheater, wenn ich sie wusch, was normalerweise in einem Spülbecken oder mit dem Gartenschlauch geschah. Mit aller Kraft hatten sie sich dagegen gewehrt. Aber dieser Kleine ließ es sich gern gefallen. »Ah, wie schön«, schien er zu denken. Ich hätte das gepeinigte arme Kerlchen gern selbst aufgezogen, gab es aber einer vorzüglichen Pflegerin an die Hand, die sich rührend darum kümmerte.

Ab und zu begegne ich jenem Vater auf der Straße. Dann frage ich immer: »Haben Sie wieder ein Känguru im Haus?«

»Nein«, antwortet er jedes Mal und schüttelt den Kopf.

»Das ist auch besser so. Wenn mir anderes zu Ohren kommt, wandern Sie ins Kittchen.«

Hoffentlich haben er und sein Sohn dazugelernt. Zumindest werden sie wohl die Information gestreut haben, dass sich ein verrückter Typ für misshandelte Tiere einsetzt und dabei das Risiko eingeht, selbst verdroschen zu werden.

Ich sollte mein Handy bei ähnlichen Gelegenheiten noch öfter als Waffe einsetzen. Eine Frau aus einem Aborigines-Camp, die schon mehrere Joeys gerettet hatte, machte mich auf einen anderen Fall von Tierquälerei aufmerksam. Ich traf auf eine Teenagergruppe mit Gangsterallüren; es wurde geraucht und getrunken, und die Jugendlichen setzten abwechselnd ein junges Kaninchen auf einen Ameisenhaufen. Ein schrecklicher Anblick: Augen und Ohren des kleinen Tieres waren voller Ameisen. Ich ging auf die Jungen zu, baute mich in voller Größe vor ihnen auf, nahm das Kaninchen und kehrte zu meinem Wagen zurück. Als mir die Jungen folgten, zog ich mein Handy aus der Tasche.

»Sergeant, es sind fünf Burschen. Sehen aus wie …«

Von jetzt auf gleich waren sie verschwunden.

Ich nannte das Kaninchen Cadbury nach den Schokoladenosterhasen. Es war ausgesprochen niedlich. Emma und ich kümmerten uns um Cadbury und fütterten es wie unsere Kängurubabys mit der Flasche. Es baute sich eine Kaninchenhöhle in unserem kaputten Ofen und lebte zwei Jahre bei uns.

Tierquälerei machte uns wütend und beschäftigte uns so sehr, dass wir dazu übergingen, uns an öffentlicher Stelle zu beschweren. Mit dem Rettungszentrum wollten wir nunmehr nicht nur auf Unfallopfer hinweisen, sondern auch darüber aufklären, wie man verwaiste Kängurubabys oder andere Jungtiere großzieht. Meist wurden die Joeys von erlegten Kängurus Hunden vorgeworfen oder, weil ihr Fleisch besonders zart ist, älteren Menschen zu essen gegeben. Wer sie jedoch leben lassen wollte, wusste häufig nicht, wie er sie ernähren und unterbringen sollte.

Von offizieller Seite hieß es, der Umgang mit solchen Tieren sei eine Sache »kultureller Praxis«. Man warnte mich, ich solle meine Ansichten lieber für mich behalten. Ich antwortete, es sei wichtig, Kindern aus unserer Region, nicht zuletzt denen der Aborigines, einen alternativen Umgang mit Tieren aufzuzeigen. Würde man Tiere anderenorts in Australien so schlecht behandeln, wären die Zeitungen mit fetten Schlagzeilen zur Stelle. Im entlegenen Alice aber wurden Grausamkeiten allzu häufig geduldet. Wir waren leider nicht mehr im Blickfeld der Öffentlichkeit.

Ich konnte den Kindern keinen Vorwurf machen, denn sie wussten es nicht besser. Aber das Argument, dass sie es ihren Eltern und Großeltern gleichtäten und dass das so seine Richtigkeit habe, mochte mir nicht einleuchten. Irgendwann musste mit dieser Tradition Schluss gemacht werden. Schließlich lebten wir im einundzwanzigsten Jahrhundert. Tiere bejagen und töten, nun ja, von mir aus. Aber war es nicht an der Zeit, damit aufzuhören, Joeys wie Spielzeuge zu behandeln?

Suchte ich nach einem Beweis für die positive Wirkung, die das Zentrum ausüben konnte, brauchte ich mir nur die Begegnungen mit einer speziellen Gruppe von Kids vor Augen zu führen, die in der Stadt berühmt-berüchtigt waren. Kleine Flegel, die Autos mit Steinen bewarfen, Schaufensterscheiben zerschlugen und bis in die frühen Morgenstunden auf ihren BMX-Rädern herumkurvten. Viele von ihnen kamen aus zerrütteten Familien, so dass es für sie auch nicht besser gewesen wäre, die Nächte zu Hause zu verbringen. Ich spreche von Kindern im Alter zwischen fünf und sieben Jahren.

Eines Tages kreuzten sie vor dem Zentrum auf und fingen an, mich vor den Touristen zu beschimpfen. Was sie im Einzelnen sagten, wiederhole ich lieber nicht. Jedenfalls wurde die Situation so peinlich, dass ich etwas tun musste. Ich bat Emma, ein paar Dosen Cola zu besorgen.

»Wer von euch möchte was trinken?«, fragte ich die Jungen.

Alle Hände gingen in die Höhe. Sechs Dosen wurden verteilt, dann unterhielt ich mich weiter mit den Touristen. Plötzlich schnorrte mich einer der Jungen um fünf Dollar an. »Nein«, antwortete ich und wandte mich wieder den Touristen zu. Der Junge reagierte garstig. Ich ging auf ihn zu und riss ihm die Coladose aus der Hand.

»So redest du nicht mit mir«, sagte ich.

Er entschuldigte sich tatsächlich. Also gab ich ihm die Dose zurück.

In den nächsten Wochen kamen die Kids mehrere Male ins Zentrum. Wir hatten weiterhin unsere Auseinandersetzungen; zum Beispiel versuchte ein Junge, etwas von dem Schmuck zu stehlen, den wir verkauften, um Geld für unsere Joeys zusammenzukriegen. Aber die Probleme mit ihnen wurden weniger. Sie öffneten sich uns und brachten Dinge zur Sprache, von denen mich einige sehr traurig stimmten.

»Geht ihr manchmal auf die Jagd?«, fragte ich.

»Nee, unser Alter ist immer besoffen. Er nimmt uns nie mit.«

Wir entwickelten ein gutes Verhältnis zueinander, das gefestigt wurde, als eines der Kinder irgendwann mit einem Joey kam, dessen Mutter vom Vater und dem Onkel des Jungen in der Nacht zuvor geschossen worden war. Er brachte es in einem Kissenbezug und war sehr stolz auf sich, wie Emma und ich auf ihn.

Das Baby Kangaroo Rescue Centre machte von sich reden. Manchmal auf seltsame Art und Weise. Ich nahm ungezählte Anrufe entgegen. Zwei, die uns an ein und demselben Abend erreichten, waren beispiellos. Der erste kam um halb neun. Es meldete sich ein Mitarbeiter des Nachtklubs im Melanka-Hostel und sagte, eine Aborigines-Familie habe ein Joey an einer abseits gelegenen Straße gefunden und bei uns abzugeben versucht; weil aber niemand da gewesen sei, hätten sie es in der Bar nebenan hinterlassen. Ich ging sofort rüber und wurde von ohrenbetäubender Musik und blitzenden Partylichtern begrüßt. Ein Pinkie hing in einem Kissenbezug unter den Zapfhähnen. Es war in einem üblen Zustand, unterkühlt und entkräftet, und atmete kaum noch. Gerade war ich mit ihm zu Hause angekommen, da klingelte erneut das Telefon. Der Anrufer war kaum zu verstehen, so laut dröhnte die Musik im Hintergrund. Wieder der Nachtklub.

»Wir haben ein Kängurubaby für euch«, sagte die Barfrau.

»Das habe ich gerade abgeholt.«

»Nein, ein zweites.«

Aus dem Beutel eines Muttertiers, das bei einem Verkehrsunfall ums Leben gekommen war, hatte man ein sehr kleines, nur wenige Monate altes Joey gezogen. Leider starben beide Babys innerhalb von nur vierundzwanzig Stunden. Ich hätte mir für diese ungewöhnliche Geschichte ein glücklicheres Ende gewünscht.

Ein anderes Mal bekam ich einen Anruf vom Krankenhaus. Ein Mann und ein Kind waren dort erschienen mit der Bitte um Hilfe für ein Joey, das eine Schussverletzung hatte. Die beiden kamen aus einem entlegenen Camp und wussten nichts von Tierärzten. Für sie war es darum das Nächstliegende, ein verletztes Tier ins Krankenhaus zu bringen.

Für mich war es weniger wichtig, wie ein Joey zu uns fand, Hauptsache, es fand überhaupt zu uns. Und es waren nicht nur Joeys. Einmal wurde uns ein stacheliger Ameisenigel gebracht, den man auf dem Parkplatz des Krankenhauses gefunden hatte, fernab vom Busch, was äußerst ungewöhnlich war. Ameisenigel haben sehr scharfe Krallen, mit denen sie Termitenhügel aufreißen können. Zur Veranschaulichung: In Tipperary habe ich, um die Zieleinrichtung meines Gewehrs zu justieren, auf einen Termitenhügel geschossen, mit einem großkalibrigen Geschoss, das darin stecken blieb. Seien Sie versichert, Ameisenigel sind sehr kräftig und aus diesem Grund auch wahre Ausreißkünstler. Sie klettern über Mauern oder graben sich unter Hindernissen hindurch. Aus einem Pappkarton haben sie sich im Handumdrehen befreit, und ich glaube, deshalb ist das Tier auf dem Krankenhausparkplatz gelandet. Bei Aborigines gilt der Ameisenigel als Delikatesse. Wahrscheinlich hatte man dieses Exemplar irgendwo im Busch gefangen und in einem Auto weggeschafft, das dann, aus welchen Gründen auch immer, vor dem Krankenhaus haltgemacht hatte. In Abwesenheit des Fahrers war das Tier vielleicht durch ein heruntergekurbeltes Fenster entkommen.

Sogar vom anderen Ende Australiens erhielt ich eine Nachricht. Touristen, die das Rettungszentrum besucht hatten, riefen mich aus dem Osten an und meldeten mir, dass sie einen Wombat gerettet hatten. Was Emma und ich taten, zog Kreise, größere als anfangs erhofft, und das machte uns sehr glücklich.

Die Joeys blieben jedoch im Mittelpunkt unseres Interesses. Drei von denen, die uns anvertraut wurden, inspirierten mich besonders, mehr für diese Tiere zu tun, die ich so sehr lieben gelernt hatte.

Kapitel 11

2007 wurden insgesamt fünfundsiebzig Joeys ins Baby Kangaroo Rescue Centre gebracht. Ein Blick in die Unterlagen erinnert an Höhen und Tiefen:

Name: Suzanne
Aufgefunden/gerettet: aus dem Beutel eines Unfallopfers, geborgen von einem Reiseleiter.
Zustand bei Ankunft: Pinkie, Augen und Ohren geschlossen.
Eingewöhnung: gefüttert alle neunzig Minuten, Verdauung okay.
Nach zwei Tagen Nahrungsaufnahme sporadisch. Nach fünf Tagen gestorben.

Name: Dave
Aufgefunden/gerettet: am Jay Jay Creek; Mutter von Jägern erschossen.
Zustand bei Ankunft: dehydriert, sonst in guter Verfassung.
Eingewöhnung: in Gesellschaft von gleichaltrigen Joeys gut eingelebt.

Name: Courtney
Aufgefunden/gerettet: am Rand einer Schotterpiste, auf eigenen Beinen stehend.

Zustand bei Ankunft: unterkühlt, geschwächt, dehydriert. Schmutz in Nase, Ohren, am ganzen Körper.
Eingewöhnung: stündlich gefüttert, noch am selben Abend gestorben.

Die Liste ist lang. Uluru, schwach und verdreckt, untergewichtig, Vernarbungen, verklebtes Fell … Scratch, aufgefunden im Beutel eines Verkehrsopfers, bedroht von Keilschwänzen … Blocker, wurde auf dem Todd-Mall-Markt von einem Ureinwohner zum Kauf angeboten, von der Polizei zu uns gebracht … Noah, offene Fraktur am Unterschenkel, musste eingeschläfert werden … Mitch, gerettet vom Fahrer des Wagens, der seine Mutter überrollt hatte … Bouncer, von einer Aborigines-Familie bei der RSPCA abgegeben, auf ärztlichen Rat eingeschläfert.

Fünfundsiebzig Joeys. Es gab viel zu tun. Die meisten Pfleglinge waren verwaist durch die Jagd, was ich nicht erwartet hatte. Mein Aufklärungsprogramm drehte sich immer noch fast ausschließlich um Opfer von Straßenverkehrsunfällen, zumal einem die Behörden nahezu unüberwindbare Hindernisse in den Weg stellten, wenn unsere Jagdkultur betroffen war. In einer Gesprächsrunde, zu der das für Nationalparks und Wildtiere zuständige Ministerium eingeladen hatte, wurde ich daran erinnert, dass es zur traditionellen Kultur gehöre, mit Joeys zu spielen. Man unterstellte mir, ich wolle Aborigines »runtermachen«. Nichts lag mir ferner. Ich wusste, dass die Aborigines genau wie ich das Outback liebten und respektierten, und wollte ihnen und den Tieren, die sie hielten, helfen. Ich

Hier halte ich eine Schildkröte – verkehrt herum! Es kostete mich Jahre tierpflegerischer Erfahrung, zu lernen, wie man Tiere richtig herum hält.

Melvin, meine Elster. Damals konnte ich natürlich noch nicht ahnen, dass ich später ein Leben als Mum führen sollte.

Jo Jo, das Westliche Graue Riesenkänguru. Nicht mehr im Beutel, aber immer noch verschmust. Sie war meine erste Roo-Erfahrung. Mein erstes Skippy.

Mein »Fels«, meine Familie. Mum, Dad und mein Bruder Ron waren immer für mich da und sind immer stolz auf mich.

Mit diesen uralten und in ihren Bewegungen sehr langsamen Galapagosschildkröten zu arbeiten war eine erstaunliche Erfahrung. Was für ein Privileg.

Ich bin stolz auf meinen Kamel-Transporter. Es war der Beginn dessen, wovon ich immer wusste, dass ich genau das wollte – einer Einrichtung zur Rettung von Kängurubabys.

Elisabeth, meine Roo-Tochter, in einem Kissenbezug im Dekor der Australien-Flagge.

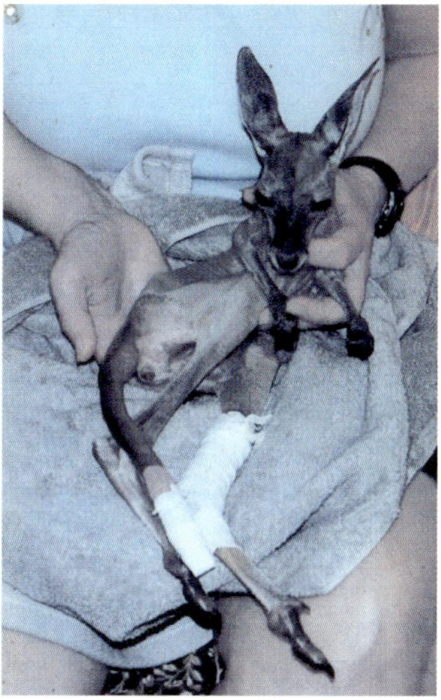

Palau mit Verbänden. Adler hatten sie bei lebendigem Leib zu verspeisen versucht. Sie war meine Inspiration für die Einrichtung des Kängurubaby-Rettungszentrums.

Archie, 2005 in seinem Kopfkissenbezug, wird gekuschelt.

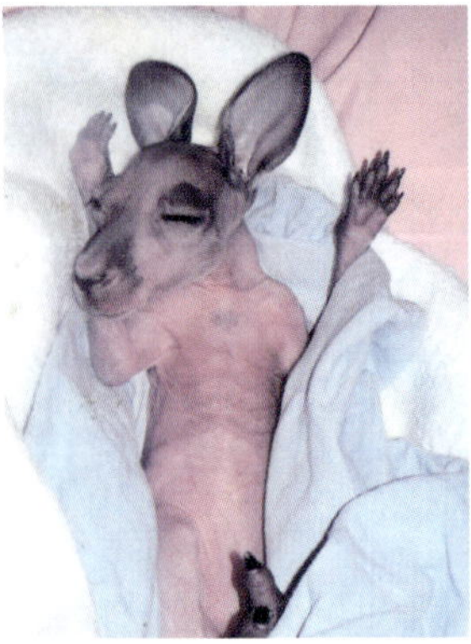

Ned Kelly, einen Monat nachdem er als Pinkie zu mir kam, inzwischen gesund und glücklich. Seine Augen öffnen sich, und er sieht mich zum ersten Mal.

Bei einem Freund auf einer Grillparty. Die Kids mussten mit. Sie hängen neben dem Pool ab: Jimmy, Jo Jo, Brianna und Ned Kelly.

In Ausübung der sauren Pflicht, ein Unfallopfer von der Straße zu ziehen. Daran werde ich mich nie gewöhnen.

Polly, Ian, Jack und Stevie 2007.

Roger, Elli und Abi wurden zusammen großgezogen in der Absicht, sie im Busch freizulassen.

Eine Hütte mit vier Wänden zu haben war reiner Luxus, denn die Hütte, in der ich vorher wohnte, hatte nur drei Wände.

Meine Hütte mit einem alten Ofen, in dem ich Holz verbrenne.

Mein Schlafzimmer samt Küche für vier Jahre.

Abi döst in der Sonne – ein Känguru lässt es sich in seinem Bett wohl sein.

Ella und Joey Nigel baden in der warmen Morgensonne.

Im Bademantel an einem kalten Morgen besteche ich Ella mit einer Möhre, um einen Blick in ihren Beutel werfen zu können.

Wieder einmal nehme ich vor Roger Reißaus.

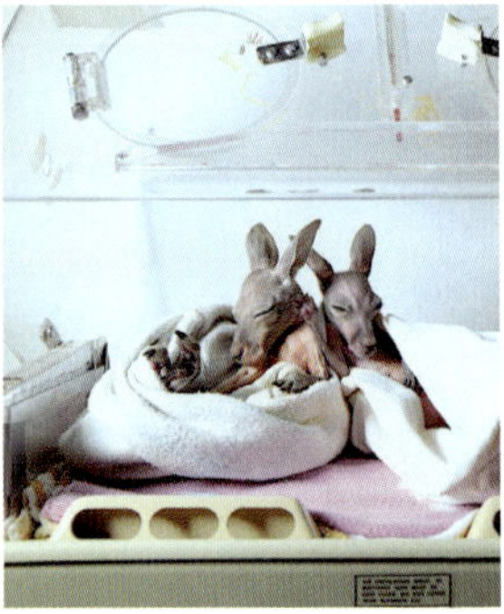

Zwei Pinkies im Brutkasten.

Mein gutmütiger, ruhiger Rex genießt einen Ausflug von seinem Beutel.

Rex und Ruby werden gefüttert und lassen sich ihre Milch schmecken.

Mit einem meiner »Babys«.

Rex und Ruby mit mir bei Tahnee, nachdem sich eine Giftschlange unter mein Bett verirrt hatte. Ein prima Vorwand, um zu Tahnee zu fahren.

Ich mit meinem Rudel.

William genießt sein Frühstück in der Morgensonne.

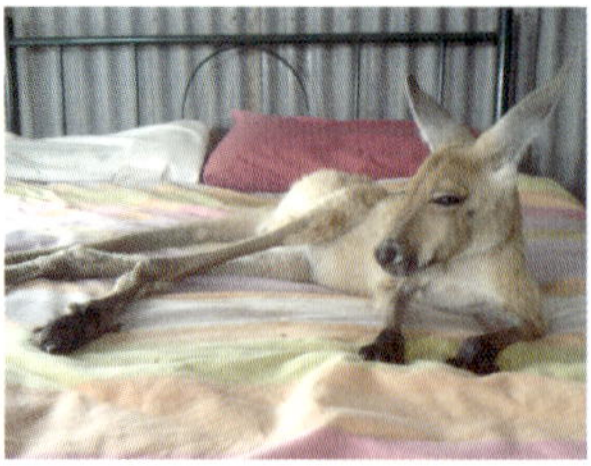

Puppy hat mein Bett für sich entdeckt.

Mit Tahnee fühle ich mich so wohl wie in meiner Roo-Familie. Hier füttern wir Keith und Puppy.

Keith und ich tauschen einen Kuss, der uns verbindet wie eine Mum und ihr Joey.

Ich nach einem Tag voller Arbeit vor einem dieser langweiligen Sonnenuntergänge. Wie hält man so was aus?

Meine Zeit … Mußestunden in der Familie.

Abi und Puppy begleiten mich hüpfend.

wünschte mir eine gute Lösung für alle, war aber Realist und wusste, dass es nicht leicht sein würde.

Ich hielt weiter meine Vorträge im Zentrum, patrouillierte auf den Straßen und kümmerte mich um die Joeys. Es wurden so viele bei uns abgegeben, dass ich die meisten von ihnen anderen, mit uns vernetzten Pflegern überlassen musste, die einen fantastischen Job machten.

Emma und ich hatten zu dieser Zeit drei Joeys in Pflege. Am 17. März 2007 rettete ich kurz nach Mittag ein vier Monate altes Jungtier, dessen Mutter von einem Auto überrollt worden war, ein Pinkie mit Schnurrhaaren und Augenwimpern, männlichen Geschlechts. Seine Augen hatten sich gerade geöffnet, und die großen abstehenden Ohren waren knapp unterhalb der Spitzen eingeknickt. Als ich den Kleinen das erste Mal sah, sagte ich spontan zu Emma: »Er sieht ein bisschen aus wie Roger Rabbit.« Er war dehydriert, erholte sich aber schnell und legte tüchtig zu. Bald hatte er sich zu einem knuffigen kleinen Burschen mit gut ausgebildeten Muskeln gemausert, einem richtigen Hingucker. Sein Name? Nun, er musste natürlich Roger heißen.

Am 5. April wurde uns ein viereinhalb Monate altes Jungtier aus dem Beutel eines Verkehrsunfallopfers gebracht. Ein kleines Weibchen. Es war völlig ausgetrocknet und verwirrt. Füße und Hände waren wund gescheuert. Wir hatten ihm noch keinen Namen gegeben, als uns ein oder zwei Tage später ein Paar mit einer dreijährigen Tochter im Zentrum besuchte. Es stellte sich heraus, dass sie aus Perth kamen und in der Nähe meiner Eltern wohnten.

»Wie heißt du?«, fragte ich das Mädchen.

»Abigail.«

Perfekt.

»Hättest du etwas dagegen, wenn wir dieses kleine Joey nach dir benennen?«

Natürlich nicht. Sie war begeistert.

Das Joey Abigail hieß bald nur noch Abi. Wie Roger sprach sie gut auf die regelmäßige Fütterung an, und sie freundete sich sofort mit ihrem neuen Nachbarn an, als wir die beiden in ihren gepolsterten Kissenbezügen nebeneinanderhängten. Ich hatte gelernt, dass zwei Joeys nie zusammen in einen Beutel gesteckt werden sollten, da sie sich dann gegenseitig an den Kopf traten, aber in einzelnen Beuteln und trotzdem nahe beieinander genossen sie die Gesellschaft und Wärme des anderen.

Sechs Wochen später, am 24. Mai, bekamen wir Zuwachs, von dem wir nicht erwarteten, dass er lange bei uns bleiben würde. Nicht selten wurden uns sehr, sehr kranke Joeys anvertraut, die husteten und keuchten und völlig geschwächt waren. Auch wenn es kaum Hoffnung für sie gab, nahm ich sie auf und versuchte, sie vom Tierarzt retten zu lassen, vorausgesetzt, er war im Dienst und für uns zu sprechen. Andernfalls tat ich für das Baby alles, was in meiner Macht stand, auch wenn ich instinktiv wusste, dass es sich aufgegeben hatte. Es gab auch solche Kleinen, die, obwohl sie in einem erbärmlichen Zustand waren, bis zuletzt um ihr Leben kämpften, bis ihre Kraft erschöpft war und sich ihre Augen immer langsamer öffneten und schlossen. In solchen Fällen blieb mir nur eines: sie zu halten, Haut an Haut, stundenlang, wenn es sein musste; ich wiegte sie, redete mit ihnen oder harrte einfach nur reglos mit ihnen aus. Die Hauptsache – und das Einzige, was ich tun konnte – war, bei ihnen zu sein, denn sie hatten es nicht verdient, einsam und allein zu sterben. Kurz bevor der Tod eintritt, ruft jedes Baby ein letztes Mal nach seiner Mum. Es ruft und ruft und scheidet dahin. In diesem Moment, der immer sehr schwer für mich ist, bin ich wenigstens ein warmer atmender Körper für das Baby, das nicht allein in einem Kissenbezug am Türknauf hängen muss.

Auch von dem Joey, das am 24. Mai gegen Mittag zu uns kam, glaubte ich, dass es nicht mehr lange leben würde. Ein Sozialarbeiter hatte es in einem Aborigines-Camp entdeckt und erfahren, dass seine Mutter von Jägern erlegt worden war. Bei kühler Witterung hatte es in einem dünnen Kissenbezug aus Baumwolle gesteckt, ohne eine Decke oder eine Wärmequelle. Ich rief Emma an, die sich in der Stadt aufhielt.

»Ich komme und kümmere mich darum«, sagte sie.

»Ich fürchte, es hat nicht mehr lang«, erwiderte ich.

Emma freute sich über jedes neue Baby, auch wenn es sehr krank war. Als sie kurze Zeit später ins Zentrum zurückkehrte, war unser schwächlicher Neuankömmling noch am Leben. Etwa fünf Monate alt und erst von einem zarten, dünnen Haarkleid bedeckt, war das kleine Weibchen stark unterkühlt und dehydriert, und es schien einen gebrochenen Knöchel zu haben. Wie ein neugeborenes Baby konnte es seinen Kopf nicht halten. Emma steckte es sich unter ihr Oberteil und zog sich in einen Nebenraum zurück, während ich mich weiter um unsere Besucher im Zentrum kümmerte. Alle halbe Stunde warf ich einen

Blick durch die Tür. Emma sagte jedes Mal: »Ja, es lebt noch.«

Am Nachmittag fuhren wir mit der Kleinen zu Keith, dem befreundeten Tierarzt, der seine Praxis bald schließen und sich auf einer Farm zur Ruhe setzen wollte. Er war mir immer eine große Hilfe, nicht zuletzt dank seiner ehrlich-nüchternen Art, denn er hielt mit den Kosten und Chancen für ein Tier nie hinterm Berg. Und er wusste am besten, wann es geraten war, ein Joey einzuschläfern.

Er untersuchte unser Baby. Es atmete so tief und rasselnd wie ein von Asthma geplagtes Kind. Offenbar litt es unter einer schweren Lungenentzündung, und obwohl es sich normalerweise nicht empfahl, ein so junges Tier mit einem Antibiotikum zu behandeln, blieb uns nichts anderes übrig. Es war zwar teuer, aber ich musste diesem kleinen Mädchen eine Chance geben. Andere Pfleger wären mit ihm, wie ich wusste, wegen der Kosten nicht zum Tierarzt gegangen, doch ich hätte mir ein solches Versäumnis nicht verziehen.

Keith schaute sich als Nächstes die Verletzung an. Statt in einer Linie mit dem Bein ausgerichtet zu sein, zeigte die Fußspitze deutlich nach rechts. Keith tippte auf eine verrutschte Wachstumsfuge am Sprunggelenk. Er legte einen Verband an und sagte, das werde sich von selbst richten. Ob die kleine Patientin aber wieder vollständig gesund werde, bleibe fraglich.

Wir nahmen sie mit nach Hause. Emma kümmerte sich die ganze Nacht über und während der folgenden Tage und Nächte rührend um sie. Die Kleine kämpfte. Sie war schwach, hatte aber einen Kampfgeist wie Ned Kelly und wurde langsam kräftiger. Wir nannten sie Ella, weil wir den Namen einfach schön fanden.

Nach ein paar Wochen durfte sie mit Roger und Abi kuscheln. Ein Dreierpack in jeweils eigenen Beuteln. Ella und Abi kamen sich besonders nah. Sie schmiegten sich aneinander, und es gab keinerlei Reibereien zwischen ihnen.

Keith untersuchte Ella in regelmäßigen Abständen. »Ja, sie entwickelt sich gut«, sagte er. »Der Fuß sollte weiterhin bandagiert werden. Seht zu, dass er immer schön gerade steht.«

Von den Joeys besaß Abi den stärksten Charakter. Sobald sie sicher auf ihren Hinterbeinen stehen konnte, machte sie es sich zur Gewohnheit, mich und Emma nach Rugby-Manier zu tackeln. Sie sprang uns in die Kniekehlen und verlangte, dass wir mit ihr schmusten. Wenn Emma auf dem Boden saß und in ihr Notizbuch schrieb, kam Abi und zog sie an den Haaren wie ein kleines ungezogenes Kind, das Streit suchte. Mit ihrem cremefarbenen Fellkleid hob sie sich deutlich von den anderen ab. Weibchen sind meist grau, während Männchen rötlich wie der Boden in Central Australia sein können.

Roger, Ella und Abi hatten einen Job wie alle Kängurus, die bei uns lebten. Sie arbeiteten als meine Assistenten für das Zentrum. Damals war es Besuchern erlaubt, sie auf den Arm zu nehmen. Sie fühlten sich bald sehr wohl und kamen auch miteinander gut zurecht, was bei fast allen Joeys der Fall zu sein scheint. Bei weiterhin guter Entwicklung würden sie in spätestens einem Jahr wieder im Busch sein.

Emma und ich waren bei Thomas ausgezogen und lebten nun auf einem zwei Hektar großen Gelände am Rand der Stadt. Es war nicht so romantisch, wie es klingen mag. Unsere Unterkunft war eine sechzig Quadratmeter große Hütte, für die wir hundertzwanzig Dollar in der Woche an Miete zahlten. Sie gehörte Peter, einem hart arbeitenden Mann, der sich allein um seine drei heranwachsenden Kinder kümmern musste, seit seine Frau an Krebs gestorben war. Ich vermute, eine junge Frau aus England zu Besuch in Down Under hätte mehr Komfort erwartet, aber Emma war sehr entspannt. Als meine Lebensgefährtin besaß sie inzwischen eine Arbeitserlaubnis. Sie jobbte als Rezeptionistin in einem Hotel und bei einer Reiseagentur, was ihr sehr guttat. Sie war vierzehn Jahre jünger als ich und brauchte Zeit, um herauszufinden, was sie mit ihrem Leben anstellen wollte. Meine Aussichten blieben dieselben: Ich wollte mich um verwaiste Joeys kümmern und ihnen zum erfolgreichen Sprung in die Freiheit verhelfen. Dass Emma mich dabei unterstützte, war großartig.

Finanziell waren wir immer noch klamm, und wir lebten wahrhaftig nicht auf großem Fuß. Trotz unseres begrenzten Budgets reichten die Einnahmen aus dem Zentrum so weit hin, dass ich Peter bat, mir zusätzlich eine seiner Pferdekoppeln für dreißig Dollar pro Woche zu vermieten.

»Ich würde gern ein Kängurugehege einrichten«, erklärte ich ihm.

Ohne mit der Wimper zu zucken, antwortete er: »Kein Problem.«

Ich steckte eine Fläche von der Größe eines Tennisplatzes ab, errichtete einen zweieinhalb Meter hohen Zaun aus Materialien von der Müllkippe und verkleidete ihn von außen mit schwarzer Kunststofffolie als Sichtschutz. Die Folie sollte verhindern, dass Räuber wie Dingos ins Gehege blicken konnten und dass sich Kängurus an den Anblick von draußen entlangstreunenden Hunden gewöhnten. Mit einem zusätzlichen elektrischen Weidezaun mit Maschendraht darunter versuchte ich, Dingos und Hunde auf Abstand zu halten.

Ein so großes Gehege hatte ich noch nie gebaut, und ich war sehr stolz darauf. Roger, Abi und Ella nutzten es als Erste. Sie waren jetzt von der Flasche entwöhnt und mussten den nächsten Schritt in die Freiheit wagen.

Außerdem hatte das Gehege den Zweck, dass Emma und ich uns von unseren Schützlingen fernhielten. Vorbei waren die Zeiten, da wir sie mit der Hand fütterten oder sie zur Nacht in warme Decken einpackten. Diesen Abnabelungsprozess hatten wir schon ein ums andere Mal mit anderen Joeys vollzogen. Die Freude am engen Kontakt wurde allmählich ersetzt durch die Zufriedenheit, dass unsere Aufzucht erfolgreich gewesen war. So wie Eltern von Menschenbabys mussten auch wir, der zwei Meter große Känguru-Dad und seine Freundin, unsere Kinder irgendwann einmal loslassen.

Die Joeys kamen also ins Gehege und hatten fortan fast keinen Kontakt mehr zu Menschen, auch nicht zu uns. Ich zeigte mich nur hin und wieder, um zu sehen, wie sie auf mich reagierten. Zu wünschen war, dass sie vor mir zurückscheuten. Und das taten Roger, Abi und Ella schließlich. Anfangs kamen sie auf mich zu, insbesondere Abi.

Um ihnen die gewohnte Nähe zu Menschen abzutrainieren, hielt ich sie mit einem Besen auf Abstand oder trat ihnen Staub ins Gesicht, nicht um ihnen weh zu tun, sondern damit sie vor mir Reißaus nahmen.

Während Roger, Abi und Ella ihre natürlichen Instinkte neu entdeckten, musste ich einen geeigneten Ort finden, um sie in die Freiheit zu entlassen. Parks and Wildlife hatte mir bereits zu verstehen gegeben, dass ihre Gebiete nicht in Frage kämen. Andererseits konnte ich meine Schützlinge nicht einfach mitten in der Wüste aussetzen. Ich suchte die ganze Umgebung nach einem passenden Habitat für sie ab. Ideal wäre eine jener riesigen Rinderfarmen, die sich über fünftausend Quadratkilometer Buschland erstreckten.

Ich fand eine solche Farm nicht weit von Alice. Ihr Eigentümer war sehr aufgeschlossen für mein Vorhaben. Gemeinsam machten wir eine gute Stelle für die Freilassung in der Nähe eines Wasserloches ausfindig.

Es war Ende 2007. Roger, Abi und Ella lebten seit drei Monaten im Gehege. Sooft ich mich ihnen zeigte, gingen meine Kinder auf Abstand zu mir. Die Zeit für den nächsten Schritt schien gekommen zu sein. Ich meldete mich bei Parks and Wildlife, die meine Kängurus vor ihrer Freilassung untersuchen und ihr Verhalten begutachten mussten. Ein Ranger kam. Als er das Gehege betrat, ergriffen unsere Roos die Flucht.

»Ja, sie können zurück.«

Ich legte mir drei große Beutel für den Transport zurecht. Die drei waren inzwischen an die vierzehn Monate alt, siebzig bis achtzig Zentimeter groß und rund fünfzehn Kilo schwer, Jungtiere, die bald erwachsen sein würden.

Nur noch wenige Tage bis zur Freilassung. Alles war vorbereitet. Emma und ich gönnten uns einen freien Abend und gingen aus – wir folgten, wenn ich mich recht erinnere, irgendeiner Einladung, die wir nicht ausschlagen konnten. Mir war nicht wohl dabei; irgendetwas hielt mich zurück, doch am Ende sagte ich mir: *Sei nicht albern, es sind doch nur ein paar Stunden, die du weg bist.* Nach Einbruch der Dunkelheit blieb ich normalerweise lieber zu Hause, weil ich mich für meine Tiere verantwortlich fühlte und in der Nähe sein wollte, falls Hunde oder Dingos ums Gehege herumschlichen.

Als ich am nächsten Morgen nach den Tieren sah, standen sie dicht beieinander und regten sich nicht. Vorsichtig betrat ich das Gehege. Die Roos rückten von mir ab. Langsam. Alle drei lahmten. Ich rief Emma. Sie kam sofort aus der Hütte herbeigerannt. Zusammen gingen wir auf unsere Tiere zu, unsere Kinder, die uns nun nicht mehr auszuweichen versuchten. Ich dachte, womöglich hätten sich alle drei eine Muskelzerrung zugezogen oder Probleme mit den Gelenken. Wir untersuchten Ella als Erste. Sie war so benommen, dass wir sie hochheben konnten.

»Oh, mein Gott!«, stöhnte Emma.

Die Sohlen und Fersen von Ellas Füßen waren aufgerissen. Es sah schrecklich aus, als hätte sie sich verbrannt. Wir untersuchten die Füße der beiden anderen. Mit demselben Ergebnis. Unter den Sohlen kam rohes Fleisch zum Vorschein. Ich dachte sofort: *Man wird die armen Tiere erschießen. Sie können sich nicht mehr bewegen.*

Wir riefen Katie an, die Wildtierärztin der Stadt, mit

der wir uns inzwischen angefreundet hatten. Der Gedanke an die Kosten schoss mir durch den Kopf. Ich war viel zu knapp bei Kasse. Wie sollte ich die Rechnung bezahlen? Ein Arztbesuch würde mindestens hundert Dollar kosten. *Sei's drum*, dachte ich, *irgendwie werde ich das Geld schon auftreiben*. Roger, Abi und Ella mussten unverzüglich behandelt werden.

Wir trugen die Tiere in den Garten hinter unserer Hütte. Alle drei wehrten sich. Wir hatten sie zur Unabhängigkeit erzogen, und nun mussten sie sich diese Übergriffe gefallen lassen. Katie meinte, sie würden sich wieder erholen, was aber Zeit und Geld erforderte. Allein die Spezialpflaster für die Wunden kosteten neun Dollar das Stück und mussten alle zwei Tage gewechselt werden. Für die Tiere wäre es eine Qual und für mich finanziell kaum verkraftbar.

Wir brachten Roger, Abi und Ella zurück ins Gehege, wo ich nach Hinweisen suchte, was geschehen sein mochte. Aus irgendeinem Grund schienen die Tiere in Panik geraten zu sein. Vor dem Zaun fand ich die Erklärung: jede Menge Abdrücke von Hundepfoten. Wo waren die Streuner nur hergekommen? Wir hatten neue Nachbarn, Viehzüchter, die auf eine der umliegenden Farmen gezogen waren. Wahrscheinlich gehörten die Hunde zu ihnen. Es stellte sich heraus, dass in unserer Abwesenheit eins ihrer Rinder auf unser Gelände gelangt war und dass die Nachbarn die Hunde losgeschickt hatten, um es zurückzutreiben. Die hatten Witterung von unseren Roos aufgenommen und sie in Angst und Schrecken versetzt, indem sie bellend um das Gehege herumgerannt waren. Später waren, wie wir hörten, Mitarbeiter der Farm gekommen, die ihre Peitschen knallen ließen, was die Roos zusätzlich verschreckte. Sie waren kreuz und quer durch das Gehege gestoben und darin gefangen gewesen. Schrecklich. Es war alles meine Schuld. Wäre ich an dem Abend nicht ausgegangen, hätte ich die Hunde aufhalten können. Ich war unglücklich und wütend auf mich.

Zu diesem Zeitpunkt planten wir eine Reise nach England. Emmas Vater, der für eine Fluggesellschaft arbeitete, hatte uns Freitickets zukommen lassen. Emma war anderthalb Jahre nicht mehr zu Hause gewesen und freute sich darauf, mich ihren Eltern vorzustellen. Ich hatte Bedenken gehabt, das Zentrum zu schließen, willigte aber schließlich in die Reise ein, zumal ich mir selbst eine Abwechslung wünschte. Vor unserer Abreise hätten Roger, Abi und Ella eigentlich auf freiem Fuß sein sollen.

Das Unglück verkomplizierte unsere Vorbereitungen. Bis zum Abflug blieben uns noch sechs Wochen, in denen ich nichts anderes tun konnte, als abzuwarten und auf das Beste zu hoffen. Alle zwei Tage fingen wir die Roos ein, untersuchten die Verletzungen und wechselten die Verbände, was im Laufe eines Monats schnell zur Routine wurde.

Alle drei Patienten machten gute Fortschritte. Die Füße waren verheilt, aber noch empfindlich, die schwarze Lederhaut noch nicht vollständig wiederhergestellt. Trotzdem konnte ich beruhigt ins Flugzeug steigen, da sich unsere Freunde Jo und Terry bereit erklärt hatten, sich während der drei Wochen unserer Abwesenheit um die Tiere zu kümmern. Die Verbände mussten inzwischen nur noch einmal in der Woche gewechselt werden. Dass Jo früher als Sanitäter gearbeitet hatte, schadete sicherlich nicht. Doch selbst auf der anderen Seite der Erde gingen mir die drei nicht aus dem Kopf, und es drängten sich immer wieder die gleichen Fragen auf: *Was geschieht mit ihnen, wenn sie nicht freigelassen werden können? Wo könnte ich sie halten, wenn sie erwachsen sind? Und selbst wenn es mir gelänge, weiterhin für sie zu sorgen, was würde das für das Zentrum bedeuten?* Parks and Wildlife hatte beschlossen, dass ich künftig nur acht Roos gleichzeitig halten dürfe – also nur fünf Joeys neben meinen verletzten Teenagern. Auf all die vielen Fragen wusste ich keine Antworten. Vielleicht ließen sich Roger, Abi und Ella in einem Zoo oder Wildpark unterbringen. Und wenn nicht? Nach geltendem Landesrecht müssten sie getötet werden. Darum sah ich sie, womöglich allzu pessimistisch, bereits in der Todeszelle.

Kapitel 12

Unmittelbar nach meiner Rückkehr aus England rief mich überraschenderweise ein alter Kollege von Adventure Tours an.

»Hey, Brolga. Ich habe dich mitten in Sydney auf einem Plakat gesehen. Am Martin Place. Mann, wow, ich konnte es kaum fassen. Erklär mir das! Tolles Bild übrigens.«

»Ich weiß nicht, wovon du redest. Du musst mich mit jemandem verwechseln.«

»Nein, glaub mir. Der auf dem Plakat bist du.«

Ungefähr eine Stunde nach dem Anruf ging ich meine E-Mails durch und stieß auf die Nachricht eines Reiseleiters aus Melbourne, der mir auch gleich ein Foto mitgeschickt hatte. Und tatsächlich, auf einer Plakatwand am Bahnhof war unverkennbar ich in einem blauen Unterhemd und mit einem Akubra-Hut auf dem Kopf zu sehen, im Arm ein Joey.

Plötzlich fiel es mir wieder ein. An einem Tag im Jahr 2007 waren ein Fotograf und eine junge Frau im Rettungszentrum aufgekreuzt. Sie fragten mich, ob ich Interesse daran hätte, für Bonds Modell zu stehen, eine australische Textilmarke, bekannt für Unterwäsche. Sie sagten, es sei für eine gute Sache; man sammle online Geld zugunsten von Surf Life Saving, der australischen Lebensrettungsgesellschaft. Für jemanden, der in der Wüste lebt, mag sie nicht besonders relevant sein, aber ich komme aus Perth. Ich weiß, dass die ehrenamtlichen Mitarbeiter von Surf Life Saving ihr eigenes Leben aufs Spiel setzen, um andere zu retten.

»Klar, mache ich gern. Kein Problem«, hatte ich zu den beiden gesagt.

Sie wollten mir eine Dose Milch abkaufen, die ich im Zentrum zum Spaß anbot. Wer zwanzig Dollar lockermachte, durfte seinen Namen oder eine kurze Mitteilung mit Filzstift auf den Deckel einer Milchdose schreiben, den ich dann an die Wand hängte. Die Wand war inzwischen voll davon, und es baute mich immer wieder auf, die Botschaften wie »Alles Gute«, »Mit den besten Wünschen« oder dergleichen zu lesen.

Dann machten sie noch jede Menge Aufnahmen von mir mit einem Joey namens Polly im Arm. Ich unterschrieb ein Stück Papier, wir schüttelten einander die Hände, sie gingen, und ich vergaß das Ganze. Etliche Monate später war ich mit Polly in den beiden größten Städten Australiens auf Plakatwänden zu sehen. Ich hatte mich doch einverstanden erklärt, oder? Ich rief meinen Onkel Kevin an, der für eine Werbeagentur in Perth arbeitete. Er vermutete, dass ich mich mit meiner Unterschrift nicht nur mit der Online-Spendenaktion für einen wohltätigen Zweck einverstanden erklärt hatte, sondern mit mehr. Ich meldete mich daraufhin bei Bonds und wurde weitergeleitet an die für die Kampagne verantwortliche Agentur. Es stellte sich heraus, dass ich einfach nur vergessen hatte, dass mich meine beiden Besucher darüber aufgeklärt hatten, dass die Fotos möglicherweise auch für Werbezwecke verwendet werden könnten.

Ich war von den Socken. Die Aktion brachte nicht nur jede Menge Geld ein für die Lebensrettungsgesellschaft Australiens, sie machte auch eine hinreißend aussehende Polly bei einem in die Hunderttausende gehenden Publikum bekannt, und das konnte nur gut für uns sein. Manch einer würde von ihr angetan sein und mehr über Joeys in Erfahrung bringen wollen, was vielleicht irgendwann einmal dazu führen würde, dass er das eine oder andere Baby rettete. Und die Sache hatte noch einen Nutzen: Mir wurde frei Haus ein Paket voller Unterwäsche geliefert. Was will man mehr? Ich trug meine Geschenke mit Stolz. Geglaubt haben mir wohl die wenigsten, wenn ich auf die Frage »Wie viel hat man dir für die Aufnahmen bezahlt? Waren doch bestimmt ein paar Riesen, oder?« wahrheitsgemäß antwortete:

»Nein, ein Paket Unterwäsche.«

Aber von bester Qualität!

Leider erreichten mich bald darauf schlechte Nachrichten, und ein Wettlauf gegen die Zeit begann. Wir waren erst eine Woche aus England zurück, als ich erfuhr, dass der Gebäudekomplex des Backpacker-Hostels in Melanka verkauft werden sollte. Der neue Besitzer plante, alles abzureißen. Ich war entsetzt. Das Baby Kangaroo Rescue Centre sollte dem Erdboden gleichgemacht werden, alles, wofür ich so hart gearbeitet hatte, unter die Räder eines Bulldozers geraten. Mir blieben nur zwei Wochen, um meine Sachen zu packen.

Statt das Zentrum nach unserem Urlaub wieder zu öffnen, suchte ich nach einer neuen Unterkunft. Ich traf gleich auf mehrere knallharte Geschäftsleute: »Da hätte ich was für Sie. Kostet Sie tausend Dollar die Woche.« Ich aber brauchte etwas sehr viel Preisgünstigeres, zumal ich von meinen Besuchern weiterhin nur fünf Dollar Eintritt verlangen wollte. An Profit war ich nicht interessiert. Der Ertrag lag für mich darin, möglichst viele Leute als potentielle Retter zu gewinnen. Diese Sichtweise war allerdings ziemlich naiv, wie ich im Nachhinein gestehen muss, denn ich hatte Ausgaben, musste selbst über die Runden kommen und natürlich auch Steuern zahlen. Das beste Angebot machte mir ein Hoteleigner, der wie Darren vom Melanka-Hostel das Potential der Joeys als Lockvögel für Touristen erkannte. Voller guter Absichten führte er mich an den Rand seines Grundstücks und zeigte mir eine Stelle, die ich mietfrei hätte nutzen können. Unmittelbar daneben standen dampfende Kessel mit heißem Wasser für die Wäscherei. Ich bedankte mich, schlug aber sein Angebot aus.

Über mehrere Wochen putzte ich Klinken, telefonierte und fragte herum. Ich hatte sogar den flüchtigen Gedanken, mit einem Joey im Geschäftsviertel als Straßenmusiker aufzutreten und um Spenden zu bitten. Mit einem Portfolio voller Zeitungsinterviews, die ich gegeben hatte, sprach ich bei Ämtern vor. Schließlich hatte ich Werbung für Alice Springs gemacht. Doch das interessierte offenbar niemanden. Ich versuchte alles, erreichte aber kaum etwas. Es war sehr frustrierend, aber auch lehrreich: Business ist Business, das heißt, man gibt nichts umsonst aus der Hand und unterlässt es tunlichst, Mitbewerber aufzufordern, zu einem in Konkurrenz zu treten.

Als hätte ich nicht schon genug Ärger mit dem Zentrum, machten mir auch noch Roger, Abi und Ella Kopfschmerzen. Sie erholten sich zwar weiterhin gut, schienen aber an unserer Fürsorge Gefallen zu finden und suchten wieder den Kontakt zu uns Menschen, insbesondere Abi und Ella. Für Kängurus kommt irgendwann der Punkt, an dem es kein Zurück mehr gibt, auch wenn physisch alles dafür spricht, sie im Busch auszusetzen. Darum richtet man für sie eine Übergangsphase von rund einem halben Jahr in einem Freilaufgehege ein. Lässt ein junges Känguru in dieser Zeit erkennen, dass es keine Unabhängigkeit anstrebt, wird es nicht freigelassen. Und dieses Szenario wurde immer wahrscheinlicher im Fall von Roger, Abi und Ella.

Meine schlimmsten Befürchtungen bestätigten sich, als im März 2008 ein Ranger von Parks and Wildlife auftauchte, unsere drei Zöglinge in Augenschein nahm und erklärte, dass sie nicht geeignet für ein freies Leben im Busch seien. Die Todeszelle war plötzlich harsche Wirklichkeit. Wenn es mir nicht gelänge, sie in einem Wildpark unterzubringen, würden sie aller Wahrscheinlichkeit nach getötet werden. Ich biss die Zähne zusammen und rief Dutzende Parks und Zoos an, um ihnen unsere drei anzudienen. Die Chance, im Lotto zu gewinnen, wäre wahrscheinlich größer gewesen als die, irgendwo auf Interesse zu stoßen. Wer brauchte schon mehr Roos?

Mein Spruch war immer gleich: »Guten Tag. Ich habe drei junge Kängurus, ein Männchen und zwei Weibchen, zahm, in guter Verfassung. Könnten Sie sie bei sich unterbringen?«

Am anderen Ende der Leitung war dann meist ein Seufzen zu hören. »Tut mir leid, dafür fehlt uns der Platz. Könnten Sie uns vielleicht welche abnehmen?«

Mir fielen solche Anrufe schwer, zumal ich unsere drei nicht wirklich an einen Wildpark abtreten wollte. Sie würden sich dort mit fünfzig Artgenossen ein enges Gehege teilen müssen und von Hand gefüttert werden. Ich wollte, dass Roger, Abi und Ella möglichst wild lebten. Ich griff eine Idee wieder auf, die mir in England gekommen war, obwohl sie mir wie ein fantastischer Traum vorkam und nicht wie eine reale Möglichkeit. Sie knüpfte an meine Zeit in Tipperary an, wo die Wallabys den Nashörnern zwischen den Füßen herumgehüpft waren. Freilaufglück pur.

»Wir sollten ein Tierheim aufmachen«, sagte ich zu Emma.

Ich dachte an Ned Kelly. Unter keinen Umständen sollte noch ein Känguru, das ich großgezogen hatte, ein solches Schicksal erleiden wie er. Also setzte ich mich mit Parks and Wildlife in Verbindung und stellte meinen Plan vor. Sie waren natürlich skeptisch, hatten aber Verständnis für meine Situation und ließen mir ein halbes Jahr Zeit für die Ausarbeitung eines stichhaltigen Konzepts. Und wenn ich nichts zustande brächte? Nun, darüber wollte ich lieber nicht nachdenken.

Das Timing hätte nicht ungünstiger sein können. Kein Baby Kangaroo Rescue Centre mehr. Und kein Einkommen. Mein Bankkonto war überzogen. Ob ich einen Kredit bekommen könnte? Nicht einmal für einen Hamburger. Trotz allem erklärte ich Emma, dass wir ein Konzept ausarbeiten müssten. Ich wollte ein Tierheim gründen, und es musste irgendwie möglich sein, diesen Plan in die Tat umzusetzen.

Meinen Berechnungen zufolge benötigte ich dazu hundertfünfzigtausend Dollar. Mum und Dad hatten immer gesagt: »Wenn du finanzielle Hilfe brauchst, wende dich an uns. Wir haben selbst nicht viel, werden aber helfen, wo wir können.« Ich mochte sie trotzdem nicht fragen. Sie hatten ihr Lebtag hart gearbeitet und verdienten finanzielle Sicherheit anstatt eines erwachsenen Sohnes in Geldnöten.

Hundertfünfzigtausend Dollar. Woher nehmen? Nebenbei musste ich Geld verdienen, um meine Miete zahlen und Lebensmittel kaufen zu können. Ich fand diverse Jobs, sammelte Dosen, reinigte Busse und füllte bei Woolworth Regale auf. Immer in Nachtschicht, denn ich hatte wieder Joeys und musste mich, was deren Pflege anging, mit Emma absprechen, die ebenfalls arbeitete.

Der Lohn von den Teilzeitjobs würde zur Gründung eines Tierheims natürlich nie ausreichen. Normalerweise hätte ich mir keine Sorgen um das liebe Geld gemacht und sogar in Kauf genommen, unter freiem Himmel zu schlafen, wenn ich für meine Miete nicht hätte aufkommen können. Für eine junge Frau, die an modernen Komfort gewöhnt war, wäre eine sternenklare Nacht im Schlafsack vielleicht ganz charmant. Aber auf Dauer? Wie dem auch sei, wir kamen halbwegs über die Runden, doch damit wollte ich mich nun nicht mehr begnügen.

Während ich mir noch den Kopf darüber zerbrach, wie ich aus der Misere herauskommen könnte, meldete sich eine französische Fernsehjournalistin bei mir, die ein Nachrichtenmagazin produzierte, dessen Format in etwa dem von *60 Minutes* entsprach. Sie sagte, sie habe von mir in einer Reisezeitschrift gelesen.

»Wir würden gern eine Story über Sie und das Baby Kangaroo Rescue Centre machen. Wäre das möglich?«

»Yeah, fantastisch«, antwortete ich.

Es gab nur ein Problem. Das Baby Kangaroo Rescue Centre existierte nicht mehr. Aber die großartige Gelegenheit, die sich mir hier bot, sollte wegen einer solchen Nebensächlichkeit nicht ungenutzt verstreichen.

Ich nahm Urlaub von meinem Job bei Woolworth und stellte mich dem Fernsehteam zehn Tage zur Verfügung. Es war toll, obwohl ich glaube, dass wir den Leuten nichts vormachen konnten mit unserer als Rettungszentrum ausgegebenen Hütte. Wir hatten sogar ein paar Freunde engagiert, die als interessierte Touristen auftraten. Glücklicherweise schienen die Fernsehleute keinen Anstoß an unserer Inszenierung zu nehmen. Für sie war es nur wichtig, Kängurus in der Wildnis zu filmen, ohne dass im Hintergrund Zäune zu sehen waren. Wir unternahmen ein paar Versuche im Busch, aber die Tiere rannten weg, ehe wir sie vor die Linse bekamen. Ein Grund mehr für mich, darüber nachzudenken, wie mein Tierheim aufgebaut sein sollte. Wie auch immer, Produzentin und Crew schienen mit dem Material zufrieden zu sein. Das Ergebnis sah großartig aus. Leider verstand ich kein Wort, aber es war komisch, mich mit synchronisierter Stimme zu hören.

Die Filmarbeiten lenkten mich von meinen Problemen ab. Als es damit vorbei war, sah ich wieder die Uhr für meine drei ältesten Roos ablaufen. Während ich über meine Möglichkeiten nachsann, setzte ich die Suche nach einem neuen Ort für das Rettungszentrum fort. Ohne jeglichen Erfolg.

Ich fand einfach keinen geeigneten Grund und Boden für ein Tierasyl. Die wenigen Flecken, die in Frage kamen, gehörten entweder dem Staat oder irgendeiner Organisation der Aborigines. Alles andere war größtenteils in Privatbesitz. Dann aber hatte ich Glück: Ungefähr fünfzehn Autominuten von Alice entfernt entdeckte ich ein sandiges Überschwemmungsgebiet mit natürlichem Grasbewuchs und dichten Akazienhainen. Gutes Känguruland. Es war mir allerdings viel zu groß, denn ich rechnete höchstens mit vierzig Hektar. Trotzdem nahm ich Kontakt mit dem Eigentümer auf, der sich meinem Vorhaben gegenüber durchaus aufgeschlossen zeigte. Während der folgenden Wochen besuchte ich das Gelände immer wieder und träumte davon, ein Freigehege anzulegen und eine kleine Hütte zu bauen. Die Wirklichkeit holte mich aber schnell wieder ein. Allein die Jahrespacht, die der Eigentümer verlangte, belief sich auf die Hälfte dessen, was das Zentrum im Jahr eingebracht hatte.

Bald aber wähnte ich mich wieder im Glück. Die Tourismusbehörde startete eine Initiative mit dem Ziel, mehr Besucher nach Central Australia zu locken, und wollte einzelne Projekte, die zu diesem Zweck entwickelt wurden, mit jeweils zwanzigtausend Dollar fördern. Ich fühlte mich direkt angesprochen. Ich hatte drei Kängurus und die Aussicht auf ein Stück Land und war überzeugt davon, dass ich dies im Sinne der Geldgeber sinnvoll würde nutzen können. Es wäre zumindest ein Anfang, der seine Eigendynamik entfalten würde. Mit Emmas Hilfe stellte ich ein Portfolio zusammen aus allen Interviews, die ich gegeben hatte: für Reisemagazine, Zeitungen, Greenpeace und Fernsehredaktionen – insgesamt über zwei Dutzend. Dann vereinbarte ich einen Termin mit der zuständigen Abteilung und machte mich, als es so weit war, nervös und voller Hoffnung auf den Weg. Bevor ich Gelegenheit hatte, meinen Antrag vorzustellen, sagte ein Sachbearbeiter zu mir: »Aber Sie sind doch kein Ureinwohner.«

»Ich weiß.«

»Die Fördermittel sind nur für Aborigines.«

»Aber in der Ausschreibung steht etwas anderes«, entgegnete ich. »Darin heißt es lediglich: ›Aborigines werden ausdrücklich ermutigt, Anträge zu stellen.‹«

Der Sachbearbeiter erklärte mir, dass man den Text so formuliert habe, um Vorwürfe der Diskriminierung zu vermeiden. Ich wollte protestieren, hielt mich aber zurück. Mein Gegenüber traf keine Schuld, und ich war machtlos. Ein Riesenreinfall.

Ein Freund von mir, ein Aborigine, der sich schon mehrere Male erfolgreich um öffentliche Fördermittel bemüht hatte, schlug mir wenig später eine Scheinpartnerschaft vor; er werde für mich Anträge auf Unterstützung einreichen. Ich ließ mir sein Angebot durch den Kopf gehen, besprach es mit Emma und entschied mich schließlich aus moralischen Gründen dagegen. Die staatlichen Beihilfen waren für Benachteiligte gedacht, und obwohl ich bettelarm war, gehörte ich dieser Kategorie nicht an. Mein Freund meinte es gut mit mir, aber tief im Inneren wusste ich, dass ich mit einer solchen Täuschung nicht würde leben können. Andere hätten den Konflikt vielleicht anders gelöst und auf das Prinzip der Gleichbehandlung gepocht. Aber ich hatte genug Armut, Arbeitslosigkeit, Alkoholismus und Gewalt gesehen und wusste um zahllose Gruppen und Gemeinschaften, die Hilfe so bitter nötig hatten, dass es sich einfach nicht gehörte, ihnen diese Hilfe streitig zu machen.

Die Zeit verging, und Roger, Abi und Ella wurden größer und kräftiger. Ihre Verletzungen waren fast vollständig verheilt, doch in Sachen Domestizierung hatten sie den kritischen Punkt überschritten. Abi und Ella waren wieder so zahm wie früher, und was Roger betraf … Als ich eines Tages im Gehege auf ihn zukam, jagte er mich bis zum Tor zurück. Anfangs dachte ich, er mache Spaß, doch wenig später attackierte er mich wie ein Rugbyspieler. Er reichte mir zwar nur bis zur Hüfte, war aber ungemein kräftig und entschlossen. Einmal richtete er sich wie ein Kickboxer vor mir auf. Ich kehrte ihm den Rücken zu und ging. Er folgte mir bis zum Ausgang. Kaum war ich draußen, setzte er sich auf seinen Schwanz und rüttelte am Tor, während ich das Vorhängeschloss verriegelte. Ein anderes Mal begrüßte er mich, wieder in Kampfposition, mit Schnalzlauten, die ich noch nie von ihm gehört hatte. »Bist du bereit zum Kampf, Freundchen?«, schien er zu fragen. Ich wandte mich von ihm ab, um nach den Mädchen zu sehen. Er folgte mir, setzte sich auf den Schwanz und schnalzte. Als ich wieder auf den Ausgang zusteuerte, spürte ich ihn dicht hinter mir. Dann zupfte er mich am Hemd, packte mich und fing an, mit mir zu ringen. Es war ihm ernst. Ich stieß ihn von mir und rannte nach draußen.

Rums! Roger trat mit voller Wucht gegen das Tor. In dem Moment war mir klar, dass ich ein Problem hatte.

Der rosafarbene Winzling, den ich aus dem Beutel seiner toten Mutter geholt hatte, war nach gut zwanzig Monaten zu einem jungen Mann herangewachsen, der seine Aggressionen nicht auf die übliche Weise abreagieren konnte. In der Wildnis hätte er sich mit seinen Rivalen gemessen. Hier im Gehege musste ich als Prügelknabe herhalten. Und ich war eine unmittelbare Bedrohung für ihn, da er Abi und Ella nun als seine Frauen ansah, die er beschützen musste. Eines Nachmittags, ich hatte ihm den Rücken zugedreht, versetzte er mir einen mächtigen Tritt in den Hintern.

Zu allem Übel fing er auch noch an zu beißen. Es tat ganz schön weh, wenn er mir seine Zähne in den Arm oder in die Hüfte schlug, und ich trug manche Wunde davon. Sooft ich das Gehege betrat, insbesondere wenn ich nach den Mädchen sehen wollte, musste ich mir Roger vom Hals halten, womit ich ihn aber unwillkürlich zum Kampf herausforderte. Ich nahm dann häufig hinter einem Baum Deckung, was dazu führte, dass Roger mit mir Fangen spielte. Mir blieb dann nur noch eins: so schnell wie möglich das Weite zu suchen.

Roger war nicht mehr das freundliche Joey. Er wurde immer rüder. Bis es mir zu bunt wurde und ich mich ihm gegenüber als das dominante Männchen aufspielte. Ich ließ mich auf eine seiner Attacken ein und demonstrierte Überlegenheit, indem ich ihn niederrang und seine Arme festhielt. Aber ich spürte auch seine Stärke und ahnte, dass er mir bald Paroli bieten würde.

Die Zeit lief uns davon. Mir krampfte sich der Magen zusammen bei der Vorstellung, Roger, Abi und Ella könnten erschossen werden. Das durfte ich nicht zulassen. Zu meiner Überraschung schien es nach dem verstrichenen Halbjahr, dass ich der Einzige war, der auf den Kalender starrte, denn Parks and Wildlife ließ nichts von sich hören. Ich nahm mir vor, wenn sie dann doch anrufen sollten, einfach nicht ans Telefon zu gehen oder notfalls so zu tun, als sei ich auf Reisen. Jedenfalls wollte ich auf Zeit spielen.

Wie sich herausstellte, war das nicht nötig.

TEIL III

Ein Stück Paradies

Kapitel 13

Ross, der jüngste Bruder meiner Mutter, war ein ganz außergewöhnlicher Mensch. Er arbeitete viele Jahre für das Bildungs- und das Justizministerium von Western Australia, interessierte sich für Politik, spielte so gut Klavier, dass er gelegentlich in Pubs auftrat, und ließ manchmal Menschen bei sich wohnen, denen es weniger gut ging. Er hat nie ein Auto besessen. Wenn Uncle Ross uns früher, als ich Kind war, besuchte, fuhr er mit dem Rad zum nächsten Bahnhof, gönnte sich ein paar Stationen mit dem Zug und radelte den Rest. Er legte fast alle Strecken mit seinem Fahrrad zurück.

Uncle Ross war nie verheiratet und lebte die meiste Zeit als Erwachsener in demselben schönen Haus, das an die hundert Jahre alt war. Im Unterschied zu einigen seiner Nachbarn – Yuppies, die ihre Häuser renovierten und luxuriös ausstatteten – ließ Ross seine Umgebung mit sich altern, selbst die Kletterranken, die das ganze Haus überwucherten. Im Haus gab es kaum eine Wand, die nicht mit Bücherregalen zugestellt war. Bücher leisteten ihm Gesellschaft, und wenn er sich mit jemandem unterhielt, kam er immer wieder auf seine Lektüre zu sprechen. Seine Interessen waren breit gefächert: Geschichte, Sport, Musik, Religion. Ein Zimmer nannte er seinen »West Australia Room«; darin bewahrte er Erinnerungsstücke und Nachschlagewerke über seinen Heimatstaat auf. Er forschte unermüdlich und sammelte Zeitungsartikel, die er mit Randnotizen versah und in die Bücher legte. Zu seinen kostbarsten Schätzen gehörten handschriftliche Berichte von Spielen seines geliebten East Perth Football Clubs. Außerdem führte er Tagebuch, und zwar in Chiffren, die nur er verstand. Wie gesagt, mein Onkel war ein außergewöhnlicher Mensch.

Ich liebte ihn. Er wusste eine Unmenge von Geschichten zu erzählen und war mir, als ich älter wurde, ein Freund auf Augenhöhe. Oft zogen wir gemeinsam durch die Kneipen. Wann immer ich während meiner Zeit im Pearl Coast Zoo, in Darwin oder in Tipperary Urlaub in Perth machte, brannte ich darauf, ihn zu sehen. Er nahm sich dann immer einen Tag frei, wir gingen in ein Pub, rauchten, tranken Bier und tauschten uns aus. Uncle Ross war nicht der Onkel, mit dem man sich gepflegt über schickliche Themen unterhielt. Er nahm kein Blatt vor den Mund, kam von sich aus auf lebensnahe Dinge zu sprechen, auf persönliche Erfahrungen und das, was er in seinen prägenden Jahren getan hatte. Ich wusste seine Sicht der Dinge sehr zu schätzen.

Eines seiner Lieblingsthemen war der Busch.

»Was gefällt dir daran?«, fragte er mich.

»Die Abgeschiedenheit. Keiner weiß, wo ich bin und was ich treibe. Das ist Freiheit.«

»Das gefällt mir am Leben in der Stadt«, antwortete Uncle Ross. »In ihr kann man sich verlieren und völlig anonym bleiben.«

Ich wusste auf Anhieb nicht, was er damit meinte. Im

Gedränge der Stadt blieb es nach meiner Erfahrung nicht aus, dass man früher oder später von irgendjemandem erkannt wurde. Inzwischen ist mir klar: Egal, wo man sich aufhält, man braucht immer Zeit mit sich allein, um glücklich zu sein.

Dass Uncle Ross gern trank und rauchte, forderte seinen Preis. Mit Mitte fünfzig ging es mit seiner Gesundheit rapide bergab. Ich besuchte ihn und sah, dass er nicht auf der Höhe war, ahnte aber nicht, wie ernst es um ihn stand.

Ein paar Monate später wurden Emma und ich zu einem toten Känguru gerufen, das in Stadtnähe von einem Fahrzeug erfasst worden war. Als ich es von der Straße ins Gebüsch zog, klingelte mein Handy.

»Könntest du bitte rangehen?«, bat ich Emma und hob meine beschmutzten Hände in die Höhe.

»Klar, Augenblick.«

Sie nahm den Anruf entgegen, und ich fragte stumm mit den Lippen: Wer ist dran?

Sie zuckte mit den Achseln und schüttelte den Kopf.

Obwohl ich noch Blut an den Händen hatte, griff ich zum Handy und hörte am anderen Ende eine schwache, krächzende Stimme. Uncle Ross. Er rief an, um mir zu sagen, dass er nicht mehr lange zu leben habe.

»Ach was, es wird dir bald wieder bessergehen«, versuchte ich abzuwiegeln.

Er widersprach und erklärte, dass er Krebs im Endstadium habe. Dann bat er mich, ihm zuzuhören. Er sagte, dass er von Mum gehört habe, mit welchen Problemen ich zu kämpfen hätte. Obwohl ich stets versucht hatte, meine Eltern mit meinen Sorgen zu verschonen, war während unserer wöchentlichen Telefonate sonntagmorgens wohl doch einiges angeklungen. Uncle Ross sagte, er bewundere, was ich täte, und wünschte mir viel Glück. Es war ein unwirklicher Moment. Hier stand ich, an einer Straße im Outback, mit Kängurublut an den Händen und verabschiedete mich von einem geliebten Menschen an einem über dreitausend Kilometer entfernten Ort. Sonderbar. Dann räusperte sich Uncle Ross. »Ich vermache dir hundertzehntausend Dollar. Verwende sie, wie du es für sinnvoll erachtest. Kauf dir ein Auto oder spare auf ein Haus. Lass es dir gutgehen.«

Ich war sprachlos.

Uncle Ross sagte, dass er auch dem Katzenheim, für das er sich schon seit langem starkgemacht hatte, etwas Geld hinterlassen werde wie der Fred Hollows Foundation, einer Stiftung des verstorbenen Augenarztes Fred Hollows, dessen Kliniken schon viele Tausend Menschen in Entwicklungsländern vor dem Erblinden bewahrt hatten.

Ich bedankte mich und erklärte ihm, wie ich sein Geld verwenden würde. Nicht für ein Haus, geschweige denn für ein neues Auto, denn der Spaß an elektrischen Fensterhebern hätte sich bald abgenutzt. Was ich wirklich wollte, sei ein Tierheim für meine Kängurus, und das könnte ich nun dank seiner Zuwendung einrichten. Uncle Ross sagte, es freue ihn, helfen zu können.

Nach dem Anruf empfand ich eine seltsame Mischung aus Leere, Traurigkeit und Erleichterung. Natürlich hätte ich meinem Onkel ein langes, gesundes Leben gewünscht. Besonders leid tat es mir für meine Mum, die ihren Bruder verlieren würde. Und nun sollte ich, der ich seit Jahren von der Hand in den Mund lebte, plötzlich zu Geld kommen? Ich konnte es kaum fassen.

Auf der Rückfahrt in die Stadt dachte ich nur: *Wow, es wird doch noch was mit dem Tierheim, mein Traum wird wahr.*

Uncle Ross starb wenig später, am 26. Oktober 2008. Ich flog nach Perth zu meinen Eltern. Auch mein Bruder Ron war da. Am offenen Sarg nahmen wir Abschied von unserem Onkel. Er sah aus, als schliefe er, mit sich und der Welt im Frieden. Ich berührte seine Hand und hoffte, dass er stolz auf mich und mit der Verwendung des Erbes einverstanden sein würde. Auf diese Weise bedankte ich mich noch einmal bei ihm.

Wenige Tage vor seinem Tod hatte er meiner Mutter eine Erklärung diktiert, die ich zu seiner Beisetzung verlesen sollte. Ich erzählte den Trauergästen, dass Uncle Ross als kleines Kind zu Füßen seiner Mutter, meiner Oma Lady Callaway, gehockt und ein Ohr ans Klavier gepresst habe, wenn sie sein Lieblingsstück, die »Träumerei« von Robert Schumann, spielte. An diesem Stück habe er sein ganzes Leben lang Freude gehabt, und es sei ihm in den letzten Tagen ein Trost gewesen, zumal in der Aussicht darauf, bald wieder mit seinen Eltern vereint zu sein. Zum Abschluss der Trauerfeier erklang eine Aufnahme des Stücks. Ich habe mir nie etwas aus klassischer Musik gemacht, aber die »Träumerei« bedeutet mir sehr viel, aus dem genannten Grund wie auch aus anderen, auf die ich noch zu sprechen kommen werde.

Bei aller Trauer wusste ich, dass Uncle Ross gewollt hätte, dass ich an meinen Plänen für das Tierheim festhielt. Als Erstes kontaktierte ich den Eigentümer des Grundstücks, auf das ich es abgesehen hatte, und erklärte ihm, dass ich bereit sei, mit ihm ins Geschäft zu kommen.

»Schön, zeigen Sie mir, welchen Teil Sie wollen, und ich lasse ihn dann taxieren«, erwiderte er.

Es kostete mich eine Woche, viel länger als erwartet, weil ich mich durch einen dichten Akazienwald schlagen musste, der mir die Sicht nahm. Die Maße schritt ich ohne Hilfsmittel ab. Ich wollte vierzig Hektar. Der Gutachter maß nach und kam auf sechsunddreißig Hektar. Meine Schätzung war also recht gut ausgefallen. Der Eigentümer nannte mir seinen Pachtzins. Ich war einverstanden, zählte ihm die Summe für drei Monate auf den Tisch, unterschrieb den Pachtvertrag und setzte mich sofort mit Parks and Wildlife in Verbindung. An meiner gültigen Genehmigung musste nur eine Klausel gestrichen werden, die mich verpflichtete, erwachsene und gesunde Tiere in die Freiheit zu entlassen. Von Rechts wegen war ich nun Tierpfleger und -halter. Damit erfüllte ich die Voraussetzungen, meinen eigenen kleinen Känguruzoo zu betreiben. Ich durfte ihn sowohl der Öffentlichkeit zugänglich machen als auch mich im Privaten um Joeys kümmern. Nach all den Streitereien mit Behörden war es ein großartiges Gefühl, nun mit amtlichen Vollmachten ausgestattet zu sein.

Es folgte der nächste Schritt. Das Freigehege musste eingezäunt werden. Wie sollte ich das anstellen, ohne Erfahrung mit Konstruktionen in dieser Größenordnung?

Ich kam mir vor wie ein Kind, das bislang allenfalls Häuser aus Legosteinen gebaut hatte und nun einen ausgewachsenen Flugzeugträger zusammensetzen sollte. Wo anfangen?

Ich schaute mir den Flughafen von Alice Springs mit dem längsten und stabilsten Zaun weit und breit an. Welche Art von Maschendraht war verwendet worden? Welche Pfosten? Anschließend begutachtete ich auch noch den Zaun des städtischen Friedhofs und diejenigen im Industriegebiet. Für mich sahen sie alle ziemlich gleich aus, aber mir war schnell klar, dass es diesmal nicht genügen würde, einen zusammengestoppelten Zaun auf eine Pferdekoppel zu stellen. Die Ausmaße des Projekts schüchterten mich ein bisschen ein.

Ich wusste, dass ich es nicht allein würde bewerkstelligen können, und fragte zwei Freunde, die sich förmlich überschlugen, mir zu helfen. Der eine war mein bester Freund, Thomas, der Farmer, bei dem ich gewohnt hatte, der andere Shorty, ein leichtlebiger Reiseführer und Mann vom Fach. Thomas erklärte sich bereit, mir in seiner Freizeit zu helfen, und für Shorty gab es keinerlei Einschränkungen.

»Yeah, nur keine Panik. Ich tu's nicht für dich. Ich zeig dir nur, wie's geht, und dann könnte es sein, dass ich auch mal Hand anlege. Das wird schon.«

Die versprochene Unterstützung gab mir neuen Schwung und Zuversicht. Die hatte ich durchaus nötig, weil andere Freunde über mein Vorhaben den Kopf schüttelten. Für sie war ich nur der schrullige Typ, der sich zufällig für Kängurus interessierte. Im Unterschied zu Thomas und

Shorty ahnten sie nichts von der Leidenschaft und Entschlossenheit, die dahintersteckten. Die beiden wollten mir helfen, weil sie wussten, wie viel mir das Tierheim bedeutete.

Es würde noch eine Weile dauern, bis mir Uncle Ross' Erbe zur Verfügung stünde. Außerdem musste ich mich um meine Roos kümmern. Emma und ich hatten alle Hände voll zu tun. Und es waren diesmal nicht Roger, Abi und Ella, die unsere Aufmerksamkeit verlangten.

Kapitel 14

Es war, und ist immer noch, der schlimmste Fall von Tierquälerei, den ich je miterleben musste. Ende 2008 wurde uns ein weibliches Jungtier gebracht – von einem Mann und einer Frau, die, wenn es nach mir ginge, niemals hätten Eltern werden dürfen. Sie hatten das erbarmungswürdige kleine Joey zwei Wochen lang in Pflege gehabt und es ihren Kindern offenbar zum Spielen überlassen.

Es war mit einem dünnen Fell überzogen und hätte mit seinen fünf Monaten dem Alter nach in der Lage sein sollen, sich aus eigener Kraft aufrecht zu halten, was ihm aber nicht gelang. Es war schrecklich zu sehen, wie es immer wieder umkippte. Das Kleine war bis auf die Knochen abgemagert. Seine Augenlider waren zerkratzt, die Linsen eingetrübt. Ein Baby, dem ein Mindestmaß an Liebe und Aufmerksamkeit zuteilgeworden wäre, hätte sich solche Verletzungen nicht zuziehen können. Dieses hilflose Waisenkind war am Schwanz durch den Dreck gezogen worden, immer und immer wieder. Die Linsentrübung ließ sich darauf zurückführen, dass es direkter Sonneneinstrahlung ausgesetzt gewesen war; ein Joey in diesem Alter brauchte den Schutz der Dunkelheit im Beutel seiner Mutter. Die Überbringer gaben zu, das Joey am helllichten Tag in einem Plastikbeutel an eine Wäscheleine gehängt zu haben, weil es, wie sie sagten, sonst ausgekühlt wäre. In zwei Wochen hatte es nur einmal Wasser bekommen. Stattdessen hatte man es mit Gras zu füttern versucht.

Emma und ich fuhren sofort mit der Kleinen zur Tierärztin, die uns bestätigte, was wir schon befürchtet hatten: Das arme Tier müsse eingeschläfert werden. Ein unter solchen Umständen naheliegender Entschluss. Mir aber tat das Tierchen so leid, dass ich ihm nicht auch noch ein so scheußliches Ende zumuten mochte.

»Meinen Sie nicht, wir sollten der Kleinen noch eine Chance geben?«, fragte ich.

»Es wäre zu teuer, und ob sie überhaupt zu retten ist, erscheint mir fraglich.«

»Aber vor zwei Wochen ging es ihr noch gut. Wir könnten doch wenigstens versuchen, ihre Gesundheit wieder herzustellen.«

Die Tierärztin ließ sich nicht erweichen. Sie machte erneut auf die Kosten aufmerksam, zumal sie aus Erfahrung sehr gut wusste, wie schwer es mir immer gefallen war, ihre Rechnungen zu begleichen. Ich teilte ihr mit, dass ich zu Geld gekommen sei und ein Heim für Tiere plane, die bis an ihr Lebensende versorgt werden müssten. Gerade für solche Tiere wie dieses malträtierte Joey sei das Heim gedacht.

»Nein, es muss sofort eingeschläfert werden.«

Ich war damit nicht einverstanden und sagte, was kein Arzt und keine Ärztin gern hörte.

»Ich würde gern eine zweite Meinung einholen.«

»Nun, das ist Ihr gutes Recht«, schnappte sie und empfahl mir einen ihrer fünf Kollegen aus der Klinik. »Das Tier wird die kommende Nacht ohnehin nicht überleben.«

»Wir werden sehen.«

Emma und ich nahmen unsere Patientin mit nach Hause und wiegten sie die ganze Nacht über im Arm. Es gelang uns sogar, ihr ein paar Tropfen Milch einzuflößen. Am nächsten Morgen lebte sie noch. Wir fuhren wieder in die Tierklinik, wo wir einen Termin mit einer neuen Ärztin hatten, einer freundlichen, übersprudelnden Frau namens Fleur. Sie untersuchte unser winziges Joey.

»Ooh, die Kleine hat schwer gelitten. Es sieht nicht gut für sie aus, aber wir werden ein paar Dinge ausprobieren.«

Genau das hatte ich hören wollen. Fantastisch!

Fleur maß die Schwanzlänge. Auf diese Weise stellt man normalerweise fest, wie groß ein Baby ist und wie viel es wiegen sollte. Unseres wog knapp siebenhundert Gramm, weniger als die Hälfte des Solls. Wir gaben ihm zu trinken und hofften, dass es sich aufpäppeln ließ.

Die Augen erwiesen sich als das größere Problem. »Es sieht so aus, als sei sie blind, aber vielleicht nicht auf Dauer. Wir versuchen es mit einer speziellen Salbe und schauen, was passiert.«

Emma und ich folgten ihren Anweisungen. Wir nahmen unser Baby wieder mit nach Hause und begannen eine Behandlung, die im Wesentlichen aus Herumexperimentieren bestand. Die erste Salbe bewirkte so gut wie nichts. Die zweite half ebenso wenig. Aber Fleur gab nicht auf. Sie setzte sich an ihren Computer, googelte und bot uns eine dritte Option:

»Versuchen wir's damit. Ich hoffe, es schlägt an. Sonst wird die Kleine ihr Leben lang überall gegenlaufen.«

Alle zwei Stunden strich Emma oder ich unserem Baby

ein Quäntchen von der neuen Salbe in die Augen, und tatsächlich machte sich bald eine Veränderung bemerkbar. Die Kratzer verschwanden, und was wir für einen grauen Star gehalten hatten, waren kleine Klumpen verhärteten Augensekrets, die sich allmählich auflösten.

Immer wieder fuhren wir in die Klinik. Ich weiß nicht mehr, wie viel Geld wir dortließen. Es muss jedenfalls eine Menge gewesen sein, allein fünf- bis achthundert Dollar für die Salbe. Doch es lohnte sich. Wir hatten unsere kleine Kämpferin bereits Molly getauft, gaben ihr aber einen zweiten Namen: Fleur. Ich werde ewig dankbar sein für das, was meinem Entschluss, eine zweite Meinung einzuholen, folgte.

Molly Fleur fehlte es während ihrer Genesung nicht an Gesellschaft. Zum einen war da Berry, ebenfalls ein Opfer grausamer Misshandlung, das mein Freund und ehemaliger Mitbewohner Richard gerettet hatte. Berry war verwaist und hatte wie Molly Fleur als Spielzeug herhalten müssen. Sie hatte innere Blutungen und war lange krank, erholte sich aber schließlich.

Und dann war da noch Naomi, die Shorty irgendwo am »Dingo Fence« aufgefunden hatte, jenem fast fünfeinhalbtausend Kilometer langen Zaun, der Ende des neunzehnten Jahrhunderts gezogen worden war, um die Schafweiden im Südosten Australiens vor Dingos zu schützen. Diese kolossale Konstruktion erstreckt sich vom südlichen Queensland bis hin zu den Klippen über der Großen Australischen Bucht. Trotzdem wissen wahrscheinlich nur die wenigsten Aussies von seiner Existenz. Wie dem auch sei, Shorty war in South Australia gewesen, als ihm ein

Joey aufgefallen war, das mutterlos vor dem Maschendrahtzaun hin und her hopste. Das arme Ding war schon völlig erschöpft, also brachte er es zu uns.

Naomi erholte sich gut. Trotzdem entschied ich mich gegen ihre Auswilderung, weil sie eine besondere Beziehung zu den beiden anderen Joeys entwickelt hatte und ich es für das Beste hielt, dass sie zusammenblieben.

So lebten Molly Fleur, Berry und Naomi bei uns in der Hütte und im Garten. Für eine Weile war auch Les mit von der Partie, ein kleines, schmächtiges Männchen, das ein Reiseführer mehrere Monate zuvor gerettet hatte.

Ich setzte Les schließlich im Gehege aus, zu Roger, Ella und Abi. Eines Morgens, ich wollte sie füttern, sah ich Les leblos in einer Ecke liegen. Die Spuren am Boden ließen darauf schließen, dass er von Roger attackiert und zu Tode getreten worden war. Ich war schockiert, wenngleich ich im Grunde damit gerechnet hatte, dass so etwas passieren konnte. Unter Tieren in Gefangenschaft bleiben solche Dramen nicht aus.

Dieser Vorfall trieb mich an, die Gründung des Tierheims zu beschleunigen. Roger wurde immer aggressiver, so dass ich mir Sorgen machte, ein Ranger von Parks and Wildlife könnte zufällig vorbeischauen und zu der Einschätzung gelangen, Roger sei eine Gefahr für die Öffentlichkeit.

Wenn er auf seinem Schwanz stand, erreichte Roger inzwischen eine Größe von anderthalb Metern. Brust und Schultern waren kräftig ausgebildet, und er konnte einem durchaus Angst machen. Gegenüber Emma, in der er offenbar keine Gefahr sah, verhielt er sich friedlich. Mich aber oder jeden anderen Mann, der das Gehege betrat, betrachtete er als Bedrohung.

Ich hätte aufmerksamer sein und die Zeichen eher deuten sollen. Ella war ein wenig scheuer geworden. Bald verbrachte sie auffällig viel Zeit im Schatten eines Baumes und leckte sich den Beutel. Dass Roos Arme und Beine ableckten, um sich abzukühlen, war mir ein vertrauter Anblick, doch dieses Verhalten kannte ich nicht aus eigener Anschauung, wusste es aber zu deuten. Mit einer Möhre lenkte ich sie ab, warf einen Blick in den Beutel und entdeckte den Grund dafür, warum sie so scheu und ihr Partner so aggressiv war. Sie beschützten ihr Baby, eine winzige pinkfarbene Gestalt von der Größe eines Gummibärchens, die an Ellas Zitze hing. Ein bewegender Anblick.

Wie ich später erklären werde, zählen Entwicklung und Geburt eines Kängurubabys zu den bizarrsten Naturvorgängen schlechthin. Das Muttertier zeigt keinerlei Anzeichen einer Schwangerschaft, zumal das Baby nur rund ein Gramm schwer und damit etwa dreißigtausendmal leichter ist als ein durchschnittliches erwachsenes Weibchen. Das Neugeborene muss, verletzlich, wie es ist, selbständig aus dem Geburtskanal und hinauf in den Beutel krabbeln, wo es sich an einer der vier Zitzen festsaugt. Mutter und Kind sind darüber während der nächsten vier Monate wie über eine Nabelschnur miteinander verbunden, bis das Joey eines Tages seinen Kopf aus dem Beutel streckt. Bis heute glauben mir die wenigsten unserer Besucher, wenn ich ihnen erkläre, dass ein Kängurubaby nicht im Beutel geboren wird, sondern eine gefährliche Kletterpartie riskieren muss, um zu überleben.

Ich schätze, Ella hatte ihr Baby ein oder zwei Tage vorher zur Welt gebracht. Sowohl zeitlich als auch räumlich war ich einer Kängurugeburt nie näher gewesen. Ich hatte sie bisher nur in der Dokumentation *Faces in the Mob* gesehen. Daran erinnerte ich mich und dachte, dass ich vielleicht, wenn ich die junge Mum mit einer weiteren Möhre ablenkte, Filmaufnahmen des Babys im Beutel machen könnte, und zwar mit meiner alten Nachtsicht-Videokamera. Und tatsächlich, Emma und ich schauten uns das Ergebnis an und sahen einen grün leuchtenden Klecks, der das Potential hatte, auf eine Größe von bis zu zwei Metern heranzuwachsen, neunzig Kilo schwer zu werden und über fünfzig Stundenkilometer schnell zu laufen. Was für ein Wunder der Natur. Wie sich herausstellen sollte, waren diese Videoaufnahmen Ellas erster Schritt auf ihrem Weg zum Fernsehstar. Und ihr Kind? Wir gaben ihm erst einen Namen, als es über den Beutelrand hinauslugte, und nannten den Kleinen Monty. Auch er sollte eine Fernsehkarriere machen.

Die unerwartete Ankunft wirkte wie ein Weckruf. Kängurumännchen sind mit zwei Jahren, Weibchen schon mit achtzehn Monaten geschlechtsreif, und meine Zöglinge waren zu diesem Zeitpunkt bereits zweieinhalb Jahre alt.

Sie brauchten jetzt jede Menge Platz. Meine Roos waren der Todeszelle entkommen und ließen mich nun wissen, dass es an der Zeit war zu leben.

Ich musste mich sputen und den geplanten Zaun errichten.

Kapitel 15

Scheckbücher erinnerten mich seltsamerweise immer an meine Kindheit, denn Mum und Dad waren die Ersten und lange Zeit Einzigen, die ich mit ihnen hatte umgehen sehen. Ich selbst war bislang ohne sie ausgekommen. Nun aber stand mir Uncle Ross' Erbe zur Verfügung, und ich fing an, kleine Zettel zu unterschreiben, die mir ungeahnte Freiheiten gewährten. Ich glaube, mein erster Wunsch überraschte insbesondere meine Freunde Thomas und Shorty. Ich hätte gern ein Auto, das anspringt, erklärte ich ihnen. Im Land der Allrad-Fahrzeuge bekam ich natürlich jede Menge gutgemeinter Ratschläge:

»Nimm das da.«

»Wirf einen Blick in dieses Magazin.«

»Das neueste Modell soll spitze sein.«

Alle dachten, ich wünschte mir eine PS-starke Benzinschleuder mit eingebauter Vorfahrt.

»Wie gesagt, mir reicht ein zuverlässig anspringender Wagen«, entgegnete ich.

Ich kaufte mir einen neuen Anlasser. Der alte Kia lebte fort.

Andere Neuanschaffungen gingen weniger leicht über die Bühne, denn ich musste Preise vergleichen und mich beraten lassen. Jede Information, die ich für mein Zaunprojekt einholte, musste verdaut und geprüft werden, zumal ich unerfahren war, um nicht zu sagen naiv. Thomas zum Beispiel meinte, der Zaun müsse elastisch sein, damit sich ein Roo nicht verletze, falls es in Panik geriet und mit voller Wucht dagegenlief; ein Zaun mit Trampolineffekt sei vonnöten. Aber wie ließ sich ein solcher Effekt erreichen? Mit einem Abstand zwischen den Pfosten von, sagen wir, fünf statt drei Metern? All dies musste sorgfältig geplant werden.

Ursprünglich hatte ich vorgehabt, eine Fläche von ungefähr vier Hektar einzuzäunen, doch Thomas und Shorty ermutigten mich und sagten: »Nicht so bescheiden, zwanzig wären besser.« Shorty half mir, eine Einkaufsliste zusammenzustellen. Wir brauchten rund vierhundert Pfosten, gut zwölf Kilometer Spanndraht und fünf Kilometer Maschendraht in ausreichender Höhe. Allein dieses Material belief sich auf eine Kostensumme von ungefähr fünfzigtausend Dollar. Und das war erst der Anfang.

Als ich das Material bestellte, war ich noch zuversichtlich, aber nach ein paar Drinks dachte ich abends im Bett: *Man wird mich auf Jahre hinaus an dieser Sache messen. Zwischen zwanzig Hektar und einem Tennisplatz besteht ein ziemlich großer Unterschied. Tue ich das Richtige?*

Auch in den Tagen danach kamen mir immer wieder Zweifel, bis ich mir schließlich sagte: *Mach's einfach!* Ich besprach alles mit Emma und kündigte meine Jobs, um mich ganz auf mein Projekt konzentrieren zu können. Emma arbeitete weiterhin, damit wir über die Runden kommen würden.

Ich stürzte mich auf die Aufgabe in dem Wissen, dass

ich mich auf Shortys und Thomas' Unterstützung verlassen konnte. Aber womit anfangen? In einem ersten Schritt den Verlauf des Zauns zu markieren erschien mir das Nächstliegende. Und schon gab es ein Problem: die Bäume. Wie sollte ich eine gerade Linie ziehen, wenn ich alle naselang auf Akazien und Gebüsch traf? Ich machte mich daran, im Weg stehende Gewächse mit der Schaufel auszugraben. Waren die Wurzeln freigelegt, legte ich eine Kette an und zog sie mit dem Auto aus dem Boden. Schon bald musste ich jedoch einsehen, dass diese Prozedur viel zu viel Zeit verschlang und mein alter Kia überfordert war. Ich wusste nicht weiter. Ein typischer Anfängerfehler. Alle Zäune, die ich mir angesehen hatte, verliefen auf freiem, gerodetem Gelände. Meine Parzelle hingegen war ein kleiner Wald. Auf keinen Fall wollte ich einen Bulldozer auffahren lassen, der alles plattgemacht hätte, nicht zuletzt auch die Gräser und Sträucher, von denen sich die Roos ernähren sollten.

Irgendwann hatte ich den Einfall, das Grundstück mit dem Auto zu umfahren und auf diese Weise eine Piste anzulegen, wo später der Zaun stehen würde. Natürlich kamen mir auch hierbei Akazien in die Quere. Wieder einmal von einem Baum zum Anhalten gezwungen, dachte ich: *Mal sehen, was passiert.* Im ersten Gang ließ ich vorsichtig die Kupplung kommen und drückte aufs Gas. Der Baum kippte mitsamt seinen Wurzeln. Perfekt. So würde ich eine Schneise für meinen Zaun schaffen können. Und es funktionierte tatsächlich dank des weichen, sandigen Bodens. Langsam, aber sicher kam ich voran, ungefähr vierzig Meter in ein paar Stunden. Nach zwei Wochen konnte ich mein Terrain mit einer Maurerschnur abstecken. Immerhin.

Dann stieß ich auf das nächste Problem: wilde Kamele. Erst jetzt wurde ich auf die Tiere aufmerksam. Hätte ich mich früher unter den Farmern der Umgebung umgehört, wäre ich vorbereitet gewesen. Sie hassten die Kamele, weil sie ihre Zäune einrissen, und bejagten sie deshalb. Das kam für mich nicht in Frage, und so erkundigte ich mich nach einer anderen Lösung für dieses Problem.

»Stacheldraht ist das Einzige, was sie aufhält«, sagte mir der Besitzer einer Kamelfarm in der Nähe.

Ich hatte Tiere mit entsetzlichen Verletzungen durch Stacheldraht gesehen. Das Zeug war mir zuwider, aber der Farmer versicherte mir, es sei die einzige Lösung. Fest gespannter Stacheldraht. Trotzdem, es ging mir gegen den Strich.

»Und was wäre mit einem elektrischen Weidezaun?«, fragte ich.

»Mann, wenn nur für fünf Minuten der Strom ausfällt, sind die Biester zur Stelle und reiben sich den Hintern an deinen Pfosten. Nein, im Ernst, du kommst um Stacheldraht nicht herum.«

Also stellte ich die Umhegung aus Maschendraht hintenan und zog erst einmal einen Grenzzaun. Mit der zusätzlichen Arbeit hatte ich nicht gerechnet, aber ich machte mich sofort daran und war anschließend erleichtert, das Problem gelöst zu haben.

Der nächste Dämpfer ließ nicht lange auf sich warten.

Thomas' Frau Dawn rief mich an, was sie sonst nie tat. Deshalb wusste ich sofort, dass etwas nicht stimmte.

»Thomas hatte einen Unfall«, sagte sie.

»Herrje! Schlimm?«

»Er ist durch das Dach einer Pergola gestürzt, als er einem Freund geholfen hat.«

Mein erster Gedanke war: *Und was wird jetzt aus meinem Zaun?* Natürlich sagte ich das nicht, und ich dachte als Nächstes: *Was bist du doch für ein toller Freund!*

Ich besuchte Thomas. Er hatte sich einen komplizierten Bruch am Bein zugezogen und würde neun Monate außer Gefecht gesetzt sein. Das Krankenhaus verließ er in einem Rollstuhl. Ein paar Tage später kehrte Shorty von einer Tour zurück und sagte: »Meine Frau und ich haben uns getrennt. Ich werde die Stadt verlassen.«

Ich sprach ihm mein Bedauern aus, dachte aber im Stillen: *Was soll aus meinem Zaun werden?*

Wenig später, es war an einem Dienstagmorgen, kamen zwei Lastwagen mit dem Material und der Ausrüstung, die ich bestellt hatte. Alles war nun zur Stelle, bis auf zwei entscheidende Größen: Thomas und Shorty. Ich tat mir selbst leid, ließ mich aber nicht entmutigen und stellte mir sogar vor, Thomas käme im Rollstuhl, um mich zu beraten.

Als ich die Lastwagen sah, ging mir spontan die Frage durch den Kopf, wer den ganzen Krempel abladen sollte.

Die beiden Fahrer stiegen aus. »Wo ist Ihr Gabelstapler?«, wollten sie wissen.

»Ich habe keinen.«

Ich hatte angenommen, dass die Firma, bei der ich eingekauft hatte, einen Gabelstapler zur Verfügung stellen würde, und bei der Firma hatte man offenbar angenommen, ich besäße einen. Zum Glück war einer der Lastwagen mit einem Kran ausgestattet, mit dem wir immerhin die Pfosten abladen konnten. Aber dann fuhr dieser Laster weg, und auf dem anderen befanden sich noch etliche Paletten voller Maschendraht, hundertzwanzig Rollen insgesamt.

»Sie brauchen einen Gabelstapler, Sie brauchen einen Gabelstapler«, sagte der Fahrer immer wieder, der schon auf die siebzig zuging und seinem Akzent nach aus Osteuropa stammte.

Wir luden von Hand ab. Rolle für Rolle. Schließlich war auch das geschafft. Der Fahrer war richtig froh wegzukommen und ließ mich allein zurück mit einem wüsten Haufen aus Stahl und Draht. Der Anblick war furchteinflößend. Erst jetzt dämmerte mir, wie viel Arbeit vor mir lag; außerdem stellte sich die unmittelbare Frage, wohin mit dem ganzen Zeug. Ich blickte auf Stahl im Wert von fünfzigtausend Dollar. Ein kleines Vermögen, das Begehrlichkeiten wecken könnte, und ich hatte keinen Platz, um es wegzuschließen. Die ganze nächste Woche verbrachte ich damit, meinen Wagen plus Anhänger mit kleineren Mengen zu beladen und sie an nicht einsehbaren Stellen auf dem Grundstück zu verteilen. Ein paar Rollen hier, ein paar Pfosten da.

Im Nachhinein kommen mir meine anfänglichen Arbeiten vor wie eine Komödie der Irrungen. Für die Pfosten wollte ich Löcher bohren und mit Beton auffüllen. Auf dem Grundstück gab es aber kein Wasser, mit dem ich den Beton hätte anrühren können. Also investierte ich weitere zehntausend Dollar, um die nächste Wasserleitung anzuzapfen und Rohre über eine Strecke von ungefähr achthundert Metern zu verlegen. Nächstes Problem: Wo die nötigen hundert Zementsäcke trocken lagern, falls es regnen sollte? Ich beschloss, immer nur kleine Mengen Blitzbeton zu kaufen, die jeweils in zwei Tagen verbraucht sein würden.

Jetzt war es an der Zeit, richtig loszulegen. Ich schlug entlang der Schneise Heringe in den Boden, um meine Maurerschnur zu spannen. Irgendwann kam ein Typ mit seinem Auto angefahren.

»Was wollen Sie hier? Das ist mein Land«, erklärte ich ihm.

»Oh, sorry. Das wusste ich nicht. Ich suche meinen Hund. Er ist weggelaufen«, antwortete der Mann, ein vierschrötiger Buschmann, anscheinend ein Farmer.

Wir unterhielten uns, und er musterte meinen Grenzzaun.

»Saubere Arbeit. Ich hab schon eine Menge Zäune gezogen, die aber alle mehr oder weniger schief geraten sind.«

Genau das hatte ich gebraucht, das Kompliment eines Fachmanns. Jetzt war auch ich überzeugt davon, mein Vorhaben realisieren zu können. Um aber ganz sicherzugehen und ein Gefühl dafür zu entwickeln, was mir an Arbeit bevorstand – warum nicht probehalber zuerst einmal ein kleineres Gehege für Roger, Abi, Ella und Monty anlegen? Das würde mich auch im Hinblick auf Roger entlasten. Er und die anderen hatten außerdem ihre kleine Parzelle auf der Pferdekoppel völlig kahlgefressen. Sie brauchten frisches Gras, und ich musste sie umsiedeln.

Darum nahm ich mir vor, in einer Ecke des geplanten

Freigeheges einen kleineren Teil von rund einem Hektar einzugrenzen, der später als Rückhalteraum oder Quarantänestation genutzt werden konnte. Vorläufig aber sollte er das neue Zuhause für meine vier Kängurus sein. Es war Ende 2009, und ich zählte die Tage bis zur Fertigstellung. Ich war voller Ungeduld. Und wie sich herausstellte, konnte auch eines meiner Roos nicht länger warten.

Kapitel 16

Ich saß vor unserer Hütte und trank eine Tasse Kaffee, nachdem ich den Vormittag über auf den Highways patrouilliert hatte.

»Brolga! Brolga! Brolga!«

Es war Emma. Sie hatte die Roos auf der Pferdekoppel gefüttert, die rund fünfzig Meter von der Hütte entfernt war. Ich dachte, Roger habe sich wieder einmal aufgespielt, machte mir aber keine großen Sorgen. Emma konnte sich wehren, und Roger wurde nur Männern gegenüber aggressiv.

»Brolga!«

Ist ja gut, ich komme gleich.

»Brolga, Abi kriegt ein Baby! Schnell!«

Nun, das war etwas anderes. Ich schnappte mir die Videokamera und rannte zur Koppel. Wer war zur Stelle, um mich am Tor zu begrüßen? Natürlich Roger. Zum Glück war es sehr heiß und Roger nicht zu einem Kampf aufgelegt. Ich stieß ihn zur Seite und eilte auf Emma zu, die ihre Hand vor den Mund geschlagen hatte und mit weit aufgerissenen Augen auf Abi starrte. Diese saß, fünf Schritte entfernt, im Schatten eines Baumes auf ihrem Hinterteil und hatte ihren Schwanz zwischen den Beinen. Die Haltung, in der Kängurus gebären. Nach vorn gebeugt, leckte sie sich das Blut von der Kloake. Ich rückte näher heran und sah das winzige rosarote Gummibärchen auf den Beutelrand zuklettern. Ich filmte und achtete darauf, Abi nicht zu nahe zu kommen. Es dauerte mehrere Minuten, bis das winzige Ding endlich in der Beuteltasche verschwand. Emma hatte den gesamten Vorgang gesehen, von dem Augenblick an, als das Fruchtwasser auslief, bis hin zu dieser außergewöhnlichen Kletterpartie. Sie war überglücklich.

Ich hatte nur etwa die Hälfte der Reise aufgenommen, weil mir Abis Kopf immer wieder in die Quere gekommen war, wenn sie nach dem Fötus Ausschau hielt. Es war ein Gänsehauterlebnis, eines der größten Wunder der Natur.

Emma und ich standen noch eine Weile wie benommen da, bis uns einfiel, dass es für die junge Mum wohl besser sei, allein gelassen zu werden. Roger hatte sich in einen schattigen Winkel zurückgezogen und behelligte uns nicht. Dann passierte etwas Bemerkenswertes. Er bewegte sich auf Abi zu und half ihr, Blut und Fruchtwasser vom Boden und aus ihrem Fell aufzulecken. Dass sich das Männchen an der Pflege nach einer Geburt beteiligte, hatte ich noch nie gehört. Vielleicht wollte Roger zeigen, dass er ein guter Vater war. Etwas später stand er neben Abi, schaute mir nach und schien zu sagen: »Heute lass ich dich ungeschoren, heute kümmere ich mich um meine Frau.«

Ich war ganz aus dem Häuschen nach diesem für mich sehr bedeutenden Moment. Er hatte mir vor Augen geführt, dass ich tagtäglich Zugang zu meinem eigenen Klassenzimmer in der Schule der Natur hatte. Ich brauchte nicht an einem Schreibtisch zu sitzen, aus Büchern zu lernen oder einen Abschluss zu machen, sondern hatte Gelegenheit, Kängurus aus nächster Nähe zu beobachten und von ihnen zu lernen.

Zurück an die Arbeit. Nach drei Monaten hatte ich endlich das kleine Gehege eingezäunt. Ich bat Parks and Wildlife um ihre technische Abnahme, damit ich meine Kängurus umquartieren konnte. Ein netter älterer Ranger namens Kim kam zu uns herausgefahren. Er machte ein paar gute Vorschläge, die ich allesamt umsetzte, zumal ich mich als Lernender verstand. Unter anderem riet er mir, den Zaun im unteren Bereich zu verstärken, um auszuschließen, dass sich Dingos oder Hunde darunter hindurchwühlten. Wenige Tage zuvor hatte ich gehört, dass ein Rudel Hunde in ein Gehege in Südaustralien eingedrungen war und vierzehn von fünfzehn Kängurus gerissen hatte. Das sollte Roger und seinen Weibchen nicht passieren.

Mit Kim stimmte ich auch darin überein, dass es eine gute Idee sei, einen zweiten, inneren Zaun im Abstand von fünf Metern zum äußeren zu ziehen und ihn mit schwarzer Folie als Sichtschutz zu bespannen. Als ich damit fertig war, machte ich mich daran, zwei elektrische Weidezaunbänder zu spannen, um allzu vorwitzigen Fressfeinden eins auf die Schnauze zu geben. Über all die Tage befürchtete ich, Kim oder einem seiner Kollegen würde es einfallen, unsere Roos auf der Pferdekoppel zu begutachten. Roger hätte fremder Besuch mit Sicherheit nicht gefallen. Aber als Kim das nächste Mal kam, interessierte er sich nicht für die Zustände auf der Koppel und genehmigte einfach nur das neue Gehege. Wunderbar. Jetzt konnten Roger und Konsorten umziehen.

»Kann ich Ihnen dabei helfen?«, fragte Kim.

»Nein, nein, nicht nötig«, beeilte ich mich zu sagen. »Kein Problem, das schaffe ich allein.« Ich wollte nicht riskieren, dass er Roger auf dem falschen Fuß erwischte.

Zwei Tage später begann die Umsiedlung. Ella und Monty, der schon den Beutel verlassen konnte, waren die Ersten. Sie einzufangen war nicht besonders schwer. Ich führte Ella zum Tor, achtete darauf, dass Roger weit genug entfernt war, dann hob ich sie hoch und manövrierte sie in eine Jutetasche, die ich mit einer Kordel zuschnürte. Während Ella auf der fünf Kilometer langen Fahrt auf dem Rücksitz hockte, hielt Emma den kleinen Monty auf dem Beifahrersitz in ihren Armen.

Kaum setzte Emma im neuen Gehege Monty auf dem Boden ab, tauchte er sofort im Beutel seiner Mutter unter. Als Nächstes holten wir Abi mit ihrem sehr viel kleineren Baby, das natürlich im Beutel blieb. So weit kein Problem.

Dann kam Roger an die Reihe. Ihn in eine Jutetasche zu stecken kam nicht in Frage, weil er sie mit seinen langen Fußkrallen schnell zerrissen hätte. Allein die Vorstellung, ein wütendes Alphamännchen im engen Wagen zu chauffieren, trieb mir den Angstschweiß auf die Stirn. Also klapperte ich mehrere Secondhandläden ab auf der Suche nach einem geeigneten Käfig. Kein Glück. Schließlich half mir mein Vermieter Peter aus der Verlegenheit. Er stellte mir einen alten selbstgemachten Vogelbauer in der Größe eines Kühlschranks zur Verfügung. Ich schnitt eine der Schmalseiten auf, rüstete sie mit zwei Scharnieren zu einer Tür um und polsterte den Innenraum mit Decken und einem Kissen aus.

Die Fangmethode, die ich mir ausgedacht hatte, führte erstaunlich schnell zum Ziel. Ich betrat das Gehege und suchte Streit mit Roger, der sich nicht lange bitten ließ. Er attackierte mich, woraufhin ich in Richtung Ausgang kehrtmachte, wohl wissend, dass er mir folgte. Ich öffnete das Tor. Davor stand der Käfig, den Roger neugierig beschnupperte. Ich nutzte den Moment seiner Unachtsamkeit, packte ihn beim Schwanz, zwang ihn in den Käfig und schloss die Tür. Eine Viertelstunde später war er bei seiner Familie in der neuen Unterkunft, so entspannt, dass er gleich zu grasen anfing.

Ich hoffte, in dem großflächigen Gehege würde sich Rogers Verhalten mir gegenüber ändern. Damit sich alle in Ruhe eingewöhnen konnten, ging ich zwei Tage lang auf Abstand und beobachtete sie nur vom Zaun aus. Dann wollte ich es wissen. Kaum hatte ich das Tor geöffnet, sprang Roger herbei, warf sich in die Brust und schaute mich an, als wollte er sagen: »Toll, du hast mir gerade noch gefehlt.« Er folgte mir auf Schritt und Tritt und spielte wieder an manchem Baum Fangen mit mir. Sein Verhalten hatte sich nicht geändert. Im Unterschied zu früher musste ich nun allerdings weitere Fluchtwege in Kauf nehmen.

Insgesamt aber war ich sehr zufrieden. Die Tiere hatten anderthalb Jahre lang in einem tennisplatzgroßen Gehege gelebt. Jetzt hatten sie viel mehr Platz, Bäume und Gras in Hülle und Fülle. Es war zwar nur ein knapper Hektar, doch auf mich wirkte es größer. Allein die Freude am Anblick meiner frei umherlaufenden Roos bestätigte mir, dass ich das Richtige getan hatte. Sowohl für die Kängurus als auch für mich persönlich.

Ich beobachtete, wie sie sich in ihrem neuen Habitat einlebten, und fragte mich, wie es ihnen auf zwanzig Hektar ergehen würde, wo sie vom einen Ende des Geheges nicht bis zum anderen sehen könnten. Bis es so weit war, hatte ich noch jede Menge Arbeit vor mir.

Leider lief es nach den drei Jahren, die Emma und ich zusammengelebt hatten, nicht mehr so gut zwischen uns. Es gab viele Kleinigkeiten, die mir unseren Altersunterschied bewusst machten, und die Welt aus der Perspektive eines Mannes Ende dreißig ist letztlich doch eine andere als die, die eine junge Frau Mitte zwanzig wahrnimmt. Wir waren einander immer noch sehr zugetan, mussten aber einsehen, dass wir uns auseinandergelebt hatten. Schließlich beschlossen wir, uns zu trennen. Trotzdem wohnte Emma vorläufig noch mit mir zusammen in der Hütte, was, wie man sich vorstellen kann, auf so beengtem Raum nicht leicht war. Ich bin sehr froh, dass wir nach wie vor gute Freunde sind. Manchmal kommt sie aus ihrem neuen Zuhause in Queensland angereist, um mich und die Kängurus zu besuchen.

Als Emma einen neuen Job gefunden hatte und ausgezogen war, machten mir wieder die Finanzen Sorgen. Ich hatte zwar noch genug Geld, um über die Runden zu kommen und mein Zaunprojekt fortzusetzen, konnte mir aber ausrechnen, dass sich an meiner Einkommenssituation mittelfristig etwas ändern musste. Erschwerend kam hinzu, dass 2007 von der Bundesregierung eine Initiative ausging, die als »the intervention« bekanntwurde und im Wesentlichen darauf abzielte, Kinder von Aborigines vor sexuellen Übergriffen zu schützen. In Alice Springs wimmelte es von Regierungsangestellten, was zu einem alarmierenden Anstieg der Mieten und Immobilienpreise führte. Ich kannte manch eine Familie, die ihre Wohnung verlassen musste, in der sie jahrelang gelebt hatte; einige wenige hatten das Glück, adäquaten Ersatz zu finden, viele andere mussten mit Wohnwagen auf Campingplätzen vorliebnehmen oder sogar in ihren Autos schlafen. Ich spreche von Familien mit schulpflichtigen Kindern, die kein Dach mehr über dem Kopf hatten. Es war eine Katastrophe.

Als unser zwei Hektar großes Areal samt der Hütte, in der Emma und ich gewohnt hatten, verkauft wurde, kam kurze Zeit später eine Mieterhöhung von hundertzwanzig Dollar die Woche auf zweihundertvierzig plus Nebenkosten. Wenig später stieg die Miete um weitere hundert Dollar. Meine Reaktion war: *Das zahle ich nicht. Wer das von mir verlangt, kann sich seine Forderungen sonst wohin stecken.*

Ich nahm meine drei Joeys – Naomi, Molly Fleur und Berry – und campte auf meinem neuen Grundstück, gleich neben dem Zaunmaterial und nicht weit von den größeren Roos.

Im Rückblick war es nur gut, dass ich auf diesem Weg dem Mainstream entkommen bin. Zwar mochte ich die Gesellschaft von Menschen, den Busch und seine Tiere aber liebte ich. Ich hatte das Gefühl, dorthin zu gehören. Zweifellos hatte der Busch auch etwas Romantisches, vor allem, wenn ich am Lagerfeuer saß. Ich hob eine Grube aus und bereitete alles, vom Brot bis zu den Würstchen, in einer Pfanne zu, über der glühenden Holzkohle, in der die Kartoffeln garten.

Ein Feuer lädt zum Nachdenken ein. In den Flammen sieht man die eigene Vergangenheit, wo man gerade steht und was einen noch erwartet. Wie in Wolkenformationen lässt sich allerhand darin erkennen: Fabelwesen oder, wenn man will, auch Fußballspieler. Die Flammen malen immer neue Bilder, sogar dann, wenn sie ersterben, wenn die Farben der Glut changieren und die Kohle dazu knackt und zischt. Im Feuer schaut man seiner eigenen Phantasie zu.

Ich verbrachte Stunden auf diese Weise und erinnerte mich an Vergessenes, schmiedete Sparpläne oder ging in Gedanken durch, wie ich am nächsten Tag mit meinem Zaun fortfahren würde. Wenn ich vor meinem Feuer saß, erschien mir nichts unmöglich, und was mich hätte beunruhigen können, wurde einfach ausgeblendet. Lagerfeuer können auch ein Ort der Geselligkeit sein, aber in den meisten Nächten genoss ich es, allein davorzusitzen und meinen Gedanken nachzuhängen.

Und dann dieser Sternenhimmel. Es war wundervoll, unter der Milchstraße zu schlafen, so atemberaubend schön und scheinbar derart nah, dass ich fast glaubte, nur die Hand ausstrecken zu müssen, um Sterne zu pflücken. In solchen Momenten konnte ich alles vergessen. Trotzdem musste ich achtgeben, denn ich trug ja noch Verantwortung für meine Joeys. Hunde und Dingos waren eine ständige Gefahr, nicht zuletzt für die größeren Roos draußen im Gehege. Später sollte ich mir darum noch große Sorgen machen.

Vorläufig aber hatte ich anderes zu tun. Zwanzig Hektar einzuzäunen war kein Pappenstiel. Ich bohrte Löcher, mischte Beton an, setzte Pfosten und rollte Maschendraht aus, unter den gleichgültigen Blicken von Naomi, Molly Fleur und Berry, die in ihren Taschen an irgendeinem Ast hingen.

Die Wettervorhersage kündigte eine Regenfront mit ergiebigen Niederschlägen an. Meine Arbeit am Zaun würde aufgehalten, aber noch schlimmer war die Aussicht, im Nassen zu schlafen. Weil ich sehr sparsam mit meinem Geld umging, hatte ich noch genug in Reserve, um das übernächste Etappenziel meiner Planung vorzuziehen. Ich holte ein paar Angebote ein, und innerhalb weniger Tage stand auf einem Betonsockel in Wurfdistanz zu meinem Lagerfeuer eine kleine Hütte aus Wellblech.

Irgendwie ließ diese Hütte meinen Traum vom Tierheim realer wirken. Ich rückte mein Doppelbett in eine Ecke, und das war's eigentlich auch schon. Später kamen ein kleiner Ofen und ein Gaskocher hinzu. Für eine Weile war ich aber noch auf mein offenes Feuer angewiesen.

Kaum stand die Hütte, fing es an zu regnen, und zwar in Strömen. Ich lag im Bett, hörte die Tropfen aufs Blechdach prasseln und fand, dass mir kaum etwas Besseres hätte passieren können als diese Hütte. Es war warm und gemütlich darin, und ich konnte mich sehr wohl noch an andere Umstände erinnern, zum Beispiel an meinen nur aus drei Wänden bestehenden Schuppen in Humpty Doo, wo es mir nicht selten ins Bett geregnet hatte. Ich hatte das damals als Teil meiner unkonventionellen Lebensart in Kauf genommen, aber jetzt, mit einem Dach über dem

Kopf, den Joeys an meiner Seite sowie glücklichen Roos draußen im Gehege, hatte ich endlich das Gefühl, zu Hause angekommen zu sein. Ohne Strom zu leben machte mir nichts aus, ebenso wenig wie der Umstand, dass ich mit der Schaufel irgendwo draußen im Freien zur Toilette ging. Um mich zu waschen, schaffte ich mir ein altes, ein mal zwei Meter großes Becken aus Fiberglas an, das ich bei Bedarf mit Wasser füllen konnte. Meist aber reichte es mir, einen Topf Wasser warm zu machen und mir über den Kopf zu schütten. Es konnte auch vorkommen, dass ich tagelang überhaupt kein Wasser an mich heranließ. Ab und zu besuchte ich Freunde, und dann wurde ich für gewöhnlich gefragt, ob ich duschen und meine schmutzige Wäsche in die Waschmaschine stecken wollte. Solche Angebote nahm ich immer gern an. Mochte man mich auch schief ansehen, ich war durchaus zufrieden.

Möglich, dass Roger und seine Familie ähnlich empfanden. 2010 war ein sehr nasses Jahr. Das Gras in ihrem Gehege wucherte üppig grün, und es sah bei uns fast so aus wie in England. Den Kängurus gefiel's. Sie fraßen wie Fastfood-Junkies, die man bei McDonald's freigelassen hatte.

Trotzdem ließ ich es mir nicht nehmen, meine Roos jeden Abend zu füttern. Ich nahm ein wenig Getreide zur Hand und rief: »Kommt, kommt.« So konnte ich mir ein gutes Bild von ihnen machen und abschätzen, wann sie in das größere Gehege umziehen könnten.

Monty war quicklebendig und kräftig. Er kam nach seinem Vater. Abis Baby lugte über den Beutelrand, um zehn Sekunden später den Kopf wieder einzuziehen; und so ging es in einem fort: rein, raus, rein, raus. Also nannte ich es Peep. Beide Mütter sahen mich durchaus gern, der Patriarch aber, der jetzt fast dreieinhalb Jahre alt war, warf sich in die Brust, sooft ich das Gehege betrat, richtete sich zur vollen Größe von eins achtzig auf und schien mir sagen zu wollen: »Ich bin hier der Chef im Ring. Verschwinde!« Ich kannte meinen Platz, aber ab und zu spielten wir Fangen um einen Baum herum, wobei ich mir meist den einen oder anderen Kratzer oder Fußtritt einhandelte. Nichts Schlimmes.

Kurze Zeit später setzte ich Naomi, Berry und Molly Fleur im großen Gehege aus. Sie hatten mir abends am Feuer Gesellschaft geleistet, und wenn es nach mir gegangen wäre, hätte ich sie gern weiterhin bemuttert. Aber sie gaben mir zu verstehen, dass sie unabhängiger sein und nicht mehr berührt werden wollten. Die älteren Roos nahmen sie ohne Umschweife in ihren Kreis auf. Noch zeigte Roger kein Interesse an ihnen, aber das würde sich wohl bald ändern.

Mit den Tieren lief alles wie am Schnürchen, aber der Zaun wollte und wollte nicht fertig werden. Nach einem Jahr nahm er zwar Gestalt an, aber mir kamen Zweifel. Hatte ich ihn zu groß angelegt? Ich hatte noch etwas Geld für Material übrig, musste aber monatlich die Pacht zahlen und mich selbst versorgen. Mir blieb nichts anderes übrig, als weniger Zeit in mein großes Vorhaben zu investieren und dafür nachts wieder bei Woolworth zu arbeiten und leere Konservendosen zu sammeln.

Abends an meinem Lagerfeuer wurde mir klar, dass der Bau des Zauns meine Lektion fürs Leben war. Er hatte mich frustriert, begeistert und aufgeregt, mich aber vor allem zu der Einsicht geführt, dass ich trotz bester Planung immer wieder über mich selbst stolperte und dass ich mir in solchen Fällen Mut machen musste mit der Gewissheit, mein Bestes gegeben zu haben. *Sei nicht so streng mit dir, Brolga. Du schaffst es schon noch.*

Ich schöpfte Kraft aus ungewöhnlichen Quellen. Eines Tages landete ein junger, heufarbener Keilschwanzadler in einem nahen Baum. Er beäugte mich und rief: »Tschiep, tschiep, tschiep!« Er wirkte auf mich wie ein von Menschen aufgezogener und anschließend ausgewilderter Vogel, und aus unerfindlichen Gründen erinnerte er mich an meinen einige Jahre zuvor verstorbenen Großvater Sir Frank. Ich fragte mich, ob er zurückgekommen war, um mir hallo zu sagen. Natürlich glaubte ich nicht wirklich daran, aber der Gedanke tröstete mich irgendwie.

Auch wenn ich am Zaun arbeitete, fühlte ich mich immer mit der Natur verbunden. Wie schon bei der Einrichtung des kleineren Geheges wollte ich den Maschendraht einen halben Meter tief im Boden vergraben, um zu verhindern, dass sich Hunde oder Dingos unter dem Zaun hindurchbuddelten. Zu diesem Zweck kaufte ich rund zwei Kilometer engmaschigen Hasendraht. Nachdem ich ungefähr hundert Meter verlegt hatte, stellte ich fest, dass sich Bartagamen, faszinierende Echsen mit Stachelkränzen, die sie aufrichten können, wie in einem Fischernetz darin verfingen. Ich befreite sie und beschloss, auf den Hasendraht zu verzichten. Es war eine kostspielige Lehre, doch ich konnte nicht zulassen, dass mein Zaun für Echsen zur Todesfalle wurde.

Mitte 2011 war der Zaun fast fertig. Eine langwierige Arbeit aber stand mir noch bevor: Ich musste den Maschendraht an den Pfosten befestigen, mit jeweils vier Kabelbindern. Bei fünfhundert Pfosten! Ein Alptraum. *Du hast es fast geschafft, Brolga*, redete ich mir zu.

Als der Zaun dann tatsächlich fertig war, ließ ich keineswegs die Sektkorken knallen, denn schon dachte ich an den nächsten Schritt. Es war an der Zeit, Roger und Konsorten auf ihr neues Zuhause vorzubereiten.

Kapitel 17

Es war eine ruhige Nacht. Die Würstchen waren gar, die Kartoffeln aus der Glut geholt. Bevor ich mich darüber hermachte, warf ich Holz aufs Feuer. Meterhoch schossen die Flammen empor. Im flackernden Lichtschein sah ich die drei Besucher: wilde Hunde, ungefähr zehn Schritte entfernt. Wilde Hunde sind gefährlich. Vor einiger Zeit waren im Busch nahe Alice Springs zwei Männer mit zahllosen Bisswunden tot aufgefunden worden. Ich selbst und auch Freunde waren schon einige Male von Hunden gejagt worden. Kurzum, mir standen beim Anblick der nächtlichen Besucher die Haare zu Berge.

Ich hätte besser achtgeben müssen. Am frühen Abend hatte ich meine Roos mit den Füßen aufstampfen hören, aber dann war ich vor dem Feuer in meinen Gedanken versunken. Jetzt jedoch war ich hellwach, denn die Hunde kamen näher. Ich packte die Bratpfanne mit den Würstchen und floh in meine Hütte. Zu meiner Erleichterung zogen die ungeladenen Gäste bald ab.

Auch wenn ich die Hunde und die Dingos nicht sah, wusste ich ziemlich genau, wie oft sie vor meinem Gehege aufkreuzten. Ich hörte sie nachts bellen und heulen und fand am Morgen ihre Spuren im Staub. Sie bereiteten mir die größten Kopfschmerzen, während ich den Umzug meiner Kängurus ins Zwanzig-Hektar-Gehege vorbereitete. Was, wenn der Zaun nicht hundesicher war? Ich machte die Probe aufs Exempel und verteilte vor der Innenseite des Zauns stinkendes Dosenfleisch und Knochen. Alle hundert Meter luden solche Happen zum Mahl ein. Es widerstrebte mir, noch mehr Hunde in unsere Gegend zu locken, doch blieb mir nichts anderes übrig, um die Sicherheit meines Geheges einschätzen zu können. Und die Hunde schnüffelten herum, kein Zweifel. Jeden Morgen inspizierte ich den Rand des Geheges wie einen Tatort und fand jede Menge Spuren, zum Glück aber nur auf der anderen Seite des Zauns. An manchen Abdrücken war deutlich abzulesen, dass besonders neugierige Hunde, die mit dem elektrischen Weideband in Berührung gekommen waren, erschrocken Reißaus genommen hatten.

Nach zwei Wochen wiederholter Tests war ich überzeugt von der Sicherheit des Geheges. Ich bat nun Emma, ein paar befreundete Reiseleiter und andere Bekannte, mit Töpfen und Pfannen und Löffeln durch das Gehege zu gehen und möglichst viel Krach zu schlagen, um aufzuschrecken, was sich eventuell eingeschlichen hatte, und es durch die offenstehenden Tore hinauszujagen. Unser lärmender Auftritt machte Roger und seinen Frauen gehörig Angst, doch schlimmer wäre es gewesen, sie mit einem Dingo ins neue Gehege zu sperren. Als ich mir sicher sein konnte, dass das Gelände frei von ungebetenen Gästen war, informierte ich Parks and Wildlife über den Stand der Dinge.

In den Wochen vor der Umsiedlung ins große Gehege war das vordem saftig grüne Gras trocken geworden. Ich fürchtete, uns könnte eine Dürreperiode bevorstehen, was in diesem Wüstenklima nicht selten der Fall ist. Aber, siehe da, ich nahm gerade mein Mittagessen in der Hütte ein, als sich dunkle Wolken über den Horizont schoben. Ungefähr anderthalb Stunden später warnte der Wetterbericht vor heftigen Sturmböen, gefolgt von Starkregen in ergiebigen Mengen. Großartig! Prima für die Roos. Es würde wieder grün werden. Ich sah darin ein gutes Omen. Der Zaun war fertig, die Roos konnten umziehen. Worauf noch warten?

Ich ging in das kleine Gehege, öffnete die Tore zum größeren und nahm Abstand. Molly Fleur war die Erste, die sich vorwagte. Ella und Abi ließen auch nicht lange auf sich warten; die beiden unternahmen nichts ohne die jeweils andere. Zuversichtlich, dass alle ihren Weg finden würden, zog ich mich ins große Gehege zurück. Molly Fleur und ein paar der anderen folgten mir, blieben dann stehen und schauten sich um. Offenes Gelände weit und breit. Ich konnte nur hoffen, dass sie sich glücklich schätzten. Plötzlich tauchte Roger wie aus dem Nichts auf und machte mir Beine. Offenbar wollte er mich noch einmal daran erinnern, wer hier der Boss war.

Es hatte angefangen zu regnen, als ich mich später am Nachmittag davon überzeugen wollte, dass alle Roos ihr neues Zuhause bezogen hatten. Spontan machte ich mich auf zu einem Spaziergang, gespannt darauf, wo ich welche Zöglinge antreffen würde. Ich war kaum eine Minute unterwegs, als ich vertraute Schnalzlaute hinter mir hörte. Roger saß auf seinem Schwanz. Das wunderschöne neue Gehege reichte ihm offenbar nicht; er wollte immer noch mit mir kämpfen. Um ehrlich zu sein, mir wurde flau. Ich sprintete auf den nächsten Baum zu und schnappte nach Luft. Roger setzte mir nach. Nach zwei, drei Runden Fangen im Kreis rannte ich zum nächsten Baum, wo das gleiche Spiel von vorn begann. Und so ging es weiter über den gesamten Weg zurück zur Hütte. Dass ich von seinen Boxhieben und Fußtritten nicht getroffen wurde, war reines Glück, und wenn er mich gar von den Beinen geholt hätte, wäre es mir übel ergangen. Roger war stinksauer. Er war der Anführer seines Rudels. Wie konnte ich es wagen, sein Revier zu betreten? Auch auf einem zehnmal größeren Gelände hätte er sich mir gegenüber nicht anders verhalten. Darauf zu hoffen, dass er sich beruhigte, war unrealistisch. Roger war Roger, und ein Narr, wer ihn zu ändern versuchte.

Die ersten Tage nach der Umsiedlung waren nervenaufreibend. Ich fürchtete, die Roos könnten in der neuen Umgebung verunsichert sein, womöglich in Panik geraten und mit voller Geschwindigkeit gegen den Zaun prallen, dessen Verlauf ihnen noch unbekannt war. Im Unterschied zum kleinen Gehege hatte das große keinen Sichtschutz. Die Roos waren von außen zu sehen. Sie konnten sich zwar hinter Büschen verstecken, doch würden geduldige Räuber immer wieder Gelegenheit haben, sie zu erspähen.

Eines Morgens, nur wenige Tage nach der Umsiedlung, hörte ich den Warnruf – *bang, bang, bang*. Ich saß in dem kleinen Garten hinter meiner Hütte mit Blick auf das Gehege. Ich sah die Roos von Ost nach West springen. In der Ferne bellte ein Hund. Ich war beunruhigt, gleichzeitig aber auch erleichtert, weil der Zaun standzuhalten schien. Weil ich mich aber nicht voll darauf verlassen mochte, stellte ich Hundefallen auf, Käfige aus Maschendraht, in die ich Fleischköder legte.

Es dauerte nicht lange, und ein halbes Dutzend unterschiedlichster Köter gingen mir in die Falle, darunter erbärmlich abgemagerte Tiere mit eingekniffenen Schwänzen, aber auch solche, die kräftig und gesund aussahen, die Zähne fletschten und nach mir schnappten, als ich sie mitsamt der Falle hochhob und ins Auto schaffte. Ich fuhr sie ins Tierheim der RSPCA in Alice oder zu einer Freundin, die einen eigenen Zwinger unterhielt. Es tat mir leid um die Hunde, aber vor die Wahl gestellt zwischen meinen Kängurus und ihren Fressfeinden, hatte ich natürlich klare Vorlieben, obwohl mir bewusst war, dass manche der Hunde eingeschläfert werden mussten. Aus einem von ihnen wurde jedoch der gefürchtete Wachhund eines Geschäfts, in das immer wieder eingebrochen worden war. Soweit ich weiß, hat sich kein Einbrecher mehr in die Nähe gewagt. Der Hund hört nur auf sein Herrchen; allen anderen springt er an die Gurgel.

Während Roger und sein Rudel ihr neues Gehege in Beschlag nahmen, machte ich mir Gedanken darüber, wie ich die Menschen weiterhin über die Rettung und Pflege von notleidenden Wildtieren aufklären konnte. Eine Idee war mir bereits im alten Baby Kangaroo Rescue Centre gekommen, als mich Touristen ansprachen, die Kängurus in freier Wildbahn beobachten wollten. Das Gehege war natürlich nicht die freie Wildbahn, bot meinen Kängurus aber doch genügend Freiheit, sich so zu verhalten, wie es ihre Art war. Der einzige Unterschied bestand darin, dass sie keine Fressfeinde zu fürchten hatten (außer Keilschwanzadlern, die Interesse an Joeys haben mochten) und dass sie an die Nähe von Menschen gewöhnt waren. Sie reagierten je nach Temperament auf Zaungäste. Ella und Abi ließen sich nach wie vor gern streicheln, während Naomi und Berry tunlichst Abstand hielten.

Ich beschloss, zu bestimmten Zeiten Führungen anzubieten. Eine Art Zoo, der den ganzen Tag über geöffnet hatte, wollte ich nicht betreiben, denn meine Kängurus, die tagsüber häufig schliefen, sollten weitestgehend ungestört bleiben. Nach reiflicher Überlegung entschied ich mich für jeweils eine Tour bei Sonnenaufgang und eine am Abend gegen Sonnenuntergang, und das an drei Tagen in der Woche.

Ich ließ Broschüren drucken und bat die örtliche Presse um Unterstützung, als das Werbewirksamste erwies sich jedoch die Mund-zu-Mund-Propaganda meiner ehemaligen Reiseführerkollegen. Wegen zu geringer Nachfrage nahm ich aber schon bald die frühmorgendliche Tour aus dem Programm. Die am Abend erfreute sich zunehmender Beliebtheit. In einem kleinen Vortrag machte ich die versammelten Besucher zunächst auf die Möglichkeiten aufmerksam, verwaiste Jungtiere zu retten. Anschließend führte ich die Leute zur Fütterungszeit durchs Gehege. Roger wurde schnell zum Star. Sein Machoverhalten zwang mich, ihn im kleineren Gehege einzusperren. Aber er versäumte es nicht, die Fäuste zu heben, sobald er mich sah. Ich fand diesen Teil der Führung besonders wichtig, weil er deutlich machte, dass domestizierte Tiere ihre natürlichen Verhaltensweisen behalten und gefährlich werden können. Interessanterweise versuchten Leute, die von meinem Freigehege gehört hatten, ihre Joeys bei mir abzugeben, anstatt sie in die Freiheit zu entlassen, wenn sie erwachsen waren. Sie hofften wohl darauf, ihre Lieblinge an Sonntagnachmittagen bei mir besuchen zu können. Ihnen musste ich sagen: »Dieses Freigehege wurde ausschließlich für solche Tiere eingerichtet, die nicht in den Busch zurückkehren können. Wenn Ihr Tier gesund ist, muss es zurück in den Busch. So will es das Gesetz.« Es war erschreckend, wie viele Leute dies nicht wussten.

Die Führungen und meine diversen Jobs brachten mir so wenig Geld ein, dass ich wieder in finanzielle Schwierigkeiten geriet. Ich konnte es mir nicht einmal leisten, dem örtlichen Tourismusverband beizutreten, weshalb es mir auch verwehrt war, meine Prospekte in dessen Zentrale auszulegen. Ich brauchte einen regelmäßigen Job an fünf Tagen in der Woche, aber es musste etwas sein, bei dem ich meine Joeys mitbringen durfte. Zu diesem Zeitpunkt hatte ich zwei: Zoe, ein junges Weibchen, das von einem Hund angefallen worden war und ein Loch im Ohr hatte, und Charles, ein Jagdopfer aus dem Charles Creek Camp.

Um meine Rechnungen bezahlen zu können, hätte ich so gut wie jede Arbeit angenommen. Ein Freund machte mich auf eine freie Stelle bei Centre Bush Bus aufmerksam, einem Transportunternehmen, das mit seinen Bussen die entlegensten Camps und Siedlungen der Aborigines mit der Stadt verbindet. Es wurde gegründet von Alan Passmore, der als Verwalter einer Außenstelle in Docker River, einem zweihundertfünfzig Kilometer westlich des Uluru gelegenen Dorf, gearbeitet und festgestellt hatte, wie schwer es für die dortigen Einwohner war, nach Alice

Springs zu gelangen, sei es, um einen Arzttermin wahrzunehmen, einkaufen zu gehen oder Angehörige zu besuchen. Also legte er ein paar Busrouten fest und betrieb diese von Docker River aus. Als ich mich um die freie Stelle bewarb, führten seine Kinder Tahnee und Ben die Geschäfte.

Tahnee, lebhaft, freundlich, mit strahlendem Lächeln und überaus geschäftstüchtig, brachte frischen Wind in mein Leben. Im Vorstellungsgespräch erwähnte ich auch Zoe und Charles. Sie war sofort Feuer und Flamme, und es fehlte nur, dass sie gesagt hätte: »Ja, den Job haben Sie, aber nur, wenn Sie Ihre Joeys mitbringen.«

Die Arbeit an sich war nicht besonders angenehm. Ich wusch Busse, die von rotem Staub, Schmiere und Schmutz überzogen waren. Trotzdem ging ich gern hin, und zwar wegen des Umfelds, das vor allem von Tahnee geprägt war. Gab es ein Problem, schlug sie eine Lösung vor, ohne bestimmen zu wollen. Sie sagte nie: »So wird das bei uns gemacht«, sondern fragte: »Wie können wir dir helfen?« Ich fand das sehr angenehm.

Ich arbeitete zwar nur ein paar Stunden am Tag, doch das regelmäßige Einkommen gab mir und meinen Kängurus ein wenig Sicherheit. Das Rudel hatte zu diesem Zeitpunkt Zuwachs bekommen: Chloe, ein Weibchen von ungefähr acht Monaten. Sie war von den Leuten, die sie bis dahin gepflegt hatten, so sehr verhätschelt worden, dass sie in Freiheit nicht hätte überleben können. Außerdem hatte sie Probleme mit den Füßen.

Der nächste Neuankömmling im Tierheim war kein Känguru. Er kam völlig überraschend.

Kapitel 18

Mitten im Sommer 2011. Ich saß an meinem Feuer und bereitete mein Abendessen vor, als das Notfall-Handy klingelte. Ich nahm den Anruf entgegen und hörte, was äußerst selten war, das Beep-beep-beep der Auslandsvermittlung.

»Hallo, Chris, hier Andrew Graham-Brown.«

Der Name sagte mir nichts, wohl aber der Arbeitgeber des Mannes. Er erklärte, er sei ein Dokumentarfilmer aus England und repräsentiere AGB-Films, die sehr viel für die BBC produzierten. Er hatte von mir und meinem Tierheim über einen Kollegen namens Tom Mustill gehört. Tom war sechs Monate zuvor in Alice Springs gewesen, um eine Dokumentation über Kamele zu drehen, und hatte Andrew gegenüber erwähnt, dass er einen Typen getroffen habe, der Kängurubabys rette und in einer Hütte im Outback mit ihnen lebe.

»Wären Sie an einem Pilotfilm interessiert?«, fragte mich Andrew nun.

»Was ist ein Pilotfilm?«

Probeaufnahmen, erklärte er. Er wolle mich besuchen, Aufnahmen von mir und den Kängurus machen und nach England zurückkehren, um eine Minidokumentation zu schneiden, die er dann potentiellen Geldgebern für eine größere Sendung oder gar Fernsehreihe vorlegen würde.

»Also nur für den internen Gebrauch«, führte er weiter aus. »Sie bekämen erst einmal keine Gage. Wären Sie trotzdem einverstanden?«

»Klar, warum nicht? Könnte Spaß machen.«

Ich hatte die Sache fast vergessen, als sich Andrew Graham-Brown ein paar Wochen später ein zweites Mal meldete.

»Die BBC hat mir ein kleines Budget für Probeaufnahmen gegeben. Man verspricht sich einiges von diesem Projekt.«

Er sagte, das ganze Geld gehe für Flug und Unterkunft drauf, für ihn persönlich bleibe auch nichts übrig. Mir sollte es recht sein.

Zwei Monate später traf ich den Mann zur Stimme, einen sehr engagierten Filmemacher und Workaholic, wie ich später entdeckte. Er erzählte mir von seinen jüngsten Arbeiten: *Panda Makers*, ein von David Attenborough gesprochenes Feature über ein Panda-Schutzprojekt in China, und *Mississippi – Tales of the Last River Rat*, eine Dokumentation über die Flusswelt am Oberlauf aus der Perspektive von Kenny Salwey, der in einer Blockhütte in Ufernähe wohnte. Andrew hatte schon einige Sendungen abgeliefert und machte einen sehr kompetenten Eindruck auf mich. Er ließ auch keine falschen Hoffnungen aufkommen und betonte, dass die Probeaufnahmen keine Garantie für einen Nachfolgeauftrag seien. Mich störte das nicht. Ich fand es einfach nur toll, mit jemandem, den ich noch nicht kannte, über Kängurus zu sprechen. Alles Weitere würde sich zeigen.

Der Dreh dauerte sechs Tage. Roger und das Rudel

waren die Protagonisten, neben Fidgit, einem männlichen Joey, dem Kinder von Jägern den Schwanz gebrochen hatten und um das ich mich kümmerte. Ich wurde auch gefilmt bei meiner täglichen Routine in und vor der Hütte. Ohne Strom, ohne sanitäre Einrichtungen, kochen auf offenem Feuer. So gefiel es mir, und Andrew fand es interessant.

»So lebt heute eigentlich kein Mensch mehr«, sagte er, »nicht einmal im Outback.«

Er war beeindruckt und fühlte sich offenbar an seine Pfadfinderjahre erinnert. Ich kochte für ihn: Gebratenes und Brote, Kamel- und Emuwürstchen und dergleichen mehr. Wir freundeten uns an und nahmen uns vor, unabhängig vom Ausgang des Pilotprojekts in Kontakt zu bleiben.

In den Folgemonaten rief er mich ein ums andere Mal an und sagte, er habe zwar noch kein grünes Licht, aber die BBC scheine »durchaus heiß drauf« zu sein. Um meine Erwartungen gleich wieder zu dämpfen, sagte er noch, dass von den vielen Pilotprojekten, die Jahr für Jahr gestartet würden, nur ungefähr zehn weiterverfolgt würden. Ich erzählte meinen Eltern von der Sache, bat sie aber, bis auf weiteres Stillschweigen zu bewahren. Mir blieb nichts anderes übrig, als zu warten. Ende 2011, sechs Monate nach den Probeaufnahmen, rief Andrew wieder an.

»Gute Nachrichten!«, frohlockte er. »Die BBC will uns mit einem einstündigen Special für die Sendereihe *Natural World*.«

Super, dachte ich. Mir war nicht wirklich bewusst, was Andrew meinte, als er sagte, ich stünde im Mittelpunkt der Story. Es gehe nicht um die Kängurus, sondern um mein Leben mit ihnen. Das Feature sollte *Kangaroo Dundee* heißen. Ich fühlte mich geschmeichelt, war aber auch ein bisschen erschrocken. Wollte ich überhaupt, dass man mich in den Vordergrund stellte? Ich war glücklich und zufrieden mit meinen Sonnenuntergangstouren, dem Tierheim und meinem Halbtagsjob, auch wenn nicht viel dabei heraussprang. Andererseits bot sich mir eine einzigartige Chance, meine Bemühungen um notleidende Kängurubabys auf den Britischen Inseln bekannt zu machen, von denen Jahr für Jahr zahllose Touristen ins Outback kamen. Mir ging es nur darum, möglichst viele Menschen für den Tierschutz zu gewinnen. Von Andrew erfuhr ich nun, dass das Feature wahrscheinlich eine große Reichweite abdecken würde, zumal für die Kosten nicht nur die BBC, sondern auch Animal Planet aufkäme. *Wow*, dachte ich, *eine wirklich große Nummer also!*

Ein Honorar wurde vereinbart, das es mir ermöglichte, meine Sonnenuntergangstouren auszusetzen, so dass AGB-Films im Kängurugehege ungestört filmen konnte. 2012 wurde für mich das Jahr vor der Kamera. Vorübergehend legte ich auch meine Arbeit bei Centre Bush Bus nieder. Tahnee, mit der ich inzwischen gut befreundet war, ließ zwar durchblicken, dass sie nicht ganz einverstanden war, freute sich aber auch für mich. Sie hatte mir geholfen, mit Andrew per E-Mail zu korrespondieren. Ich hatte natürlich selbst keinen Internetanschluss.

Von Tahnee und meiner Familie abgesehen, erzählte ich niemandem von den Filmarbeiten. Mir war klar, dass sie in Australien nicht gut ankommen würden. Dass man mir den Mittelfinger zeigte, wenn ich in meinem Auto mit der Aufschrift »Baby Kangaroo Rescue Centre« durch die Stadt fuhr, war noch das wenigste; es kam auch vor, dass man Bierflaschen und Steine hinter mir herwarf. So war es nun einmal. Touristen aus dem Ausland haben Freude an australischen Tieren, aber wie würden meine Landsleute auf den Film reagieren? In Australien gibt es schätzungsweise an die fünfzig Millionen Kängurus, doppelt so viele wie Einwohner. Manche sehen in ihnen einen nationalen Schatz, andere eine Plage. Also beschloss ich, die Sache für mich zu behalten, bis der Film im Kasten sein würde. Danach bliebe noch genug Zeit, mir über die Auswirkungen Gedanken zu machen.

Andrew und Tom Mustill kamen im Januar 2012. Man stelle sich vor: zwei Engländer, die es aus winterlichen Gefilden in die brütende Hitze des Outback verschlug. Als sie ihren Flieger verließen, huschten sie wie Feldmäuse umher, auf der Suche nach Schatten. Ich hatte ihnen eine nette Unterkunft bei mir in der Nähe besorgt, doch dass sie sich erst einmal von Jetlag und Klimaschock erholten, war nicht drin. Ich erzählte ihnen, dass Abigail jederzeit ein Baby bekommen könnte. Sie und Roger hatten sich vor knapp einem Monat vor meinen Augen gepaart, und da die Tragezeit der Roten Riesenkängurus nur dreiunddreißig Tage beträgt, stand die Geburt unmittelbar bevor, sofern es denn zur Befruchtung gekommen war. Zu diesem Zeitpunkt hatte ich mich an das Bild neugeborener Joeys gewöhnt. Vor allem Ella hatte sich als gebärfreudig erwiesen; auf ihren ältesten Sohn Monty war ein Jahr später Bella gefolgt und dann Nigel, der nun einen Monat alt war.

Andrew und Tom waren ganz aus dem Häuschen und informierten sich sofort im Internet über Kängurugeburten. Ich erinnere mich genau daran, weil sie ein iPhone benutzten, ein Gerät, das ich erst durch sie kennenlernte. *Wow*, dachte ich, *Filme per Telefon!* Ein Video, das wir sahen, kam mir seltsam und falsch vor, denn das Muttertier verzichtete nach der Geburt darauf, sich nach vorn zu beugen und sich sauberzulecken. Als wir der Sache auf den Grund gingen, fanden wir heraus, dass das Tier zu Filmzwecken sediert worden war. Ich sagte Andrew und Tom, dass ich so etwas bei Abi auf keinen Fall zuließe. Sie stimmten mir zu. Alles sollte hundertprozentig natürlich ablaufen.

Ohne dass sie sich vorher akklimatisiert hätten, folgten mir Andrew und Tom in mein zwanzig Hektar großes Gehege, wo wir ein Känguru suchten, das möglicherweise trächtig war und uns zu seltenen Filmaufnahmen verhelfen könnte. Was für ein Drehbeginn! Die beiden müssen schrecklich gelitten haben. Selbst mir war es zu heiß, und normalerweise setzte man sich bei solchem Wetter nicht der prallen Sonne aus. Wir entdeckten Abi unter einem Baum am Rande einer savannenartigen Fläche, hielten Abstand und setzen uns im Schatten auf Klappstühle. Trotz der Hitze und obwohl uns Myriaden von Fliegen zu schaffen machten, verzogen meine Gäste keine Miene. Als erfahrene Tierfilmer waren sie an solche Härten gewöhnt wie auch daran, sich Wochen, wenn nicht Monate zu gedulden, bis ihnen etwas vor die Linse kam, was sich zu filmen lohnte. Ich hoffe, die Zuschauer zu Hause auf ihren Sofas wissen das zu würdigen.

Wir folgten Abi fünf Tage lang rund um die Uhr. Aber ich hatte falschen Alarm geschlagen. Das erhoffte Geburtsspektakel blieb vorerst aus. Es wurde Zeit, dass wir uns auf andere Einstellungen konzentrierten.

Den ersten Monat nutzten Andrew, Tom und ich als eine Art Kennenlernphase. Wir unterhielten uns über Kricket, kochten und aßen am Lagerfeuer und kamen natürlich auch immer wieder auf Kängurus zu sprechen. Schnell schlossen wir Freundschaft, was mir meinen Job erleichterte. Ich hatte zwar schon einige Male vor der Kamera gestanden, doch nur für kurze Clips und ein paar O-Töne. Über längere Zeit gefilmt zu werden war etwas völlig anderes. Andrew und Tom sorgten dafür, dass ich mich nicht unwohl fühlte. Wir hatten zwar auch Auseinandersetzungen, doch kamen wir im Großen und Ganzen sehr gut miteinander aus. Die beiden rieten mir, mich nicht zu verstellen oder gar ein zweiter David Attenborough sein zu wollen, sondern ich selbst zu bleiben.

»Stell dir vor, du sprichst mit uns und niemandem sonst«, sagte Andrew.

Das tat ich, und es funktionierte.

Es half mir sehr, dass die beiden sich so für das Thema und den Busch begeisterten. Sie verliebten sich regelrecht ins Outback und konnten den atemberaubenden Anblick des Sternenhimmels kaum fassen. Morgens wie abends kommentierten sie die Schönheit des goldenen Lichts, das kurze Augenblicke mit Bedeutung und Magie auflädt. Dieses Licht, die Farben, der endlose Himmel – sie waren fasziniert davon. Und dann gab es da noch die Kängurus. Anfangs hatten sie einige Probleme, die Tiere in ihren wechselnden Haltungen und Posen mit der Kamera einzufangen. Relativ einfach ist es, sie aus mittlerer Entfernung in weiten Sätzen über die Steppe springend aufzunehmen. Nahaufnahmen sind jedoch recht schwierig, da sich die Roos vor allem auf und ab bewegen. Andrew und Tom experimentierten viel, Andrew mit der Kamera, Tom als Tontechniker, und tauschten manchmal auch ihre Rollen.

Für die Filmaufnahmen nutzten wir meist die goldene Stunde am frühen Morgen, wenn es nicht so heiß und das Licht besonders günstig war, sowie den späten Nachmittag. Was ich unbedingt verdeutlichen wollte, war, dass es außer mir rund zwanzig weitere Tierpfleger in Alice Springs und Umgebung gab und dass viele weitaus länger in dem Job tätig waren als ich. Insbesondere wollte ich auf zwei Frauen aufmerksam machen, die mir ans Herz gewachsen waren.

Da war zum einen Cynthia, die Matriarchin unserer Zunft, an die man sich wandte, wenn man Rat, medizinische Hilfe oder einfach nur eine Tasse Kaffee und ein bisschen quatschen wollte. Als pensionierte Krankenschwester war sie nach Jahren der Berufstätigkeit in Queensland nach Alice zurückgekehrt. Inzwischen um die siebzig, war sie seit kurzem Vorsitzende von Wildcare.

Seit rund fünfzig Jahren kümmerte sich Cynthia um Tiere. Sie war immer hilfsbereit und ließ sich nie beirren. Während der vielen Male, die wir uns gegenseitig unterstützt haben, hat sie mich mit ihrer Energie stets angesteckt. Nie war von ihr zu hören, dass sie sich schlapp fühlte. Dabei wäre es nur allzu verständlich gewesen, wenn sie einen Gang heruntergeschaltet hätte. Sie umsorgte ständig an die zwölf oder noch mehr Joeys, ohne ihre Enkel, ihre Kinder und ihren Mann zu vernachlässigen. Sie war unermüdlich und folgte einem einfachen Prinzip: Weise niemanden ab, der Hilfe nötig hat.

Brauchte ich Rat oder praktische Hilfe, wusste ich, dass ich nur den Hörer in die Hand nehmen musste.

»Wie geht's, Cynthia?«

»Danke, nicht schlecht für ein altes Mädchen«, antwortete sie immer, bescheiden, wie sie war. Inzwischen betrachtete ich diese bemerkenswerte Frau als meine inoffizielle Großmutter.

Die andere Pflegerin, die mich – insbesondere in letzter Zeit – stark beeinflusst hatte, war Anne-Marie, ebenfalls eine ausgesprochen unkonventionelle Frau. Mein erster Eindruck von ihr war der einer Frau um die fünfzig mit sehr langen blonden Haaren, lackierten Fingernägeln, einem Tattoo auf dem Rücken und einem Stall voller Tiere, darunter ein Chihuahua mit Irokesenfrisur. Quicklebendig und immer in Bewegung, arbeitete sie unter anderem als Fußpflegerin und Hundefriseurin. Ich fand sie großartig, denn sie war ein echter Outback-Typ, der jedem sagen würde: »Was ihr von mir denkt, ist mir egal; ich lebe so, wie es mir gefällt.«

Ich kannte Anne-Marie auch als sehr mitfühlende Person. Früher hatte sie als Pflegemutter etliche Kinder betreut, und auch heute noch stand ihre Tür offen für alle, die Hilfe benötigten. Sie zählte wirklich zu jenen rar gesäten Vertretern der Menschheit, die ihre eigenen Interessen hintenanstellen. Wenn wir als Steuerzahler auf solche Personen blickten, die ihr Leben Menschen und Tieren in Not widmen, würden wir ihr Engagement in Millionen und Abermillionen Dollar bemessen. In Wirklichkeit aber ist ihr Wert sehr viel größer. Zu diesen Personen gehörte Anne-Marie zweifellos. Wie Cynthia war sie ein wahrer Schatz, und ich war froh, dass sie mich auch ganz okay fand.

»Ich lasse nicht zu, dass man schlecht über Brolga redet«, sagte sie mit strengem Blick. Wie gut, so viel Rückhalt zu haben!

Es ergab sich auch bald eine Gelegenheit, beide Frauen in die Filmaufnahmen zu *Kangaroo Dundee* einzubeziehen: ein Roadkill. Ich wurde gefilmt, wie ich ein Joey aus dem Beutel seiner toten Mutter zog. Ich nannte den Kleinen William und wollte ihn nicht allein, sondern in Gesellschaft von seinesgleichen aufwachsen lassen. Weil ich aber zu dieser Zeit kein anderes Jungtier in Pflege hatte, wandte ich mich an Cynthia und Anne-Marie, weil wir uns in ähnlichen Situationen schon öfter gegenseitig geholfen hatten. Cynthia pflegte gerade ein Dutzend Babys und war froh, mir zwei überlassen zu können, die ungefähr so alt wie William waren, etwa fünf Monate. Daisy war als Überlebende eines Verkehrsunfalls in der Nähe des Uluru gerettet worden, Amy hatte ihre Mutter bei einer Treibjagd verloren.

Die drei Kleinen kamen großartig miteinander klar. Sie waren glücklich in ihren jeweiligen Taschen und machten erste Gehversuche in dem kleinen Garten hinter meiner Hütte. Daisy genoss es sichtlich, bemuttert zu werden.

Wenn ich mit ihr schmuste, saugte sie an einem meiner Hemdknöpfe wie an einer Zitze. Leider humpelte sie ein wenig, wahrscheinlich wegen eines Ellbogenproblems, das ihr aber sonst offenbar keine Schwierigkeiten bereitete.

Dank der drei Zöglinge konnte ich meine mütterliche Seite vor der Kamera ausspielen. Ich bin überzeugt davon, dass viele Männer eine solche Seite haben, sie aber, aus welchen Gründen auch immer, nicht ausleben. Mir fällt das nicht schwer, zumal ich meine Männlichkeit nicht in Zweifel ziehen muss. Vielmehr glaube ich, dass mein Verhalten typisch männlich ist und in Einklang mit einer jahrtausendealten Tradition und kulturellen Prägung steht: Ich schaffe Lebensmittel herbei, sorge für Unterschlupf und biete der Familie Schutz. Die Mütterlichkeit mag manchen Kerlen unangebracht erscheinen, ist aber nach meinem Dafürhalten unabhängig von Geschlecht und sexueller Orientierung Ausdruck von Stärke, weil sie versucht, einem jungen, verletzlichen Lebewesen zu einem möglichst guten Start ins Leben zu verhelfen.

Wegen dieser fürsorglichen Haltung jungen Kängurus gegenüber habe ich nach der Ausstrahlung von *Kangaroo Dundee* heftige Kritik einstecken müssen. Was ein paar Leute wohl besonders irritiert hat, ist das letzte Mittel, auf das ich zurückgreife, wenn ich mit einem Baby fernab jeglicher Zivilisation unterwegs bin und das Kleine so geschwächt ist, dass es nicht einmal den Kopf heben kann, um Wasser aus meiner hohlen Hand zu trinken. Dann verhalte ich mich wie eine echte Kängurumutter und lasse es mir den Speichel aus dem Mund lecken – vorausgesetzt, es zeigt keine Symptome einer ansteckenden Krankheit.

Ärzte und Veterinäre haben mir davon abgeraten, aber wenn es einem Kleinen über eine Durststrecke hinweghilft, bleibe ich dabei. Bei William, Daisy und Amy tat ich es, um als Ersatzmutter eine instinktive Bindung zu ihnen aufzubauen. Manche Leute mögen davon angewidert sein, aber wie viele Hundebesitzer lassen sich von ihren Schätzchen das Gesicht abschlecken? Wo soll man die Grenze ziehen? Wie dem auch sei, was ich tue, ist meine persönliche Entscheidung. In all den Jahren hat sie mir nicht geschadet, wohl aber viele Babys dazu gebracht, mich als ihre echte Mutter anzuerkennen während jener Phase, da sie besonders viel Liebe und Unterstützung brauchten. Ich bin stolz darauf, dass ich dies nicht aus Büchern, sondern durch eigene Anschauung im Outback gelernt habe. Übrigens, im Outback ist man ohnehin nicht pingelig. Es kommt vor, dass sich Cowboys tagelang nicht waschen. Die meisten rümpfen darüber die Nase, aber für uns, die wir im Busch leben, ist das ganz normal.

William, Daisy und Amy zählten zu den Stars von *Kangaroo Dundee*, aber wer die Sendung gesehen hat, wird sich daran erinnern, dass nicht alles nach Plan lief. Als ich den Garten hinter der Hütte anlegte, auf einer Fläche von der Größe zweier Tennisplätze, beschloss ich, einen grobmaschigen Zaun zu spannen, der für kleinere Tiere, zum Beispiel Goannas und Bartagamen, passierbar sein würde. Sie sollten Zugang haben, weil sie helfen, Giftschlangen in Schach zu halten.

Ich kam mit der Arbeit gut voran, doch dann schlug mir die Natur ein Schnippchen. Es war an einem Vormittag, ich hatte William, Daisy und Amy im Hinterhof ausgesetzt, damit sie sich ein bisschen bewegten. Plötzlich fing es an zu brausen, als ob eine Rinderherde auf meine Hütte zustürmte. Heiße Wirbelwinde, die wir in Australien Willy-Willies nennen, fegten herbei, Staub und Sand meterhoch aufrührend. Meist sind diese Windhosen harmlos, aber manche können furchterregend sein. Meine drei Joeys jedenfalls gerieten in Panik und sprangen ziellos hin und her.

Ein Willy-Willy traf die Hütte. Sand prasselte gegen das Wellblech. Es gelang mir, Amy und William zu erwischen und sie nach drinnen in Sicherheit zu bringen. Dann rannte ich wieder hinaus und sah, dass sich Daisy mit einem Bein im Zaun verfangen hatte. Obwohl ich mich vorsichtig näherte, um sie nicht zu erschrecken, wurde sie ganz hektisch und versuchte, sich loszureißen. Als ich sie befreit hatte, musste ich feststellen, dass sie sich am Bein verletzt hatte und nicht mehr stehen konnte. Ich rief auf der Stelle in der Tierklinik an und hoffte natürlich, dass ich mich mit Daisy sofort auf den Weg machen könnte, doch es hieß, dass sie frühestens in zwei Stunden an der Reihe sei. Mir blieb nichts anderes übrig, als zu warten. Ich versuchte, Daisy einen Verband anzulegen, aber sie sträubte sich mit aller Kraft dagegen. Ich schaffte es schließlich doch, hielt sie an mich gedrückt und hoffte, sie auf diese Weise zu beruhigen. Sie leiden zu sehen schmerzte mich.

»Tun Sie bitte alles, was in Ihrer Macht steht«, bat ich die Tierärztin, als wir endlich im Behandlungszimmer waren. Schon lange war in meiner Obhut kein Baby mehr gestorben, abgesehen von denen, die ich so dehydriert und geschwächt aufgefunden hatte, dass ich sie nicht mehr hatte retten können. Daisy war ein ganz anderer Fall, sie musste wieder auf die Beine kommen. Ich fühlte mich schuldig an ihrem Zustand. Die Tierärztin befühlte das verletzte Bein und schien sofort zu wissen: Der Knochen, kaum dicker als ein Zweig, war nicht nur gebrochen, sondern zersplittert wie ein Glas, das zu Boden gefallen war.

»Lassen Sie sie hier. Wir werden ein paar Röntgenaufnahmen machen und uns dann bei Ihnen melden«, sagte sie.

Es war später Nachmittag, als sie anrief.

»Können Sie herkommen?«, fragte sie.

»Wie geht es ihr?«

»Kommen Sie her, und wir werden alles besprechen.«

Damit war der Fall klar.

Als ich eintraf, zeigte man mir auf einem Computerbildschirm die Röntgenaufnahmen. Die Tierärztin, eine sehr rücksichtsvolle Frau, versicherte mir, alles versucht zu haben. Sie hatte sogar zwei Spezialisten aus anderen Kliniken konsultiert, aber auch von ihnen nur eine negative Prognose zu hören bekommen. Selbst wenn der Knochen heilen sollte, würde Daisys Bein nicht mehr voll belastbar sein und immer weh tun. An eine zukünftige Auswilderung war nicht zu denken, aber auch mein Tierheim kam nicht mehr in Frage. Immerzu Schmerzen zu leiden, mochte ich Daisy nicht zumuten. Es gab nur eine vernünftige Entscheidung. Sie musste eingeschläfert werden. Ich begrub sie in der Nähe der Hütte unter einem wunderschönen Eisenholzbaum, der seitdem »Daisys Baum« heißt.

Der Verlust hat mich sehr getroffen. Wenn es an diesem

schrecklichen Ereignis etwas Positives gab, dann vielleicht die Botschaft, die es im Film vermittelte: Tierpflege und -fürsorge sind nicht nur rosig und voller Glücksmomente. Von heute auf morgen kann trotz günstiger Bedingungen das Schicksal zuschlagen. Tagelang zermarterte ich mir den Kopf. Hätte ich mich zuerst und vor den anderen beiden um Daisy kümmern sollen? Wäre das, was ich mit dem weitmaschigen Zaun verhindern wollte, nämlich ein Schlangenbiss, womöglich weniger verhängnisvoll für sie gewesen? Wie konnte ich meine Joeys vor Willy-Willies schützen? Doch Grübeleien dieser Art sind im Grunde sinnlos. Zu Unfällen wird es immer kommen, auch wenn man sich noch so sehr in Acht nimmt.

Ich hüte mich vor Willy-Willies wie vor Hunden in der Nacht, und wenn uns dieses oder jenes zu nahe kommt, werde ich meine Joeys in Sicherheit bringen. Erwachsene Kängurus lassen sich von Staubteufeln, die im Busch keine Seltenheit sind, nicht beunruhigen, aber die Jungen reagieren meist panisch darauf. Als gute Mutter werde ich alles tun, um meine Babys zu beschützen.

Daisys Tod war das einzig Traurige an *Kangaroo Dundee*. Andrew und Tom filmten später Williams und Amys Entlassung in die Freiheit, die wie immer auf den Weidegründen einer Viehstation in der Nähe einer Wasserstelle stattfand. Für mich war es wieder einmal Anlass, den Kopf darüber zu schütteln, wie schnell die Zeit verging. Eben waren sie noch Babys in meinem Arm gewesen, und nun verließen sie als junge Erwachsene ihr Zuhause.

Die Filmszenen, die wir uns vorgenommen hatten, waren alle im Kasten, bis auf eine: der Vorgang einer Geburt.

Andrew und Tom blieben noch den ganzen Sommer. Dann flogen sie nach England zurück mit dem Versprechen, im Winter wiederzukommen. Ich nahm mir vor, während ihrer Abwesenheit Tagebuch zu führen und das Paarungsverhalten meiner Kängurus zu beobachten und zu dokumentieren. Mit etwas Glück würden wir schließlich mit der Kamera zur richtigen Zeit am richtigen Ort sein.

Kapitel 19

Zu den schönsten Vorzügen meines Tierheims zählt, dass ich Kängurus beobachten kann, wann immer mir danach ist. Die Aussichtsstation liegt gleich vor meiner Hintertür. Besonders faszinierend ist es, wenn sich Kängurus paaren. Wie versprochen, führte ich für *Kangaroo Dundee* Tagebuch über Rogers Beziehungen zu den Weibchen seines Rudels, wobei ich mich des Öfteren in Gefahr brachte. Es war schließlich nicht damit getan, ins Gehege zu gehen nach dem Motto: »Keine Sorge, alter Freund, ich bin nur hier, um zu beobachten, was du treibst. Ich will gar nicht teilnehmen.« Da sich Rogers Verhalten auf dem Gelände von zwanzig Hektar nicht geändert hatte und er mich nach wie vor als Bedrohung wahrnahm, musste ich immer einen Fluchtweg im Auge haben. Wo war der nächste Baum? Oder gab es einen Termitenhügel in erreichbarer Nähe, hinter dem ich in Deckung gehen konnte? Ich ließ mich auf riskante Manöver ein. Roger war schnell. Sooft ich mich ins Freie wagte, lief ich Gefahr, von ihm erwischt zu werden. Doch es gelang mir, ihm auszuweichen und einen mehr oder weniger lückenlosen Bericht seiner Zeugungsakte zu verfassen.

Verglichen mit anderen Kängurumännchen erwies sich Roger als durchaus empfindsamer Partner, der auf seine Weibchen Rücksicht zu nehmen schien. Er warb regelrecht um sie, indem er tagtäglich ihr Fell pflegte. Viel kräftiger als sie, hätte er sie sich auch einfach unterwerfen können, doch habe ich ihn bis heute immer nur als Gentleman erlebt. Roger akzeptierte offenbar ein Nein – zumindest kurzfristig.

Im Laufe der Zeit fand Roger heraus, dass er sich nicht ausschließlich der Werbung widmen konnte, sondern auch auf der Hut sein musste vor den anderen Männchen, insbesondere vor Monty, der geschlechtsreif wurde. Es kam nicht selten vor, dass sich Roger um eines seiner Weibchen bemühte, ihm aber plötzlich und unverrichteter Dinge den Rücken kehren musste, weil Monty unter Missachtung der Paarungsetikette einem anderen nachstellte. Das konnte Roger nicht zulassen; mit wenigen Sprüngen war er zur Stelle und erklärte seinem Sohn die Rangfolge. Und wenn Roger Regeln aufstellte, hörte Monty zu. Er schlich sich dann wie ein eingeschüchtertes Hündchen mit eingezogenem Schwanz davon. Obwohl Roger erfolgreich über sein Rudel herrschte, war deutlich, dass er immer auf der Hut sein musste.

Hatte er den Sohn in die Schranken verwiesen, setzte Roger das Paarungsritual fort, das Stunden dauern konnte, mitunter einen ganzen Tag. Es kam vor, dass Molly Fleur davonlief und er ihre Verfolgung aufnehmen musste, bis sich seine Hartnäckigkeit auszahlte und sie endlich stillhielt. Ich fragte mich immer, was Roger in diesem Moment wohl dachte. Bereitete er sich instinktiv auf eine weitere Zurückweisung vor, oder gab es eindeutige Zeichen dafür, dass die eigentliche Paarung vollzogen werden konnte? Er machte jedenfalls immer einen verdutzten Eindruck und schien fragen zu wollen: »Bist du dir wirklich sicher? Möchtest du es dir nicht lieber doch noch einmal überlegen?«

Roger hätte dankbar dafür sein können, dass er nicht in der Wildnis lebte, wo ihm sehr viel mehr Rivalen den Rang streitig gemacht hätten. Ich habe solche Revierkämpfe im Busch beobachtet und weiß, dass sie geradezu groteske Formen annehmen können und der Herausgeforderte manchmal nach zahllosen Verfolgungsjagden entkräftet kollabiert. Purer Stress ist das.

Innerhalb meines Freigeheges musste ich über ähnliche Szenen tatsächlich laut lachen. Roger war eindeutig der Rudelchef, während Monty sich in seiner Naivität einbildete, ihn vorzeitig beerben zu können. Dann kreuzte irgendein Joey wie der kleine Peep auf, beobachtete die beiden und verstand die Welt nicht mehr, ja, kam womöglich selbst auf die Idee, ein Weibchen zu begatten, wusste aber nicht, wie.

Als Andrew und Tom für weitere Aufnahmen zur Stelle waren, teilte ich ihnen mit, dass sowohl Naomi als auch Berry möglicherweise befruchtet worden waren. Die dreiunddreißig Tage Tragzeit waren vorüber, also stand eine Geburt unmittelbar bevor. Wir folgten Berry vier Tage durchs Gehege, hatten aber keinen Erfolg und ließen von dieser Methode ab, da sie uns unzweckmäßig erschien. Kaum hatten wir den Fokus von ihr abgewendet, brachte Berry wie uns zum Hohn und in aller Stille einen kleinen Sohn zur Welt. Ich nannte ihn Red.

Ein paar Tage später fiel mir auf, dass sich Zoe, eines der jüngeren Mitglieder des Rudels, ungewöhnlich verhielt. Ich hatte sie erst vor kurzem zusammen mit ihrem Stiefbruder Charles, dem sie sehr nahestand, im großen Gehege ausgesetzt. Zoe leckte sich immer wieder den Beutel, was vielleicht nichts zu bedeuten hatte. Vielleicht aber doch. Ich schaute in meinem Tagebuch nach und las, dass sich Roger vor etwa einem Monat auffällig oft in Zoes Nähe aufgehalten hatte. Ich berichtete Andrew und Tom davon, woraufhin wir nun Zoe im Auge behielten. Durch meine Lektüre, aus Fernsehdokumentationen und Gesprächen hatte ich erfahren, dass Kängurus nur tagsüber gebären. Nachts wäre es für das Neugeborene, das in den Beutel hochklettern muss, viel zu kalt.

Wir observierten Zoe seit zwei Tagen, als sie, nur etwa hundert Meter von meiner Hütte entfernt, unverkennbar deutlich auf ihren Beutel fokussiert war. Ich rief Andrew an, der sich nach den anstrengenden Tagen und Nächten in seinem Cottage ausruhte. Es war später Nachmittag.

»Möglich, dass ich mich irre«, warnte ich.

»Halt die Augen offen. Man kann nie wissen«, antwortete Andrew.

Ich wollte Andrew nicht umsonst alarmieren, aber kaum hatte ich aufgelegt, steckte Zoe ihren Kopf in den Beutel und verharrte rund dreißig Sekunden in dieser Position, ehe sie sich wieder aufrichtete. Ich dachte: *Nein, du rufst Andrew nicht an; er ist fix und fertig.* Aber wenige Minuten später tauchte Zoe wieder ab. Kein Zweifel, da war etwas im Gange.

Sie scharrte eine Kuhle in den Boden und legte sich hinein. Genoss sie einfach nur die Abendsonne? Plötzlich stand sie auf, so schnell, als wäre sie von Ameisen gebissen worden, und steckte wieder den Kopf in den Beutel. Ich rief Andrew an, berichtete ihm von den jüngsten Entwicklungen und glaubte fast hören zu können, wie er Gas gab und auf quietschenden Reifen um die Ecke raste. Minuten später rannten Andrew und Tom mit ihrer Ausrüstung auf mich zu. Normalerweise sah man sie nur schlendern; nicht so jetzt. Erstaunlich, wie schnell sie zur Stelle waren.

Wir filmten Zoe aus einer Entfernung von nicht mehr als zehn Metern. Sie putzte immer noch fieberhaft ihren Beutel. Mir ging durch den Kopf, dass sie noch kein Junges zur Welt gebracht hatte. Wusste sie, was mit ihr los war? Konnte es sein, dass sie einer Scheingeburt aufsaß? Wenn ja, galt Andrew und Tom mein volles Mitgefühl.

Dann gab es ein Zeichen, das keine Zweifel mehr zuließ: Zoe bewegte sich auf eine Kuhle zu, in der die Mitglieder des Rudels häufig Platz nahmen und ruhten, um die Tageshitze zu überstehen. Ich hielt die Luft an, als sie sich sitzend und mit dem Schwanz zwischen den Beinen in Gebärstellung brachte. Das ging schnell! Soweit ich wusste, nahm eine Geburt, die mit dem Putzen des Beutels begann, normalerweise Stunden in Anspruch. Zoe verschwand wieder mit dem Kopf in ihrem Beutel. Zog ihn hervor, steckte ihn wieder hinein. Andrew und Tom waren wie ich voller angespannter Erwartung. Die Sonne ging unter, und ich erlaubte mir den Gedanken: *Es passiert tatsächlich.*

Ohne erkennbaren Grund stand Zoe plötzlich auf und fing an zu grasen. Nonchalant, als wäre nichts geschehen, hüpfte sie von einem Grasbüschel zum anderen. Wir waren verblüfft und wagten nicht, uns von der Stelle zu rühren. Fünfzehn Minuten verstrichen, ohne dass sie einen Blick in ihren Beutel geworfen hätte. Was war los?

»Vielleicht ist es erst morgen so weit«, sagte ich zu Andrew und Tom. »In der Nacht passiert es jedenfalls nicht, nur am Tag. Jetzt wird es dunkel. Lasst uns gehen.«

»Machst du Witze?«, fragte Tom.

»Glaub mir, heute tut sich nichts mehr. Kommt, trinken wir ein Bier. Ich bin am Ende.«

Tom war anderer Meinung. Also blieben wir noch eine Weile und warteten. Es wurde kühler. Bald würden die Temperaturen auf ungefähr acht Grad absinken, was alles andere als ideal wäre für ein Kängurubaby bei seiner anstrengenden Kletterpartie in die Sicherheit des Beutels. Nach einer halben Stunde hörte Zoe zu fressen auf. Sie legte sich auf die Seite, pflegte wieder ihren Beutel, stand auf und machte sich jetzt energisch mit der Zunge daran zu schaffen. Wir hatten Glück, dass der Vollmond das Licht der Filmleuchte verstärkte, die Andrew eingeschaltet hatte. Ich sagte zu ihm: »Wenn sie jetzt doch niederkommen sollte, widerspricht das allem, was ich gelesen habe. Kängurus gebären nur bei Tage. Vielleicht weiß sie das noch nicht. Es ist ihr erstes Baby.«

Der Mond stieg höher und höher. Er verbreitete ein wunderschönes Licht. Die Luft war frisch und still. Die ganze Szenerie wirkte gespenstisch und schien Zoe nervös zu machen. Jedes Geräusch, das wir verursachten, schon der leiseste Schritt, ließ sie vor Schreck zusammenfahren.

»Wir sollten lieber die Schuhe ausziehen«, flüsterte ich.

Auf Socken über mein Gelände zu gehen empfiehlt sich eigentlich nicht. Im Gras verbirgt sich nicht nur Kängurumist, sondern auch so manches Reptil. Ich wiederhole: nicht auf Socken. Wir taten es trotzdem. Und wurden belohnt. Zoe ließ sich in eine sandige Kuhle fallen, die meine Roos tagsüber gern als Ruheplatz nutzten. Wir waren nur etwa fünf Schritte von ihr entfernt, hatten aber nicht den besten Blick, weil sie nicht zur Ruhe kommen wollte, sich immer wieder erhob und alle fünf Sekunden eine andere Position einnahm. Sie wirkte regelrecht verstört und verhielt sich auf eine für sie völlig untypische Weise. Es schien, als fragte sie sich: »Was zum Teufel ist mit mir los?«

Nach zahllosen Positionswechseln verharrte sie plötzlich. Andrew und Tom filmten aus unterschiedlichen Blickwinkeln. Einer von ihnen erwischte den entscheidenden Augenblick: Ein rosafarbenes Gummibärchen mit Armen, aber ohne Beine kletterte auf den Beutelrand zu. Selten war ich so aufgeregt wie in diesem Moment. Auch Andrew und Tom kamen aus dem Staunen nicht mehr heraus. Andere mögen eine Spritztour in einem roten Ferrari oder den Kauf einer Villa mit Meerblick für das ultimative Erlebnis halten. Für mich gibt es kaum etwas Beeindruckenderes als ein Känguru, das bei Vollmond im australischen Busch zum ersten Mal Mutter wird. Die lange Wartezeit hatte sich gelohnt. Ich konnte nur hoffen, dass Zoe ähnlich empfand. Sie tat mir leid, denn die Geburt hatte ihr offenbar schwer zugesetzt. Man sollte meinen, dass es ein Leichtes wäre, ein so winziges Baby zur Welt zu bringen, aber Zoes Verfassung erzählte eine andere Geschichte. Für mich war das Ganze wieder einmal eine sehr lehrreiche Erfahrung. Für die junge Kängurumutter bestimmt auch.

Nicht nur wegen der schwierigen Lichtverhältnisse waren die Nachtaufnahmen alles andere als einfach für Andrew und Tom, und ich hoffe, die Zuschauer wissen das zu schätzen. Das größte Problem war Roger. Wir wollten das Verhalten des Rudels bei Dunkelheit filmen und überlegten, wie wir das am besten anstellten, ohne Roger in das kleine Gehege zu verbannen. Er sollte mit ins Bild, doch wir befürchteten, dass er ruppig werden könnte und auch vor einer fünfzigtausend Pfund teuren Kamera nicht haltmachen würde.

Zu unserem Schutz errichtete ich einen beweglichen Drahtzaun, hinter dem wir uns verschanzen konnten. Wir benutzten ihn, als Andrew im September zum dritten und letzten Mal für Filmaufnahmen anreiste. Für Tom, der verhindert war, sprang Ian Clarke ein, ein ehemaliger Bauingenieur, der sich zum Tontechniker hatte umschulen lassen. Ihm verdanke ich unter anderem, dass mein alter Kia noch läuft.

Wir warteten die Vollmondphase ab. So leise wie möglich zu sein war Voraussetzung, denn Kängurus können nicht besonders gut sehen, verlassen sich vornehmlich auf ihre riesigen Ohren und nehmen jedes noch so leise Geräusch wahr. Wir hatten den beweglichen Zaun an einer günstigen Stelle auf freiem Savannengelände mit nur wenigen Bäumen aufgebaut. Geplant war, dass Andrew und Ian allein dahinter zurückblieben und ich in meiner Hütte auf ihren Anruf wartete, um sie nach getaner Arbeit abzuholen.

Die Filmaufnahmen begannen, und alles lief nach Plan. Ich stand noch eine Weile Wache vor dem Zaun und vergewisserte mich, dass Roger anderweitig beschäftigt war. Er graste in einigem Abstand mit den anderen Mitgliedern des Rudels, die als wunderschöne Silhouetten im Mondlicht zu sehen waren. Ich ließ Andrew und Ian allein und ging zur Hütte, von wo ich in der Ferne sogar das rote Licht der Kamera erkennen konnte. Alles war friedlich und still. Doch plötzlich wurden Schreie laut, und eine verängstigte Stimme rief: »Brolga! Roger hat uns entdeckt!«

Ich rannte hin und sah, dass Roger einen Teil des Zauns niedergerissen hatte und, zur vollen Größe aufgerichtet, weiteren Schaden zu verursachen drohte. Keine Ahnung, was ihn so sehr in Rage versetzt hatte. Wahrscheinlich hatte er nur etwas gehört oder gesehen und gedacht: »Ahhh, Männer! Ich hasse Männer!« Mehr bedurfte es für ihn eigentlich nicht, um aggressiv zu werden. Immerhin war ich rechtzeitig zur Stelle, um Schlimmeres zu verhindern. Die Szene muss urkomisch ausgesehen haben. Zwei Engländer, weltläufig und mit allen Wassern gewaschen, wurden von einem zwei Meter großen Kängurumännchen bedroht, das der Hafer gestochen zu haben schien.

Ehe die beiden eine Abreibung bekamen, sprang ich wie ein Matador – oder vielleicht eher wie ein Rodeo-Clown – in den Ring, lenkte Roger ab und gab Andrew und Ian Gelegenheit, ihre Ausrüstung zu schnappen und zur Hütte zu laufen. Ich konnte nur hoffen, dass sich Roger mit mir zufriedengab und darauf verzichtete, den beiden zu folgen. Im Zickzackkurs brachte ich mich schließlich selbst in Sicherheit. Offenbar beruhigt, kehrte Roger zu seinem Rudel zurück.

Sooft ich daran denke, muss ich lachen. Die Dreharbeiten dauerten insgesamt dreieinhalb Monate. Hundertfünf Tage. Andrew konnte es kaum erwarten, die Endfassung zu sehen. Er war voller Hoffnung. Ich wusste nicht, womit ich rechnen sollte. Klar, es war eine tolle Sache, für die BBC und Animal Planet gearbeitet zu haben, aber letztlich lebte ich zurückgezogen in einer kleinen Hütte am Ende der Welt. Ich hatte keinen Fernseher. Nicht einmal einen Lichtschalter! Immerhin, auf der anderen Halbkugel würde man demnächst etwas über Tierpfleger im Allgemeinen und meine Kängurus im Besonderen erfahren.

Dann erreichte mich ein Anruf von Andrew, der mir berichtete, dass er und die BBC sich Gedanken darüber machten, wer als Sprecher für unser Feature in Frage komme: David Attenborough (ernsthaft?), Cate Blanchett (wow, das wäre was!) oder – Kylie Minogue. Kylie! Jeder Aussie liebt Kylie. Weil sich das Feature jedoch von typischen Naturdokumentationen abheben sollte, entschied man sich am Ende für eine englische Stimme, und zwar für die der Schauspielerin Juliet Stevenson. Ich hatte, um ehrlich zu sein, noch nie von ihr gehört, was bei meiner Abgeschiedenheit aber auch nicht weiter verwunderlich war. Man sagte mir nur, sie sei sehr bekannt aus Film und Fernsehen. Die Wahl war in jedem Fall eine Ehre für mich. Während in England Entscheidungen dieser Art getroffen wurden, saß ich down under vor meinem Feuer und wunderte mich.

Ich wusch wieder Busse wie auch schon in den Drehpausen, wenn Andrew nach England zurückgekehrt war. Es gefiel mir, meine Jobs wieder aufzunehmen und ein paar Dollar zu verdienen. Während der Filmarbeiten hatten mir der Centre Bush Bus und vor allem Tahnee gefehlt. Ich hegte Gefühle für sie, und es schien, dass sie ähnlich für mich empfand. Wir flirteten miteinander, waren aber immer noch in der unkomfortablen Situation, in der man sich fragt, ob man sich zur Begrüßung die Hand geben, sich umarmen oder einen Kuss tauschen sollte.

Abgesehen davon hatte mir Tahnee unschätzbare Dienste erwiesen, indem sie den E-Mail-Kontakt zwischen Andrew und mir ermöglicht hatte. Sie war fantastisch. Bis zu diesem Zeitpunkt war nicht allzu viel zu tun gewesen, doch das sollte sich ändern. Ich glaube, Tahnee hatte keine Ahnung, was auf sie zukam. Ich wusste es ebenso wenig.

Kapitel 20

Anfang 2013, zwei Wochen vor Ausstrahlung des ersten Teils von *Kangaroo Dundee* im britischen Fernsehen, rief Andrew an.

»Wir haben unser Feature ein paar BBC-Leuten vorab gezeigt. Sie waren begeistert. Ich glaube, es wird großen Zuspruch finden. Du solltest dich darauf einstellen. Es wäre gut, wenn du dir eine Website einrichten würdest. Die Leute werden mit dir Kontakt aufnehmen und dich näher kennenlernen wollen.«

Ich hatte mit Computern so wenig am Hut, dass es normalerweise ausreichte, wenn Tahnee sich um meinen E-Mail-Account kümmerte, denn außer Spams gingen nur alle Jubeljahre Mails für mich ein. Auch wusste ich nicht recht, wozu ich einen Internetauftritt brauchen sollte, nahm aber das Angebot eines Freundes an, der mir eine einfache Website zu gestalten versprach. Als er jedoch hörte, dass die BBC im Spiel war, empfahl er mir professionelle Hilfe. Also zweigte ich einen für mich ziemlich hohen Geldbetrag ab, den ich gut investiert zu haben hoffte, und wandte mich an einen Webdesigner. Tahnee erstellte zusätzlich eine Facebook-Seite für mich und mein Tierheim. Ich hatte von Facebook gehört, wusste aber nicht, was es damit auf sich hatte. Auf den Rat eines anderen Freundes hin kaufte ich mir ein iPhone, das zu bedienen mir ein Dritter beibringen musste. Dank Glasfaserverkabelung und ausreichender Feldstärken für den Mobilfunk war auch Alice Springs im einundzwanzigsten Jahrhundert angekommen. So wurde selbst ich plötzlich hochtechnisiert. Ob das aber gut war, blieb für mich fraglich. Ich sah mein ruhiges Leben bedroht. Andererseits sagte ich mir immer wieder, dass man wohl nur einmal im Leben die Chance bekam, im BBC-Fernsehen aufzutreten.

Ich glaube, mir war wirklich schnuppe, was daraus wurde, denn es geschah ja fernab in der entgegengesetzten Hemisphäre.

Die erste einstündige Episode wurde in Großbritannien am Abend des 26. Januar ausgestrahlt, also zu einer Zeit, da in Australien schon der nächste Tag begonnen hatte. Gegen sechs in der Früh rief Emma an, die in ihrem Auto irgendwo in Queensland unterwegs war. Sie skypte mit ihren Eltern in England, die gerade *Kangaroo Dundee* im Fernsehen sahen und ihre Webcam so ausgerichtet hatten, dass Emma auf ihrem Laptop das Schauspiel mitverfolgen konnte. Ich war beeindruckt und hoffte, dass alle ihren Spaß an der Sendung hatten. Natürlich war auch ich jetzt gespannt, sie zu sehen.

Ungefähr eine Stunde später meldete mir mein iPhone den Eingang einer E-Mail. Sie war von irgendeinem Menschen aus Yorkshire, der das Feature gesehen hatte und mir Komplimente machte. Ich steckte das Handy weg und dachte nicht weiter darüber nach. Nach einer Weile aber überkam mich die Neugier. Ich rief Tahnee an und fragte sie, ob ich vorbeikommen könne. Als ich anderthalb Stunden später bei ihr war, zählte mein Postfach sage und schreibe sechshundertachtzehn E-Mail-Eingänge. Ich werde diese Zahl nie vergessen. Dann wollte ich einen Blick auf meine Website werfen.

»Scheint abgestürzt zu sein. Dabei ist sie angeblich für jede Menge Klicks ausgelegt«, sagte Tahnee.

Mir war die ganze Angelegenheit völlig schleierhaft. Sechshundertachtzehn Zuschriften erschienen mir der Zahl nach viel, aber was bedeuteten sie? Hatten alle Zuschauer, die das Feature gesehen hatten, mir eine Mail geschickt? Ich hatte schon kleinere Beiträge über mein Rescue Centre für die Zeitung von Alice Springs verfasst, die immerhin fünftausend Leser erreicht, doch Leserbriefe waren mir keine zugestellt worden. Wie sollte ich das verstehen?

Wir machten uns über die E-Mails her, doch sobald wir eine gelesen hatten, zeigte das Postfach zehn neue an. Da wusste ich, dass etwas Außergewöhnliches geschah. Kaum war meine Website nach Stunden wiederhergestellt, stürzte sie erneut ab, diesmal für einen ganzen Tag. Selbst als mein Web-Builder für maximale Belastbarkeit sorgte, kam es immer wieder zu Abstürzen. Wow! Auf meinem E-Mail-Konto waren inzwischen Aberhunderte neuer Zuschriften eingegangen, darunter viele wunderschöne Zeilen. Leute bedankten sich, manche sagten, sie fühlten sich inspiriert. Ich war überwältigt, ja, fassungslos.

Zahllose Zuschauer erkundigten sich nach Daisy. Die erste der beiden Folgen endete ausgerechnet an der Stelle, da Daisy in der Tierklinik einer ungewissen Zukunft entgegenblickte. Nun überschwemmten mich Nachfragen von Menschen, die wissen wollten, wie es weiterging.

Manche boten mir Spenden gegen Informationen. Viele meldeten sich sogar per Telefon. Ein Anrufer war besonders hartnäckig. Er sagte: »Meine Frau ist nicht auszuhalten, wenn sie bis nächste Woche warten muss, um zu erfahren, was passiert ist.«

»Tut mir leid, das darf ich Ihnen nicht sagen«, erwiderte ich.

»Bitte, meine Frau ist mit ihren Nerven am Ende. Wenn Sie es mir jetzt nicht sagen, komme ich nach Australien und bringe Sie zum Reden.«

Nach der zweiten Folge, die Daisys Schicksal aufklärte, machte sich ein Wandel in den Reaktionen bemerkbar. Manche Zuschauer unterstellten mir Grausamkeit und meinten, Daisy könnte noch leben, wenn ich es gewollt hätte. Zum Glück blieben neunundneunzig Prozent der Zuschriften positiv. Mich erreichten zu diesem Zeitpunkt rund sechshundert E-Mails am Tag. Es war umwerfend.

Unter den Zuschriften waren auch Anbändelungsversuche und Heiratsanträge. Ein Mädchen im Teenageralter glaubte, seine Mutter sei perfekt für mich, weil sie Tiere und Australien liebte. Ein Foto war angehängt. Eine ältere Frau wollte mir ihre vierzigjährige Tochter ans Herz legen. Ich erhielt auch zahlreiche Bilder von Frauen im Bikini, sogar komplette Model-Portfolios – allesamt jugendfrei, wie ich betonen möchte. Eine Frau sah sich als Veganerin seelenverwandt mit mir; ich traute mich nicht, ihr zu gestehen, dass ich ein gutes Steak durchaus mochte.

Die vielen Zuschriften schmeichelten mir, brachten mich aber auch in Verlegenheit. Offenbar stellten manche Medien mich als Traummann und eine gute Partie dar, was so gar nicht zutraf – ich hauste in einer Wellblechhütte und fuhr ein altes Auto, dessen elektrische Fensterheber seit fünf Jahren nicht mehr funktionierten. Mir kam das alles lächerlich vor. Dass die Zuschauer Gefallen an den Sendungen fanden, nun ja, das konnte ich verstehen. Sie bekamen niedliche Tiere zu Gesicht, blauen Himmel, eine Landschaft und eine Art zu leben, von der man im grauen, winterlichen England nur träumen konnte. An mir mochte allenfalls attraktiv sein, dass ich mich im Unterschied zu vielen anderen Männern nicht scheute, Gefühle zu zeigen.

Mich überraschte auch, wie oft man mich als Aushängeschild für irgendwelche Projekte zu gewinnen versuchte. Ich lehnte durchweg ab, denn erstens hatte ich meinen eigenen Kampf zu führen, und zweitens wollte ich mich nicht als Umwelt- und Tierschützer oder Aktivist vereinnahmen lassen. Wer mich so sieht, hat mich missverstanden.

Außer E-Mails und Telefonanrufen erreichten mich auch zuhauf altmodische Briefe. Sie rührten mich besonders, weil sie zeigten, wie viel Mühe sich manche Leute machten, um ihre Gedanken und Gefühle zum Ausdruck zu bringen. Hier nur drei Beispiele:

Alles, was Sie tun, hat mich tief bewegt, insbesondere die Zärtlichkeit und Fürsorge, die Sie den wundervollen verwaisten Kängurubabys angedeihen lassen. Dabei sagt man australischen Männern überall in der Welt nach, sie seien Machos. Ihre Freundlichkeit und Umsicht, mit der Sie notleidenden Lebewesen begegnen, werden dieses Vorurteil korrigieren.

(London, UK)

Sie haben mich sehr beeindruckt, denn ich teile Ihre Gefühle und betrachte wie Sie die Tiere in meinem unmittelbaren Umfeld als meine Kinder … Ich füttere alles, was in meinen Garten kommt, von Schwarzdrosseln, die mir aus der Hand fressen, bis hin zu Eichhörnchen, Eichelhähern, Elstern und anderen Vögeln. Vier Jahre lang habe ich ehrenamtlich für die RSPCA gearbeitet. Als ich in der Dokumentation sah, wie Sie Ihre Joeys zum Wasserlassen stimuliert haben, erinnerte ich mich daran, dass wir dasselbe mit kleinen Igeln taten. Aber im Unterschied zu Ihnen haben wir uns mit einem Wattestäbchen beholfen.

(Norfolk, UK)

Vor vielen Jahren, als ich noch regelmäßig und häufig nach Südafrika reiste, kam ich einmal in Port Elizabeth an einem Denkmal vorbei, das für die Abertausende von Pferden, Maultieren und Eseln errichtet wurde, die während der Burenkriege zugrunde gegangen sind.
In Stein gemeißelt steht dort:

DIE GRÖSSE EINER NATION BESTEHT NICHT SO SEHR IN DER ZAHL IHRER MITGLIEDER ODER IM AUSMASS IHRES TERRITORIUMS ALS VIELMEHR IN UMFANG UND RECHTSKRAFT IHRER BARMHERZIGKEIT (TIEREN GEGENÜBER).

(North Yorkshire, UK)

Ich bekam auch Briefe und Postkarten von Kindern. Ein junges Mädchen schrieb, dass es seine Schulrektorin gebeten habe, seine Mitschüler – etwa fünfhundert Kinder – auf mein Tierheim ansprechen zu dürfen. Die Schülerin schrieb, sie habe »großen Bammel gehabt, aber alle fanden es toll«. Mit ihren Freunden backte sie zweihundertfünfzig Muffins, die sie am nächsten Tag in der Pause verkauften, wobei sechzig Pfund zusammenkamen. Sie hatte dann selbst noch verschiedene Haushaltsaufgaben übernommen und ihre Familie um Spenden gebeten. Insgesamt konnte sie 101,35 Pfund für das Tierheim aufbringen. Dem Brief beigelegt waren Fotos des Muffin-Verkaufs in der Schule und ein selbstgemachtes Armbändchen. Ich war sehr gerührt.

Trotz solcher freundlichen Zuschriften bedurfte es einer Begegnung in meinem vertrauten Umfeld, damit mir die Reaktionen in Großbritannien vollauf bewusst wurden. Ich war in Alice und kaufte ein, als vier englische Rucksacktouristinnen auf mich zukamen und fragten: »Sind Sie Kangaroo Dundee?«

»Äääh, ja, ähm …«

Die jungen Frauen grinsten. »Toll!«

Sie packten ihre Kameras aus, schossen Fotos von mir wie eine Horde losgelassener Paparazzi und baten Passanten, Aufnahmen von uns allen zu machen. Wir hatten Spaß, wenngleich mir schmerzlich bewusst wurde, dass ich mich auf die mittleren Jahre zubewegte. Ich dachte noch, *großartig, vier hübsche Mädchen lassen sich mit mir fotografieren*, als sie übereinstimmend meinten: »Unsere Mütter werden begeistert sein.«

Mitunter wurde es mir zu viel. Einmal war ich in einem Supermarkt in der Stadt und telefonierte gerade, als eine

Frau auf mich zukam und mich mit ihrem Handy aus nächster Nähe fotografierte.

»Kann ich Ihnen irgendwie behilflich sein?«, fragte ich sie.

»Ich mach nur Fotos für meine Mutter.«

Ich ließ mich darauf ein, mit ihr zu posen. Alles in allem war ich aber froh, in dem abgelegenen Nest von Alice Springs zu leben und nicht in großstädtischer Umgebung, wo mich sehr viel mehr Leute erkannt hätten. Ich blieb lieber anonym und beließ alles beim Alten. Allerdings gebe ich gern zu, dass meine neue Popularität auch Vorteile mit sich brachte. Zum Beispiel schrieb mir Juliet Stevenson, die Sprecherin des Features, eine wundervolle E-Mail, in der sie den Film lobte und mich zum Abendessen einlud, falls ich irgendwann einmal in England sein sollte. Ich war hin und weg. Und dann kam es noch toller: Der Agent von Tony Robinson nahm Kontakt mit mir auf und sagte, Tony würde gern, wenn er demnächst in Australien sei, ein Bier mit mir trinken. Ich hatte den Namen zwar schon gehört, wusste aber auf Anhieb nicht, wer dieser Tony war, googelte ihn und stellte fest, dass er den Baldrick in Rowan Atkinsons Comedy-Reihe *Blackadder* gespielt hatte. Mein Bruder Ron und ich waren große Fans von *Blackadder* gewesen, und die Aussicht darauf, mit Baldrick ein Bier zu trinken … Nun, was gäbe es Größeres?

Angeblich schauten rund 1,8 Millionen Menschen beide Folgen, die von BBC2 und BBC HD mehrere Male wiederholt wurden und außerdem online zu sehen waren. Am Ende konnte auch ich mir leicht ausrechnen, dass dieses

Format eine sehr viel größere Reichweite hatte als die Artikel in der Zeitung von Alice Springs.

Wenige Monate nach der Ausstrahlung in Großbritannien zeigte ABC, das australische Äquivalent zur BBC, *Kangaroo Dundee* auch auf unserem Kontinent. Wieder waren die Reaktionen sehr heftig. Es meldeten sich unter anderem verschiedene Känguruexperten, die sagten, ich mache dies und jenes falsch, was mich nicht weiter verwunderte. Mit den Jahren habe ich gelernt, dass Lehrbücher nur Anstöße vermitteln können und dass man letztlich aus eigener Erfahrung Schlüsse ziehen muss und erkennen kann, wie erfolgreich man ist.

Abgesehen von einigen kritischen Einwänden, durfte ich mich alles in allem bestätigt sehen. Meine Nachricht hatte Hunderttausende im ganzen Land erreicht. In etlichen Interviews konnte ich vor und nach Ausstrahlung der Fernsehsendung über Print- und Funkmedien zusätzlich Werbung betreiben und viel mehr Menschen für die Rettung von verwaisten Kängurubabys gewinnen, als es in meinem kleinen Rescue Centre jemals möglich gewesen wäre. Folgende E-Mail fasst die Reaktionen zahlloser Zuschauer zusammen:

Hallo Chris,
ich habe die Doku über dich und dein Rudel im Fernsehen gesehen und finde kaum die Worte, um dir zu sagen, wie stolz ich auf dich und deinen Einsatz für diese wunderbaren Tiere bin. Deine Story hat mir, einem zweiundfünfzig Jahre alten Kerl, Tränen der Freude und Bewunderung in

die Augen getrieben. Meine Frau und ich sind gerade dabei, unser Haus in Tasmanien zu verkaufen und zurück nach Queensland zu ziehen. Auf dem Weg dorthin werden wir gern bei dir vorbeischauen, dir die Hand schütteln, eine Tasse Kaffee mit dir trinken und einen Blick auf dein Rudel werfen. Ich habe allen Verwandten und Bekannten von dir und deiner Arbeit erzählt und bin zuversichtlich, dass viele mit einer kleinen Spende dazu beitragen werden, dass du dein Tierheim weiterbetreiben kannst. Ich möchte diesen Brief schließen mit der Bemerkung, dass Australien mehr »Brolgas« braucht.
Wir freuen uns auf ein Treffen mit dir in naher Zukunft.
Es grüßen herzlich
Steve & Belinda.

Kangaroo Dundee war bald auch in anderen Ländern zu sehen, so etwa in Kanada, Spanien, Portugal und Frankreich. Darüber hinaus erhielt ich Zuschriften von Leuten aus Dänemark, der Schweiz und Deutschland. In den USA wurde *Kangaroo Dundee* beim International Wildlife Film Festival in Montana als beste TV-Serie ausgezeichnet und erzielte die beste Jurybewertung.

Und wie fiel mein persönliches Urteil aus? Als Tom und Andrew mir eine Kopie des Features schickten, hätte ich es mir am liebsten mit meiner Familie in Perth angesehen, was aber nicht möglich war, weil ich mich um meine Roos kümmern musste. In meiner Hütte gab es keinen Stromanschluss, also auch keinen DVD-Player und keinen Fernseher. Blieb mir nur die Möglichkeit, zu Tahnee zu gehen. Es war das erste Mal seit Jahren, dass ich fernsah.

Ich war tief beeindruckt, wie perfekt Andrew und Tom die Schönheit meiner Kängurus und ihres Geheges in Szene gesetzt hatten. An mehreren Stellen hatten Tahnee und ich Tränen in den Augen, ich vor allem, weil mir der Film deutlich machte, was ich mit dem Tierheim geschafft und welche emotionalen, physischen und finanziellen Schwierigkeiten ich dafür in Kauf genommen hatte. Aber auch meine Leidenschaft zeigte *Kangaroo Dundee* und dass sich die Strapazen gelohnt hatten.

Es ehrte mich, in dem Feature eine ebenso große Rolle zu spielen wie die Kängurus. Ich habe das alles bis heute noch nicht richtig verdaut. Wenn ich Roger mit mir kämpfen und mich in die Flucht schlagen sehe, stehen mir nach wie vor die Haare zu Berge, und ich begreife, warum ausgerechnet diese Szene unter den Zuschauern so beliebt ist. In manchen Zuschriften gestanden Frauen, dass sie ihren Ehemännern eine so muskulöse Gestalt wünschten wie die meines Alphamännchens.

Der eindrücklichste und wirkungsvollste Moment von *Kangaroo Dundee* hatte aber weder etwas mit mir noch den Kängurus zu tun, und er fiel mir auch erst auf, als die zweite Folge in Australien ausgestrahlt wurde. Wegen der Musikrechte hatte die ABC-Version einen anderen Soundtrack als den der BBC. Letztere konnte sich sehr viel teurere Nummern leisten. Von einem Stück in der Aussie-Version war ich richtig enttäuscht: Es war ein langsames klassisches Stück zur Untermalung einer Plansequenz, die meine Kängurus im Schatten eines Baumes ruhend zeigte. Meine ablehnende Haltung änderte sich aber, als ich einen Anruf von Mum erhielt, die mit Dad zu

Hause in Perth die Sendung im Fernsehen verfolgt hatte. Sie weinte.

»Wer hat die Musik zu den schlafenden Kängurus ausgewählt?«, wollte sie wissen.

»Keine Ahnung. Warum fragst du?«

»Es ist die ›Träumerei‹.«

Das Stück, das bei der Beerdigung von Uncle Ross gespielt worden war, weil er es so sehr geliebt hatte – als knisternde Schallplattenwiedergabe oder zu Füßen seiner Mutter, wenn sie am Klavier gesessen und es gespielt hatte. Ich war bei der Auswahl der Musik von *Kangaroo Dundee* nicht gefragt worden und bin mir sicher, diesen Titel Andrew und Tom gegenüber nicht erwähnt zu haben. Es war einfach ein wunderbarer Zufall. Es hätte kaum ein besseres Stück geben können für die schlafenden Kängurus. In Frieden mit sich und der Welt. Für mich offenbarte sich darin der Geist von Uncle Ross, ohne den es mein Tierheim nicht gegeben hätte. Jedenfalls erinnerte mich die Musik daran, wie viel Glück ich hatte. Wenn ich den Leuten diese Geschichte erzähle, weinen manche, andere schütteln ungläubig den Kopf. Ich lächle einfach und hoffe, dass ich Uncle Ross stolz mache mit dem, was ich erreicht habe.

Kapitel 21

Seit der Ausstrahlung von *Kangaroo Dundee* hat sich mein Leben verändert, sowohl im Großen wie im Kleinen. Zum einen lebe ich jetzt in einer Beziehung. Ob bei der Arbeit für Centre Bush Bus oder beim Durchsehen all der E-Mails und Briefe, die mich erreicht hatten, in Tahnees Gesellschaft fühlte ich mich zunehmend wohl und glücklich. Unsere Freundschaft vertiefte sich, bis ich mich eines Tages öffnete und ihr sagte: »Ich möchte, dass wir mehr sind als Freunde.« Glücklicherweise empfand sie genauso.

Sich auf mich und meine kleinen Joeys einzulassen ist bestimmt nicht leicht, aber Tahnee schätzt und respektiert meine Arbeit. Sie kommt vom Land, aus New South Wales, und liebt Tiere. Von Anfang an hat sie klargemacht, dass sie voll und ganz am Betrieb des Tierheims beteiligt sein will. Und sie hat sich sofort an die Arbeit gemacht, Milch für die Babys zubereitet und sich um sie gekümmert. Keith, eins der Joeys, die zurzeit bei uns in Pflege sind, ist Tahnees Liebling und liefert uns immer wieder Gesprächsstoff. Es gefällt uns beiden, die Joeys im Haus zu haben. Sie sind für uns wie eine Familie. Mir ist klar, dass ich in dieser und vielen anderen Hinsichten unglaublich großes Glück habe. Tahnee ist eine ganz besondere Frau – eine beste Freundin, mit der ich in guten wie in schlechten Zeiten zusammen sein will.

Ich weiß jetzt, wie es ist, ein wenig berühmt zu sein. Man hat mich sogar gebeten, der Jury einer Heimtier-Show in Darwin beizutreten! Ich bin dankbar für das Renommee, denn es hat meinen Känguru-Waisen eine weltweit hörbare Stimme gegeben. Genau das wollte ich. Nach den Dreharbeiten öffnete ich mein Tierheim wieder für Besucher. Jetzt wissen sehr viel mehr Leute von den Sonnenuntergangstouren durch das Freigehege, was sich aber finanziell nicht auszahlt. Das Tierheim ist weder Zoo noch Wildpark, und ich möchte das Leben der Kängurus nicht stören, indem ich an ihnen zu verdienen versuche. Roger und sein Rudel stehen an erster Stelle. Universitäten haben mich kontaktiert und angefragt, ob Studenten zu mir kommen und das Verhalten der Tiere erforschen könnten. Ich lehne solche Ersuche ab, weil ich meine Kängurus lieber selbst beobachte, nach meiner eigenen Methode. Ich schreibe nicht alles auf, sondern ziehe es vor, hinzuschauen und aufzugreifen, was mir auffällt. Die Kängurus sind die Experten, nicht ich.

Ich habe zeit meines Lebens das Glück gehabt, mit vielen unterschiedlichen Tieren in Kontakt zu kommen, sie zu beobachten, von ihnen zu lernen, ihr Leben zu feiern und ihren Tod zu betrauern. Von meinen Eltern abgesehen, waren und sind Tiere meine eigentlichen Lehrer. Aus diesem Grund ist mir meine Einrichtung so wichtig. Sie ist mir nach wie vor eine Schule, und es erfüllt mich mit Freude, auch jetzt, während ich dies niederschreibe, wiederzugeben, was ich gelernt habe.

Die einfachsten Dinge beglücken mich manchmal am meisten. Nehmen Sie den Wellensittich, den kleinen, grün-gelben Papagei, der wahrscheinlich der beliebteste Hausvogel der Welt ist. In Trockenzeiten sieht und hört man diese Vögel bei uns nur selten. Hat es geregnet, wissen sie, dass das nachwachsende Gras bald voller Samen sein wird. Dann kommen sie in Scharen und bauen Nester in geeigneten Baumhöhlen, besonders gern im Roten Eukalyptus. Ihr Nachwuchs hat selbst bald Nachwuchs. Ihr Programm lautet: Vermehrt euch, solange die Umstände günstig sind. Wenn ich zu solchen Zeiten durch das Gehege gehe, kommt es nicht selten vor, dass ich Schwärme von abertausend Exemplaren aufscheuche, die den Himmel mit ihrem funkelnden, singenden Grün verhüllen. Und dann zieht ein Falke seine Kreise. Bestimmt wird er in dieser riesigen Menge einen Vogel zu fassen bekommen, oder? Doch die Wellensittiche drehen und wenden sich wie ein Fischschwarm, der einem Räuber ausweicht. Der Falke hat nur eine Chance, wenn ein Vogel den Schwarm verlässt. Häufig genug geht er leer aus. Es ist ein atemberaubendes Schauspiel, und solche Momente sind der Grund dafür, warum ich stundenlang vor meiner Hütte hocken und nichts anderes tun als zuschauen kann.

Im Mittelpunkt stehen bei mir natürlich die Kängurus. Auch sie erstaunen mich immer wieder – wie überhaupt alles, was die Natur hervorbringt. Ein Känguruweibchen kann ein Joey gerade in die Selbständigkeit entlassen haben und das nächste in seinem Beutel nähren, während gleichzeitig ein drittes in seiner Gebärmutter entsteht. Und was noch fantastischer ist: Das Weibchen kann das Zellwachstum eines Embryos bis zu acht Monate lang pausieren lassen, wenn die Umstände es dazu zwingen. Es wartet dann auf günstigeres Wetter.

Ich hatte von diesem Phänomen in Büchern gelesen, bevor ich es bei Ella miterleben durfte. Schon am Tag der Geburt ihres vierten Babys, Terry, das wir als Pinkie im Beutel für *Kangaroo Dundee* gefilmt haben, machte Roger ihr wieder den Hof. Wenn wir von einer Reifezeit von dreiunddreißig Tagen ausgehen, hätte sich Ella bald entweder für Terry oder ein neugeborenes Gummibärchen entscheiden müssen. Aber dazu kam es nicht. Ich sperrte Roger zur Geburtenkontrolle in das kleinere Gehege und ließ ihn mehrere Monate lang nicht mehr in Ellas Nähe.

Terry wuchs heran, und Ella gestattete mir sogar, immer wieder einen Blick in ihren Beutel zu werfen. Terry, mit einer Zitze fest verbunden, bestand nur aus zwei winzigen Unterarmen und einem Kopf mit zwei schwarzen Punkten als Augen, die aussahen, als seien sie mit einem Kugelschreiber aufgemalt worden. Beim nächsten Mal, ungefähr einen Monat nach der Geburt, sah er aus wie ein Mäusebaby. Keine Haare, aber die Kugelschreiberpunkte waren nun dicke Flecken, und es bildeten sich kleine Beine und ein Schwanz. Kaum zu glauben, dass diese spindeldürren Beinchen einmal so kräftig werden würden. Nach zwei Monaten war er so groß wie eine kleine Ratte, nach dreien fing er an, einem Känguru ähnlich zu sehen. Die Ohren waren erkennbar, aber noch angelegt wie die Ecklaschen einer Geschenkverpackung. Die Flecken wölbten sich jetzt, und eine feine Linie verriet den Ansatz von Lidern. Nach ungefähr dreieinhalb Monaten öffneten sich die Augen. Terry sah nun aus wie ein großes Nagetier mit schlaksigen Armen und Beinen. Nach vier Monaten fingen die Haare an zu sprießen, die sich innerhalb eines weiteren Monats zu einer samtenen Felldecke verdichteten.

Nicht lange danach wagte er sich zum ersten Mal aus seinem Beutel heraus und brachte mich, wie jedes Känguru-baby vor ihm, mit seinen Hüpfversuchen zum Lachen. Unter Kängurupflegern heißt es, Joeys »have to learn to hop before they can stop«, sie müssen also lernen zu springen, bevor sie anhalten können. Es ist die Regel, dass sie überall anecken. So auch Terry, dem es anfangs nur selten gelang, Bäumen auszuweichen. Aber je sicherer er sich auf seinen Beinen fühlte, desto weiter hüpfte er von Ella fort. Wenn er schließlich die Bremse zog, legte er meist eine Bruchlandung hin, und es dauerte dann eine Weile, bis er sich wieder aufgerappelt hatte und zurückspringen konnte.

Nach ungefähr acht Monaten war er so selbständig, dass Ella ihn daran hinderte, in ihren Beutel zurückzuklettern. Es gelang ihm anfangs trotzdem immer wieder, was dazu führte, dass der Beutel seiner armen Mum fast bis auf den Boden herabhing. Am Tag seines endgültigen Auszugs aus der Kinderstube sah ich, dass sich Ella Blut aus dem Fell leckte. Sie hatte wieder einen Winzling geboren. Der hatte sich offenbar aus dem Zellhaufen entwickelt, dessen Wachstum vor Monaten unterbrochen worden war. Ich konnte kaum fassen, dass Ella diesen komplexen Vorgang so präzise zu koordinieren vermochte. Vor ungefähr einem Monat hatte sie, als Terry noch in ihrem Beutel gewesen war, einen Schalter umgelegt und den Zellhaufen wieder zum Leben erwachen lassen, in dem instinktiven Wissen, dass Terry den Beutel für seinen kleinen Bruder räumen würde.

Der Reproduktionszyklus von Kängurus hat noch einen faszinierenden Aspekt, der kaum bekannt ist. In *Kangaroo Dundee* wird gezeigt, wie Zoe mit ihrem Baby niederkommt. Mir fiel auf, dass sie sich nach der Geburt einen kleinen weißen, knapp einen Zentimeter langen Pfropfen aus dem Fell leckte. Ich hatte davon in Büchern gelesen, einen solchen »Tampon« aber noch nie gesehen. Die Forschung ist sich nicht einig, doch gehen manche Experten davon aus, dass das Männchen nach vollzogener Paarung das Weibchen damit verschließt, um eine eventuelle Befruchtung durch andere Männchen zu verhindern.

Über Roger habe ich schon häufig den Kopf schütteln müssen. Er kann so widersprüchlich sein, ein muskelstrotzender, wutschnaubender Anführer einerseits und andererseits ausgesprochen zärtlich im Umgang mit Joeys, die noch im Beutel stecken. Dann ist er mir gegenüber besonders aggressiv. Er nimmt seine Rolle als Beschützer seiner Familie sehr ernst.

Familiäre Beziehungen finde ich überhaupt höchst interessant. Bevor ich die nächste Geschichte erzähle, komme ich noch einmal auf die Umstände zurück, unter denen ein Jungtier hüpfen lernt. Ich habe beobachtet, dass sich die Mutter normalerweise mit ihm vom Rudel entfernt, wenn es seine ersten Versuche unternimmt. Das geschieht häufig in der Abenddämmerung. Die Mutter ist dann hellwach, schaut sich nach allen Richtungen um und dreht ihre Ohren hierhin und dorthin. Hat sie sich davon überzeugt, dass keine Gefahr droht, entspannt sie den Beutel und lässt das Baby herausfallen. Es ist, als sagte sie: »Okay, jetzt lernst du gefälligst, auf eigenen Füßen zu stehen.« Das Baby wird regelrecht dazu gezwungen. In den nächsten Monaten folgt es, sooft es den Beutel verlassen hat, seiner Mutter wie ein Schatten. Dies kann zu komischen Szenen führen, wenn die Mutter, die mit weiten Sätzen vorausgesprungen ist, plötzlich stehen bleibt und der Spross voll in sie reinspringt. Vielleicht ist ihm das peinlich, denn er hat dann nichts Eiligeres zu tun, als in den Beutel zurückzuschlüpfen, mit dem Kopf voran, die langen Beine samt Schwanz irgendwie hinterherziehend. Natürlich nur, wenn die Mum es zulässt; spannt sie die Muskeln an, ist der Beutel hart wie eine Ziegelmauer. Zu diesem Mittel greift sie, wenn es ihrer Meinung nach Zeit für ihr Kind ist, mit dem Rudel zu laufen. Bis es so weit ist, bleiben die beiden immer dicht beieinander. Aber manchmal …

Am Abend eines sehr heißen Tages saß ich vor meiner Hütte und trank ein Bier, nachdem ich von der Arbeit bei Centre Bush Bus zurückgekehrt war. Ich hatte gerade einen Eimer Kraftfutter ausgestreut, an dem sich an die zwanzig Roos gütlich taten. Der Sonnenuntergang war prächtig. Die meisten Weibchen hatten ein Baby. Plötzlich tauchte aus Naomis Beutel ein kleiner Junge auf, noch sehr unsicher auf den Beinen, aber offenbar von einem starken Willen angetrieben. Naomi liebt Kraftfutter – Getreide mit Melasse und etwas Salz. Sie ließ es sich schmecken und kümmerte sich nicht weiter um ihren Sohn. Er sprang an die hundert Meter weit fort, aber Naomi blieb ungerührt. Ich fing an, mir Sorgen zu machen, vor allem, als ich ihn schreien hörte: »Hair, hair, hair!« Naomi reagierte nicht. Als ich aber einen Blick auf das Rudel warf, fiel mir auf, dass sich Roger aufgerichtet und die Ohren gespitzt hatte. Alle fraßen, nur Roger nicht. Er eilte los, um seinen verlorenen Sohn zurückzuholen. Was dann passierte, zählt zu dem Erstaunlichsten, was ich in puncto Känguruverhalten jemals beobachtet habe: Roger stieß den kleinen Burschen mit der Schnauze in Richtung Rudel vor sich her. Wäre mir diese Szene beschrieben worden, hätte ich sie kaum geglaubt, aber ich sah sie mit eigenen Augen. Der Kleine hüpfte, kam aber auf seinen wackeligen Beinen immer wieder vom Kurs ab. Roger schloss dann zu ihm auf und trieb ihn in die richtige Richtung, wie ein Hütehund, der ein verirrtes Schaf zur Herde zurückführt. Kaum war der Kleine wieder bei seiner Mutter, schlüpfte er eilig zurück in den Beutel, während Roger die unterbrochene Mahlzeit fortsetzte. Verhielt sich jedes Kängurumännchen so, oder hatte Roger seine eigene Art? Wie auch immer, es war faszinierend, ihn zu beobachten.

Die rangniederen Jungs legten ein Verhalten an den Tag, das mich ein ums andere Mal zum Lachen brachte. Manche, freche Lümmel von etwa acht Monaten, machten sich an das nächstbeste Weibchen heran, und wenn sie eine gewischt bekamen, versuchten sie es bei einem anderen. Die Älteren, rund Zweijährigen, hatten längst begriffen, dass sie noch lange würden warten müssen, bis sie einmal zum Zuge kamen, solange Roger das Regiment führte.

Wenn kleine Männchen den Beutel verlassen, legen sie

sich sofort Boxhandschuhe an und lernen zu kämpfen. Sie üben an anderen Jungs oder auch an ihren Müttern. Und wenn niemand zur Verfügung steht, müssen Büsche oder Sträucher als Sparringspartner herhalten, die dann fünf bis zehn Minuten lang mit Faustschlägen und Fußtritten traktiert werden. Größere Joeys liefern sich manchmal auch spektakuläre Kämpfe mit meiner Kleidung an der Wäscheleine.

Für den männlichen Nachwuchs der Kängurufamilie dreht sich alles darum, groß und stark zu werden, um sich gegen andere im Kampf zu behaupten. In freier Wildbahn kommt für jeden die Zeit, da er sein Rudel verlassen und sich anderen Männchen anschließen muss, in der Regel Zweijährigen, die eine Junggesellengruppe bilden. In ihr wird ständig gerangelt. Die Kontrahenten versuchen, den Gegner umzuwerfen, ehe sie sich auf den Schwanz setzen und mit den Beinen austreten. So trainieren sie jahrelang, bis sie es schließlich mit einem Alphatier aufnehmen können. Roger legt sich wahrscheinlich deshalb so gern mit mir an, weil es in seinem Rudel keine ernstzunehmenden Herausforderer gibt.

Wenn ich nachts in meiner Hütte liege, höre ich häufig Kampfgeräusche und zischende Drohlaute. Die dynamischen Beziehungen im Gehege sind andere als in freier Wildbahn, weil ich eingreifen und entscheiden kann, wer sich wo aufhält. Wenn Monty zu frech wird, sehe ich mich gezwungen, ihn auszubremsen. Roger lasse ich meist in Ruhe, aber auch ihn habe ich schon im kleinen Gehege eingesperrt. Inzwischen muss ich darauf achten, dass es nicht zu Inzucht kommt, denn manche von Rogers Töchtern sind bald geschlechtsreif. Auch aus diesem Grund habe ich eine Option auf weitere achtzig Hektar Land erworben, die ich gern einhegen würde. Schon bald werde ich Männchen und Weibchen voneinander trennen müssen.

Die Beziehungen zwischen den Weibchen sind nicht annähernd so kämpferisch. Tatsächlich können mehrere Generationen einer Familie über Jahre friedlich miteinander auskommen. Ella und ihre Tochter Bella zu beobachten fasziniert mich zum Beispiel immer wieder aufs Neue.

Ella ist eine bemerkenswerte Mum, die mehr menschliche Eigenschaften zeigt als alle anderen Weibchen des Rudels. Ich habe schon gesehen, wie sie fremde Babys tröstete, wenn sie ihre Mütter aus den Augen verloren hatten. In diesem Zusammenhang möchte ich jedoch alle Joeys, die sich verirrt haben, warnen: Versucht niemals, in den Beutel einer anderen Mum zu hüpfen. Ein schwerer Fehler, der mit einer kräftigen Abreibung geahndet wird.

Ella und Abi, die schon als Joeys Seite an Seite in ihren jeweiligen Kissenbezügen viel Zeit miteinander zugebracht haben, scheinen immer noch gute Freundinnen zu sein. Sie sind zwar nicht ständig zusammen, gehen aber, wenn sie sich begegnen, immer sehr liebevoll miteinander um. Manchmal frage ich mich, was aus ihnen geworden wäre, wenn ich sie in die Wildnis entlassen hätte. Ich glaube, auch dann wären sie Freundinnen und immer in der Nähe der jeweils anderen geblieben.

Kein Zweifel, Ella ist das Chefweibchen des Rudels und kommt in der Rangordnung gleich hinter Roger. Zur Fütterungszeit am Abend warten alle, bis Ella ihren Platz eingenommen hat. Möchte sie tagsüber an einer bestimmten Stelle ruhen, die belegt ist, setzt sie sich auch gegen die größeren Jungs durch. Dann heißt es: »Verschwinde! Ich bin älter, weiser, und ich war zuerst hier.« Hat sie den Eindruck, dass ihr nicht der nötige Respekt entgegengebracht wird, stützt sie sich auf ihren Schwanz, richtet sich auf und zischt bedrohlich.

Obwohl sich Ella zahmer verhält als alle anderen, ist sie in ihrem Herzen wild geblieben. Schleicht ein Hund draußen am Zaun entlang, ist sie die Erste, die mit den Füßen stampft und Gefahr meldet. Eines Morgens drehte mein Rudel, von einer achtköpfigen Hundemeute bedroht, regelrecht durch. Als ich ins Gehege eilte, flog Ella wie in Trance an mir vorbei. Ich war für sie offenbar nichts weiter als ein zufällig im Weg stehender Baum. Sie machte deutlich, dass sich bei Gefahr die natürlichen Instinkte durchsetzen, selbst unter den Bedingungen der Gefangenschaft. So auch bei Roger. Er mag noch so groß und kräftig sein, wenn Hunde aufkreuzen, nimmt er Reißaus.

Ich habe ein besonderes Verhältnis zu Ella und Abi. Ich glaube, die beiden sehen in mir einen Artgenossen. Ungefähr einmal in der Woche lege ich mich zu ihnen in den Schatten eines Baumes. Ich streichele ihre Köpfe, und es kann sein, dass ich darüber einschlafe. Für sie stelle ich nicht die geringste Gefahr dar. Nie laufen sie vor mir davon. Die anderen Roos halten Abstand zu mir. Nähere ich mich bis auf zwei Schritte, schauen sie mich an und scheinen sagen zu wollen: »He, du betrittst meinen persönlichen Bereich. Verzieh dich!« Zwischen Ella, Abi und mir aber herrscht ein über die Jahre gewachsenes Vertrauen, das mir eine Sonderstellung einräumt. Trotzdem werde ich es nicht überstrapazieren, insbesondere dann nicht, wenn Joeys im Spiel sind. Ein Fehltritt könnte unsere Freundschaft auseinanderbrechen lassen. Wie gesagt, Ella lässt zu, dass ich in ihren Beutel schaue, mehr aber auch nicht. Ihre Nachkommen haben eigene Maßregeln und eigene Grenzen, und im Unterschied zu ihrer Mum sind sie nicht in einem Kissenbezug groß geworden. Sie halten sich für wild, und so soll es sein. Ein Joey, das in meinem Gehege ausschließlich von seiner natürlichen Mutter betreut aufwächst, könnte, wenn es alt genug ist, durchaus in die Freiheit entlassen werden. Aber unsere Tierschutzgesetze lassen das nicht zu. Wer hier geboren wird, muss bleiben. Auch aus diesem Grund muss ich für Geburtenkontrolle sorgen. Ich will nicht, dass sich zu viele Tiere das Gehege teilen müssen.

Ich lerne nicht nur von den Tieren, wenn ich ihr Verhalten studiere, sondern erfahre auch eine Menge über mich und die Herausforderungen, die mich geprägt haben. Ich entwickele mich als Mensch weiter. Wenn ich zurückblicke auf die Zeit, da ich als junger Mann im Pearl Coast Zoo auf Katzen geschossen habe, betrachte ich dies als notwendigen Schritt, der mich dorthin geführt hat, wo ich heute bin. Finde ich heutzutage eine Katze in einer meiner Hundefallen, ist das Gewehr keine Option mehr. Stattdessen hole ich einen Eimer Wasser, kippe ihn über der Katze in der Falle aus, öffne die Klappe und lasse das Tier laufen. Manche Umweltschützer werden mich dafür tadeln, aber letztlich muss jeder für sich entscheiden. Ich kann mit meinen Entscheidungen leben, und das, worüber ich keine Kontrolle habe, bereitet mir keine schlaflosen Nächte. Für mich hat die Katze ihre Daseinsberechtigung. Sie ist als Raubtier zur Welt gekommen. Ich lasse sie laufen, egal was andere davon halten.

Auch deshalb fühle ich mich rundum wohl in meiner Hütte. Es war natürlich nicht immer leicht, in derart bescheidenen Verhältnissen zu leben. Ich lagere Tierfutter und Heu in der Hütte, um es vor den Elementen zu schützen. Das wiederum lockt Mäuse an, die sich in den Hohlräumen der Außenwände häuslich einrichten. Der Ursprung der Redewendung »leise wie ein Mäuschen« ist mir ein Rätsel, denn ich kenne die Tiere anders. Nachts geben sie eine Art Rockkonzert, oder sie veranstalten Olympische Spiele und laufen um die Wette. Bei dem Krach kann ich kaum schlafen. Doch das ist mein geringster Kummer. Mäuse locken ihrerseits Schlangen an. Entdecke ich eine, halte ich Abstand und versuche, ihren Anblick zu genießen. Ich bewundere sie als Tier, lasse sie aber in Frieden, denn sie will nichts mit mir zu tun haben und ich nichts mit ihr. Kommt mir eine Schlange zu nahe, ist es jedoch mit meiner Gelassenheit vorbei. Vor nicht allzu langer Zeit stand ich wie gewöhnlich mitten in der Nacht auf, um meine Kids zu füttern, als mir plötzlich ein Stechen durch den kleinen Zeh fuhr, als wäre ich in einen Nagel getreten. Noch schlaftrunken, fürchtete ich schon das Schlimmste: *Na toll, hat mich nun doch eine Mulga erwischt!* Ich knipste meine Taschenlampe an und entdeckte einen kleinen, wütenden Skorpion mit aufgerichtetem Stachel. Ich glaube, er hat insgesamt zweimal zugestochen. Zum Glück war es ein Vertreter einer relativ harmlosen Art. Trotzdem schwoll mein Zeh an und schmerzte einen Monat lang. Mir fiel jedenfalls ein Stein vom Herzen, weil sich mir nicht zwei Fangzähne in den Fuß gebohrt hatten. Ein anderes Mal, ebenfalls während einer nächtlichen Fütterung, wurde ich von einem rund dreißig Zentimeter langen Tausendfüßler in den Zeh gebissen. Ein großartiges Tier, aber sein Biss kann verflucht schmerzhaft sein. Ich möchte mir so einen nie wieder zum Feind machen – es war, als hätte man mir ein Fleischerbeil bis auf den Knochen getrieben. Ja, durchaus, meine Unterkunft hat definitiv ihre Nachteile.

Manchmal habe ich in meiner Hütte das Gefühl, in der Falle zu sitzen. Letzten Sommer, gleich nach Neujahr, stiegen die Temperaturen auf über vierzig Grad, und das siebzehn Tage in Folge. In der Hütte war es noch heißer, mittags bis zu fünfundvierzig Grad, und nachmittags um fünf waren es immer noch neununddreißig Grad. Es gab kein Entrinnen. Wenn ich in die Stadt fahren wollte, um im klimatisierten Shopping-Center ein wenig abzukühlen, streikte mein Wagen wegen Überhitzung. In Ermangelung eines Kühlschranks packte ich meine Lebensmittel und Getränke in eine mit Eis gefüllte Kühltasche, doch es dauerte nicht lange, und das Eis war geschmolzen. Oft hätte ich heulen können, so elend fühlte ich mich. Ich sehnte die Wetternachrichten im Radio herbei und hoffte auf eine Kaltfront. Aber die ließ lange auf sich warten.

Und dann gibt es auch keine Heizung, die ich im Winter aufdrehen könnte. In der Nacht wird es mitunter so kalt, dass das Wasser in den Trinknäpfen der Joeys gefriert. Manchmal liegt Raureif, dick wie eine Schneedecke, draußen auf der Wiese. Klirrende Kälte ist keine Seltenheit.

Wenn ich eingekuschelt in meinem Bett liege, frage ich mich oft, was ich da mache. Aber noch nie sind meine Zweifel so stark gewesen, dass ich meine Zelte hätte abbrechen wollen, denn bei allen Härten führe ich doch das Leben, das mir immer vorschwebte.

Das Wetter und seine Auswirkungen sind und bleiben eine große Herausforderung. Ich werde nie vergessen, was der Willy-Willy Daisy angetan hat. Seitdem sind schon mehrere solcher Staubteufel vorbeigefegt. Ich weiß noch, wie eine Säule aus rotem Sand durch das Gehege gewirbelt ist und alle Bäume im Umkreis von bis zu zweihundert Metern heftig durchgeschüttelt hat. Der Willy-Willy kam genau auf die Hütte zu. Ich trank gerade ein Bier und sah den Staubteufel immer größer werden. Die Joeys waren in der Hütte. Ich verschloss Türen und Fenster und wartete auf den Aufprall. Sand rasselte auf die Blechwand, ein Fenster drohte nachzugeben. Ein vierflammiger Barbecue-Gasgrill, gut dreißig Kilo schwer, wurde an die drei Meter hoch in die Luft geschleudert und stürzte krachend auf meine Feuerstelle. Ein ganz gewöhnlicher Tag im Outback.

In Zeiten der Dürre höre ich Radio von morgens bis abends. Gute Nachrichten sagen Regen voraus. Ich liebe Gewitterstürme. Mutter Natur veranstaltet eine Lightshow und lässt es dazu mächtig krachen. Aber ein Blitz kann auch Flächenbrände auslösen. Ein solches Inferno habe ich einmal von der Hütte aus beobachtet, ein halbes Dutzend über den Horizont verteilte Feuersbrünste nach Einschlägen, ein flackerndes Leuchten, zum Glück weit entfernt.

Vor ein paar Jahren brach ganz in der Nähe ein Feuer aus. Es war sieben Uhr morgens. Selbstverständlich eilten alle Anwohner zu Hilfe. Wir kämpften mit Feuerlöschern, Matten, den typisch australischen Wasserkarren, mit allem, was sich auf die Schnelle heranholen ließ. Als wir den Brand endlich unter Kontrolle hatten, stellten wir die Ursache fest. Wir fanden abgebrannte Feuerwerksbatterien, wahrscheinlich von Kindern entzündet, die dann weggelaufen waren, weil sie sich schuldig fühlten wie nach dem Diebstahl von Dauerlutschern.

Mein Gehege war glücklicherweise nie betroffen. Hoffentlich bleibt das so. Und wenn nicht? Nun, es war meine Entscheidung, Kängurus in Gefangenschaft zu halten, also bin ich im Katastrophenfall für sie verantwortlich. Ich bin darauf vorbereitet. Mein Swimmingpool enthält knapp zehntausend Liter Wasser, meine Regentonne fünfhundert Liter, und ich habe ein Bataillon von Freunden und Nachbarn, die ich jederzeit anrufen kann. Das kleine Gehege ist außerdem mit Sprinklern ausgestattet. Zur Not könnte ich meine Roos dort zusammentreiben und auf sie aufpassen. Wenn es unumgänglich wäre, würde ich sie in den Busch entlassen.

Ich schätze, jedes einzelne der aufgezählten Probleme würde viele andere zur Verzweiflung bringen. Ich lasse mich nicht so schnell einschüchtern. Kurz nach meinem Einzug in die Hütte bot mir ein ehemaliger Kollege einen Generator an, den er nicht mehr brauchte. *Toll*, dachte ich. Was ich nicht bedacht hatte, war, wie laut so ein Ding knattert. Kaum dass ich die Maschine zum Laufen gebracht hatte, schaltete ich sie wieder aus. Ruhe ist mir sehr viel wichtiger als Strom. In diesem Augenblick, da ich an diesem Buch arbeite, blicke ich auf und sehe zwei Keilschwanzadler hoch über mir hinweggleiten. Ihnen steht nichts im Weg. Sie segeln in völliger Freiheit durch die Luft. Ich glaube ansatzweise zu ahnen, wie ihnen zumute ist.

Kapitel 22

Es ist eine Geschichte, die immer und immer wieder erzählt wird – mir, anderen Tierpflegern, Bewohnern von Alice und Durchreisenden.

Eines Tages testete ein junger Mann aus unserer Gegend sein neues Motorrad am frühen Morgen auf offener Straße. Plötzlich sah er vor sich ein Känguru vor einen großen Geländewagen springen. Der Wagen hatte einen Roo-Fänger – manche bezeichnen ihn als Kuhfänger – oder, präziser ausgedrückt, einen Frontschutzbügel. Das Auto bleibt damit bei einem Zusammenprall unversehrt, was man von dem Tier nicht behaupten kann. Je nach Größe und Schwere des Tiers braucht der Fahrer nicht einmal auf die Bremse zu treten. Er kann einfach darüber hinwegbrettern und muss sich das, was zurückbleibt, auch nicht ansehen. Und eben das passierte an jenem frühen Morgen. Der Motorradfahrer hielt an, untersuchte das tote Tier und fand ein Joey im Beutel. Er hatte nichts, worin er es hätte mitnehmen können, also fuhr er in die Stadt zurück und holte seinen Wagen. Das kleine Ding, so verängstigt es auch gewesen sein mochte, hatte Glück im Unglück, wurde einem Pfleger anvertraut und überlebte. Wie die Rettung von Palau inspirierte mich auch diese Geschichte zur Gründung des Baby Kangaroo Rescue Centre im Jahr 2005.

Ich fahre nach wie vor Patrouille. Eine Tour, die ich regelmäßig unternehme, führt am Staatsgefängnis und an Pine Gap vorbei, dem von den USA und Australien gemeinsam unterhaltenen Militärstützpunkt knapp zwanzig Kilometer südlich von Alice Springs. Ich richte mich nach dem Berufsverkehr, wenn viele Autos auf der Straße sind. Dass auf dieser relativ kurzen Strecke zu den Stoßzeiten ein Känguru überfahren wird, ist leider keine Seltenheit. Dort habe ich schon mehrere Joeys gefunden, die neben ihren toten Müttern standen. Wenn es dunkel ist, benutze ich einen mobilen Scheinwerfer, mit dem ich sie für einen Augenblick blende, um sie fangen und in Sicherheit bringen zu können.

Tagsüber fallen Roadkills eher auf, weil Keilschwanzadler schon von fern darauf aufmerksam machen. Inzwischen habe ich mit dem schrecklichen Anblick umzugehen gelernt, werde aber immer noch wütend. Manchmal sieht man an den Spuren, dass ein Fahrer absichtlich von der Straße abgewichen ist, um ein Känguru über den Haufen zu fahren. Warum tut jemand so etwas? Aus Spaß? Wer so handelt, muss voller Hass auf sich und die Welt sein. In solchen Momenten schäme ich mich, ein Mensch zu sein.

Mit den Jahren habe ich auch gelernt, mit dem Unerwarteten zu rechnen. Ich fahre Hunderte von Kilometern über Schotterpisten, die rechte Hand am Steuer – an der Stelle, an der ich es umfasst halte, ist die Ummantelung schon abgewetzt –, die linke am Schaltknüppel. Solche Pisten sind voller Überraschungen. Manchmal rollt man über einen festen Belag aus rotem Kies und gerät dann unversehens auf eine weiche Sandbahn. Ist man zu schnell, kann man leicht ins Schleudern geraten, und das Auto überschlägt sich. Mir ist das noch nicht passiert, aber Unfälle dieser Art gab es schon genug. Auch wenn der Crash halb so schlimm ist, kann es tödlich enden, in einer entlegenen Gegend einen Tag oder noch länger auf Hilfe warten zu müssen.

Die größten Probleme, die mir unterwegs begegnet sind, waren platte Reifen oder leckgeschlagene Benzintanks. Ich habe es mir deshalb zur Gewohnheit gemacht, vor jeder Tour jemandem Bescheid zu geben, wohin ich fahre. Ich habe aufgehört zu zählen, wie oft mein Wagen abgeschleppt werden musste. In solchen Fällen erlebe ich die größten Überraschungen. Ich war einmal mit einem Joey unterwegs, das ich gerettet hatte, als ich gut fünfzig Kilometer südlich von Alice Springs mit einem Radlagerschaden liegenblieb. Ich stand am Straßenrand und machte mich schon darauf gefasst, mit einem Kängurubaby im Kissenbezug nach Hause zu trampen, als ein Kombiwagen auftauchte, der in meine Richtung fuhr, und neben mir anhielt. Darin saßen, ungelogen, an die zehn Personen, Aborigines aus einem fernen Camp auf dem Weg in die Stadt. Der Fahrer hatte Initiationsmale, wulstige Narben, auf der Brust; außerdem waren da eine Großmutter mit mehreren Säuglingen in Windeln auf dem Schoß und zwei bis drei Hunde. Ein Mitfahrer streckte den Kopf zum Fenster hinaus und lenkte meine Aufmerksamkeit auf sich: ein kleines Kamel. Der Fahrer erzählte mir, dass dessen Mutter bei der Jagd erschossen worden sei und er das Baby zu einer Kamelfarm bringe, wo es aufgezogen werden solle.

Sie boten mir an, mich abzuschleppen – in meinem Kia liegt für alle Fälle immer ein Abschleppseil bereit. Obwohl der Kombi, beladen, wie er war, schon allein kaum von der Stelle kam, hängten wir meinen Wagen an. Da saß ich, das Getriebe im Leerlauf, die Hände am Steuer, und rollte im Schneckentempo voran, den Blick durch das Heckfenster des Kombis auf ein Kamelbaby gerichtet, das mir ungläubig entgegenstarrte. Eine bizarre Szene. Als wir endlich am Ziel waren, schüttelte ich dem Fahrer die Hand und schaute dem Fahrzeug nach, dessen Heckschürze über den Asphalt kratzte. Es war ein unvergesslicher Outback-Moment.

Seit der Gründung des Baby Kangaroo Rescue Centre habe ich jede Menge Ungewöhnliches erlebt, Gutes wie Schlechtes, und was ich dadurch an Wissenswertem über die Pflege verwaister Joeys gelernt habe, hätte ich vorher nie für möglich gehalten. *Kangaroo Dundee* hat bewiesen, dass es viel mehr ist als bloß ein Fernsehfeature. Hoffentlich regt es die Zuschauer zum Nachdenken darüber an, wie auch heute noch mit Tieren umgegangen wird, insbesondere in so entlegenen Gegenden wie Central Australia, wo Grausamkeiten meist unentdeckt bleiben. Ich weiß, dass mich inzwischen zahllose Menschen unterstützen, was beileibe nicht immer der Fall war. Ich würde gern dazu beitragen, dass es für internationale Touristen und Aussies bald ganz selbstverständlich sein wird, im Beutel einer toten Kängurumutter nach einem Baby zu schauen, das vielleicht noch lebt. Ich war jemand, der einfach nur im Busch leben wollte, möglichst allein, und sich dabei um

Kängurus gekümmert hat. Bis die BBC kam. Ich habe es nie darauf angelegt, aber jetzt hoffe ich sehr, dass die Öffentlichkeit sieht, was ich tue und wofür ich stehe. Ich ziehe Kängurubabys auf und versuche, anderen damit ein Vorbild zu sein. So einfach ist das.

Ebenso wichtig ist mir, dass auch die Arbeit meiner Kollegen und Mitstreiter wertgeschätzt wird. Weltweit gibt es wahrscheinlich Hunderttausende von Tierpflegern; ich glaube, diejenigen hier bei uns in Alice Springs zählen zu den besten und engagiertesten. Cynthia zum Beispiel hat im Laufe der Jahre Tausende von Kängurus großgezogen und in die Selbständigkeit entlassen. Sie ist eine Institution. Im Vergleich zu ihr bin ich mit meinen zweihundert Erfolgsfällen ein Anfänger. Ich freue mich, dass seit der Ausstrahlung von *Kangaroo Dundee* die Zahl der Babys, die Pflegern zur Aufzucht anvertraut werden, sowie die der Pfleger deutlich zugenommen hat.

Wer Pflegeverantwortung trägt, sieht sein Engagement auf die Probe gestellt. Man muss die verschiedenen Anforderungen des modernen Lebens unter einen Hut bringen, also beispielsweise zur Arbeit gehen und Rechnungen bezahlen, und sich gleichzeitig dem Tier widmen, das man freiwillig zu sich genommen hat. Pfleger wenden dafür nicht zuletzt ihr eigenes Geld auf. Seit *Kangaroo Dundee* über die Bildschirme lief, kontaktieren mich viele Menschen, die, von dem Feature inspiriert, selbst Tiere in Pflege genommen haben, seien es Eichhörnchen, Füchse, Igel oder Vögel. Für alle stellt sich die große Frage: Wie viel bin ich bereit, für die Tiere zu opfern? Wer gut situiert ist, muss vielleicht auf gar nichts verzichten – außer auf

Schlaf. Aber es bleibt nicht aus, dass die tägliche Routine neu strukturiert werden will, und das kann sehr aufwendig sein. Ich rate Leuten, die ein Känguru in Pflege nehmen wollen, sich einen neuen Job zu suchen, wenn sie das Joey nicht mit an ihren Arbeitsplatz nehmen können. Das ist natürlich viel verlangt, nach meinem Dafürhalten aber unumgänglich. Das Baby braucht mich und kommt an erster Stelle.

Einmal war ich drauf und dran, das Tierheim zu schließen. Zu dieser Zeit kümmerte ich mich um ein ganz eigenwilliges, munteres Kerlchen, das wir Mick Dundee nannten. Ich ließ den Kleinen hinaus in den Hinterhof zum Pinkeln – er war ungefähr sechs oder sieben Monate alt –, und irgendetwas musste ihn erschreckt haben. Es war tief in der Nacht. Weil er nicht zurückkam, ging ich nach draußen, um nach ihm zu schauen. Offenbar hatte er den ein Meter hohen Zaun überwunden und war davongehüpft. Ich tappte im Dunkeln umher und rief ihn beim Namen. Doch er kam nicht. Ich hatte Alpträume seinetwegen, in denen ich ihn klagend nach mir rufen hörte. Dann wiederum redete ich mir ein, dass er unabhängig genug sei und sein Leben genießen würde. Mein einziger Trost war, dass ich den Zaun um das Gelände fertiggestellt hatte. Er musste also irgendwo im großen Gehege sein – nur wo? Ich zog mit einer Taschenlampe los und ahmte mit einer Plastikschüssel und einer Gabel das Geräusch nach, das entsteht, wenn ich Milch anrühre. Er liebte dieses Geräusch und kam immer angesprungen, wenn er es hörte. Nicht so in dieser Nacht. Auch am nächsten Morgen ließ er sich nicht blicken. Ich musste zur

Arbeit und war verzweifelt. Aber wie hätte ich Mick Dundee alleinlassen können? Womöglich würde ihn ein Keilschwanzadler entdecken. Ich rief meinen Boss an, von dem man wahrhaftig nicht behaupten konnte, dass er ein Herz für Kängurus hatte, und entschuldigte mich damit, dass mein Wagen nicht anspränge, weil die Batterie leer wäre.

»Kein Problem, ich schicke jemanden vorbei, der dir Starthilfe gibt«, sagte er.

»Nein, nein, schon gut. Ich schaffe es irgendwie. Könnte nur noch eine Weile dauern.«

Ich ging ins große Gehege zurück und suchte nach einem Ohrenpaar, das aus einem Gebüsch herausragte, nach irgendeinem Zeichen, dem ich entnehmen konnte, dass er wohlauf war. Ich hätte eigentlich schon seit fünf Stunden an meinem Arbeitsplatz sein sollen, als ich Mick Dundee endlich fand. Der kleine Racker ließ es sich gutgehen und hatte mich offenbar keine Sekunde lang vermisst. Gras kauend schaute er mich an und schien sagen zu wollen: »Nett, dich zu sehen.« Ich war überglücklich. Ich hatte mein verloren geglaubtes Kind gefunden. Obwohl es mir eigentlich gegen den Strich geht, andere hängenzulassen, bedauerte ich nicht, meinen Boss ein wenig angeflunkert zu haben. Meine Joeys sind von mir abhängig, und ich hatte getan, was ich tun musste.

Tierpfleger gehören einer besonderen Spezies an. Wir brauchen ein dickes Fell, nicht zuletzt wegen all der »Experten«, die immer alles besser wissen und mit den Methoden, die wir anwenden, nicht einverstanden sind. Meine Faustregel lautet: Was gut für die Tiere und für dich ist, hat seine Richtigkeit. Ich kannte eine ältere Dame, die als alleinerziehende Mutter mit ihren sechs Söhnen in sehr bescheidenen Verhältnissen auf einer Farm im Busch lebte. Sie kümmerte sich um Joeys und fütterte sie mit Milchpulver oder Ziegenmilch und zerstoßenen Keksen. Von einer solchen Diät rate ich normalerweise ab, aber alle ihre Kängurus wurden so groß und stark wie Roger. Sie verbrachten die Tage rund ums Haus, schliefen auf der Veranda und waren in bester Verfassung. Die Dame liebte sie von Herzen. Wer würde mit ihr über bessere Aufzuchtmethoden streiten wollen? Wie sie es machte, war es gut für sie und die Tiere.

Auch ich hatte und habe meine Kritiker, bin aber durchaus zufrieden mit dem, was ich erreicht habe, als Retter wie als Pfleger und Betreiber eines eigenen Tierheims. Ich gebe unumwunden zu, dass nicht immer alles so läuft, wie man es sich vornimmt. Vor kurzem fiel mir auf, dass Charles, Zoes bester Freund, eine Vorderpfote hängen ließ, als er von mir gefüttert werden wollte. Sie war gebrochen. Der Tierarzt, den ich kommen ließ, legte ihm einen Gipsverband an, der nach sechs Wochen wieder abgenommen werden sollte. Ich fand, dass dazu der Arzt nicht kommen musste, das würde ich selbst schaffen. Charles war mit einigen anderen Männchen im kleinen Gehege. Ihn einzufangen würde kein Problem sein. Das hatte ich schon viele Male getan. Diesmal aber wurden in Charles, sonst ein ausgesprochen zahmes Tier, alle wilden Instinkte wach. Als er mich sah, nahm er Reißaus, schlug wütend mit den Sohlen auf, rannte los und prallte gegen einen Zaunpfosten, mit solcher Wucht, dass er sich das rechte Bein und die Schulter brach. Die Verletzungen waren so schwerwiegend, dass ich Charles einschläfern lassen musste. Es war schrecklich, dieses prächtige Tier, das ich von Kindesbeinen an aufgezogen hatte, auf diese Weise verenden zu sehen.

Immer wieder nimmt die Natur ihren Lauf. Nie werde ich den Tag vergessen, als ein kleines verwaistes Männchen bei mir abgegeben wurde. Es war von einem Feuerwehrmann entdeckt worden, der an einem Radrennen vom Uluru nach Alice Springs teilgenommen und angehalten hatte, um den Kleinen zu bergen, der aus dem Beutel der toten Mutter am Straßenrand hervorlugte. Wir nannten ihn Pontypandy nach der Heimatstadt von Feuerwehrmann Sam aus der beliebten Fernsehserie für Kinder. Pontypandy wuchs zu einem gesunden Känguru heran, um an einem Schlangenbiss zu verenden. Furchtbar, aber die Natur hat eben auch diese Seite.

Zum Glück werden solche traurigen Episoden immer wieder wettgemacht durch Erfolgsgeschichten, die mich froh stimmen: Roger, obwohl rauflustig, ein liebevoller Vater; Ella und Abi, schön und herzig; Molly Fleur, nach einem entsetzlichen Start jetzt so glücklich; Chloe, das, soweit ich weiß, einzige Känguru, das sich rückwärts bewegen kann; Zoe, deren durchlöchertes Ohr mich immer an ihre Herkunft erinnern wird … Ich bin dankbar, Anteil an ihrem Leben zu haben. Sie haben aus mir einen besseren, verständnisvolleren Menschen gemacht.

Und in Zukunft? Einen Teil der Spenden, die *Kangaroo Dundee* mir eingebracht hat, habe ich in ein Gehege für bedrohte Schwarzfuß-Felskängurus investiert. Apropos, ich habe eine Option auf mehr Land. Ja, ich hätte es gern, dass sich mein Rudel vergrößert und mehr Platz zur Verfügung hat. Gleichzeitig träume ich von einem Reptilienpark. Der würde allerdings ganz anders aussehen als die, in denen Schlangen und Echsen hinter Glas ausgestellt werden und von denen es ohnehin viel zu viele gibt, Einrichtungen, in denen Schlangen, von Wärmelampen bestrahlt, in anderthalb Meter langen Terrarien gefangen gehalten werden, in denen sie sich nicht einmal ausstrecken können. Davon sollten wir uns verabschieden. Ich habe etwas anderes im Sinn, einen Ort, der dem natürlichen Habitat von Reptilien entspricht. Er würde nicht Millionen von Gästen im Jahr anlocken, und ich würde auch kein Geld damit verdienen wollen. Es käme mir vielmehr darauf an, zu zeigen, dass wir im Interesse der Tiere, wenn sie denn in Gefangenschaft leben müssen, ein paar Schritte zusätzlich gehen sollten. Belohnt werden wir mit dem fantastischen Anblick einer umhergleitenden Schlange. Darin sehe ich meine Aufgabe: aufgeschlossenen Zuhörern bewusstzumachen, worauf sie sich einlassen, wenn sie sich ein Haustier zulegen. Wir können alle ein paar Gedanken mehr in das Wohlergehen unserer Tiere investieren. Ich glaube, das würde nicht zuletzt uns Menschen guttun, als Gesellschaft wie als Individuen. Auch in dieser Hinsicht versuche ich, mit gutem Beispiel voranzugehen.

Mein größter Wunsch ist es, ein Krankenhaus für Wildtiere zu bauen. Die Unterstützung, die ich nach *Kangaroo Dundee* erfahren habe, lässt aus diesem verrückten Luftschloss eine reale Möglichkeit werden. Natürlich ist mir klar, dass ein solches Vorhaben in einer entlegenen Gegend wie Alice Springs jede Menge logistischer Probleme aufwirft. Jedenfalls werde ich mich schlaumachen und mir dabei beide Daumen drücken.

Persönlich stehen bedeutende Veränderungen für mich an. Meine verwaisten Joeys und ich wohnen jetzt bei Tahnee. Schon als Kind und Heranwachsender habe ich immer davon geträumt, wie Malcolm Douglas unter freiem Sternenhimmel zu kampieren. Das werde ich auch weiterhin, weil ich so gestrickt bin. Aber ich habe jemanden gefunden, mit dem ich zusammenleben möchte, und gemeinsam werden wir auf uns zukommen lassen, was immer die Zukunft bringt. Letztlich gefällt es ja auch mir, auf einen Elektroschalter zu drücken und zu sehen, dass es hell wird, oder zu spüren, dass es warm wird. Und nachts keine Mäuse rasen zu hören ist zur Abwechslung auch nicht übel. Wir haben glücklicherweise eine Bleibe in der Nähe des Freigeheges gefunden, und das Bett in der Hütte steht mir weiterhin zur Verfügung, wenn das Rudel intensivere Aufmerksamkeit braucht.

Ich bin mit meinem Leben sehr glücklich. Ich bin eine Känguru-Mum. Ob ich es nicht bedaure, keine eigenen Kinder zu haben, werde ich immer wieder gefragt. Nun, ich glaube, dass ich seit nunmehr zwanzig Jahren ein liebender Elternteil für Waisenkinder bin, die ohne meine Liebe nicht überlebt hätten. Warum bezeichne ich mich als eine Mutter und nicht als Vater? Nun, ich will ehrlich sein: Roger hat mir sattsam vor Augen geführt, dass Dads kämpfen, schrecklich eifersüchtig sind und sehr aggressiv sein können. Als Mutter trage ich das Baby im Beutel durch die Gegend, gebe ihm Milch zu trinken, nehme es auf den Arm, wenn es schreit – sei es auch mitten in der Nacht –, und sorge dafür, dass es unabhängig wird.

Mutter zu sein für ein verwaistes Kängurubaby ist für mich die lohnendste Erfahrung überhaupt und noch schöner und aufregender, als es mein erster Kuss war. Dass ich mich mit einem Kängurubaby so eng verbunden fühlen kann, liegt sicherlich in meiner Kindheit begründet, in der Liebe und Fürsorge, die mir meine Eltern haben zukommen lassen. Manchmal frage ich mich, ob es da draußen Kängurus gibt, die sich mit vergleichbarer Dankbarkeit an mich erinnern.

Dank

Für Uncle Ross, der dafür gesorgt hat, dass mein Traum von einem Heim für Kängurus wahr wurde. Allen Joeys, die ich bemuttert und großgezogen habe wie meine eigenen Kinder.

Allen engagierten, hart arbeitenden Tierpflegern. Und denen, die dem Wohlergehen anderer ihre Zeit widmen.

Und meiner zukünftigen Frau und geliebten Tahnee.

www.kangaroosanctuary.com
www.facebook.com/kangaroosanctuary